経営学説史

岸田民樹・田中政光 [著]

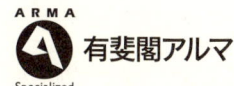

本書のコピー，スキャン，デジタル化等の無断複製は著作権法上での例外を除き禁じられています。本書を代行業者等の第三者に依頼してスキャンやデジタル化することは，たとえ個人や家庭内での利用でも著作権法違反です。

はしがき

　すべてが「ナノセカンド」（10億分の1秒）で決まってしまう時代。カナダのある経営者は現代をこのようにとらえ，変化の速さを強調したという。その言葉を裏書きするかのように，世の中はめまぐるしく変わっている。とくに企業の変転はめまぐるしい。事実，ひところ「エクセレント」としてもてはやされた会社が，最早そうではない。それどころか，そうした会社の多くはエクセレントであるかどうかという以前に，今では存在すら危うい。市場競争の激しい波間に漂っているのである。

　技術の著しい進歩とそれに伴う変化の激しいこの時代にあって，企業は何も業界のトップに躍り出るためにではなく，今現在の地位を守り，市場競争の中で淘汰されないために，必死になって走り続けている。その速度を少しでも緩めたら，その企業は競争から脱落することを覚悟しなければならない。ましてやその足を止めることは，企業の消滅を意味することになりかねない。今日，企業はその足を一歩たりとも緩めたり，止めたりすることができないのである。

　良きにつけ，悪しきにつけ，これが現代という時代であり，企業が直面しているまぎれもない現実である。この現実の中で，企業はそれぞれ，市場に受け容れられる製品をつくり続け，サービスを提供し続けていかねばならない。各企業にとってみれば，それは「革新」というペダルを不断に踏み続けていかなければならないということである。それではどのようにしたら，息切れせずにこのペダルを踏み続けていくことができるのか。どのようにすれば，それに必要なエネルギーを確保することができるのか。ロスをできるだけ少なくし，効果的な回転に変えるためにはどうすればよいのか。そのための組織の仕組みとはいったいどのようなものなのか。そしてそ

の仕組みは環境とどのような関係にあるのか。企業にとってはこうした問題をつねに新しい観点からとらえ直すことが必要になる。

そこでもしこの現実を前にして尚,市場にとどまろうとするなら,組織は「過去」を捨て去ることをためらってはいけない。なぜなら,激しい市場競争は多くの場合,「ゲームのルール」の変更を伴うからである。とくに新規に参入しようとする組織は,すでにできあがっている,それゆえ既存の組織に有利に働く既存のルールのもとでの競争を嫌い,新しいルールを持ち込もうとする。そうすることによってアーサー・L. スティンチコムが「新しさに伴う重荷」(liability of newness) と呼んだ,既存組織に対する自分たちの競争基盤の脆弱さをむしろ強みに転換し,市場を味方にしようとするからである。その意味で組織は過去と訣別することをつねに迫られている訳である。

しかしパラドキシカルではあるが,もし未来と過去との間に「改札口」があるとすれば,過去と訣別するためには「過去という改札口」を通り抜けなければならない。すなわち,訣別しようとしている過去がいかなるものであるかを知っていなければならない。そうでなければ,捨てるべきでないものまで捨ててしまうことになる。訣別しようとしたはいいけれど,進むべき方向がわからず,立ちすくんでしまうことになる。その意味で,新しい一歩を踏み出すためにはどうしても過去を知ることが必要になる。過去を知って初めて前に進むことができるのである。それは学問においても同じである。

そのように考えたとき,アルヴィン・グルドナーが,現代のデカルトと呼ばれたアルフレッド・N. ホワイトヘッドに言及して,いみじくも述べているように,「その基礎を築いた始祖を顧みない科学は,どこまで進んでいるかがわからないし,また,どの方向に向かっているかもわかっていない」。こうした科学は「過去と訣別するのをためらう科学」がそうであるのとまったく同じように,すで

に滅びているようなものであるし、それゆえに何の価値もない。もし経営学が科学であるなら、前に進むために過去を知らねばならない。「学説」に意味があるとすれば、それは前に進むためにこそある。

*　　　　　*　　　　　*

どのような分野の研究活動であれ、それは多くの人々によって直接、間接に支えられている。本書もその例外ではないが、とりわけ痛感するのは、京都大学名誉教授降旗武彦（故人）、大阪大学名誉教授北野利信両先生のご指導である。教え子は師を越えようとはするが、峰は依然として高い。師にとっては歯がゆい限りかもしれないが、お許しを願って他日を期したい。

執筆に当たっては、第Ⅰ部と第Ⅲ部、そしてエピローグは岸田が、第Ⅱ部と第Ⅳ部、そしてプロローグは田中が担当した。最小限の調整を除き、記述スタイルについては、敢えて統一しなかった。まとまりを持った学派ごとに担当するということもあって、本書の目的を達成するには、各自がそれぞれのスタイルで書き進めるのがベターであり、それ程不都合も生じないと考えたからである。

なお、本文中の引用についてはページの表記を含め、注釈を省略したが、当該学説の主要概念については煩わしくならない程度に原語を表示するようにしてある。また、取り上げた代表的学説の理解に欠くことができないだけでなく、経営学についての研究をさらに深めるために最低限必要と思われる文献も章末に紹介してある。また、必要でありながらも本文で言及できなかった学説については*Column*で取り上げた。代表的な「学説を通した経営学の手引き書」という本書の性格を考えてのことである。読者諸兄姉の御寛恕をお願いするとともに、願わくは単に過去を振り返るためにではな

く，前に進むための一助となることを願う次第である。

　最後に，有斐閣編集部の元編集長・伊東晋氏（現・有斐閣アカデミア社長）と伊藤真介氏（現・総務部長），そして現編集担当の得地道代さんには厚く御礼を申し上げたい。伊東氏には本書執筆の機会を与えていただき，伊藤氏には貴重な御助言を頂戴した。また，得地さんにはなかなか進まぬ原稿を辛抱強くお待ちいただいただけでなく，校正その他で大変なご苦労をお掛けした。お詫びするとともに，改めて感謝を申し上げる次第である。

　2009 年 5 月

著　　者

著者紹介

岸田　民樹（きしだ・たみき）
名古屋大学名誉教授，中部大学名誉教授
1948 年生まれ。1972 年，京都大学経済学部卒業，74 年，一橋大学大学院商学研究科修士課程修了，77 年，京都大学大学院経済学研究科博士課程単位取得。経済学博士。
1977 年，大阪府立大学経済学部講師，80 年，名古屋大学経済学部講師，84 年，同助教授，93 年，同教授を経て，2013 年，中部大学経営情報学部教授，14 年，同大学副学長となり，現在に至る。
主な著作に，『経営組織と環境適応』（三嶺書房，1985 年；白桃書房，2006 年），『経営学原理の新展開』（共編著，白桃書房，2006 年），『組織論から組織学へ』（編著，文眞堂，2009 年），『組織学への道』（編著，文眞堂，2014 年），『組織学の生成と展開』（有斐閣，2019 年）などがある。
本書では，第 I 部，第 III 部，エピローグの執筆を担当。

田中　政光（たなか・まさみつ）
横浜国立大学名誉教授
1947 年生まれ。1972 年，学習院大学経済学部卒業，都市銀行での勤務を経て，80 年，学習院大学大学院経営学研究科修士課程修了，83 年，大阪大学大学院経済学研究科後期博士課程単位取得退学。経済学博士。
1983 年，大阪大学経済学部助手，84 年，東北学院大学経済学部講師，85 年，同助教授を経て，94 年，横浜国立大学経営学部教授・大学院国際社会科学研究科教授となる。同大学を定年退官，関西学院大学専門職大学院教授を経て，長崎県立大学特任教授（2020 年 3 月まで）。
主な著作に，「組織化された無秩序と技術革新」（『東北学院大学論集 経済学』1988 年，組織学会高宮賞受賞），『イノベーションと組織選択』（東洋経済新報社，1990 年），『経営学 2 新版』（分担執筆，有斐閣，1991 年），『現代経営キーワード』（共著，有斐閣，2001 年），『検証 成果主義』（訳，白桃書房，2004 年），『サイモン』（編著，文眞堂，2011 年）などがある。
本書では，プロローグ，第 II 部，第 IV 部の執筆を担当。

目　次

プロローグ　協働という行為の組織化に向けて　1

協働という行為（1）　組織化原理の探求（2）　時代を反映する学説（4）　学説の分類基準（5）　本書を利用するにあたって（8）

第Ⅰ部　静態的構造学派

第1章　作業の合理化　11

1　科学的管理 ………………………… 12
　●テーラー
　テーラーとその時代（12）　テーラーの考え方（16）

2　科学的管理の普及 ………………………… 17
　●ガント，ギルブレス，エマーソン
　テーラーの後継者たち（17）　動作研究とサーブリッグ（19）　鉄道業とライン・アンド・スタッフ組織（21）

3　アメリカ的大量生産システム ………………………… 23
　●フォード
　フォーディズム（23）　フォード・システム（25）

第2章　古典的経営管理論と管理原則の導入　29

1　経営管理過程論 ………………………… 30
　●ファヨール

管理活動（30）　　管理過程（30）　　管理原則の導入（34）
ファヨールとテーラー（38）

2 経営管理職能と管理サイクル …………………………………… 39

経営管理論の体系化（39）　　経営管理過程論（42）　　問題解決過程としての経営管理活動（44）

3 管理原則 ……………………………………………………………… 46
●ムーニー＝ライリー

5つの管理原則（46）　　管理原則の妥当性（48）

Column ① 組織の編成原理 ——————————— 51
──テーラーとファヨール

第3章　*合理性と官僚制組織*　56

1 官僚制の理論 ………………………………………………………… 57
●ウェーバー

資本主義と官僚制（57）　　官僚制の特徴（59）

2 官僚制と逆機能 …………………………………………………… 60
●マートン，グルドナー，ブラウ

人間の行為と規則（60）　　合理的モデルと自然体系モデル（62）　　仲間集団（63）

3 組織構造の実証研究 ………………………………………………… 65
●アストン研究Ⅰ

組織構造の次元（65）　　組織構造と組織プロセス（66）
官僚制と組織構造（67）

Column ② 社会─技術システム論 ——————————— 70
──エメリーとトリスト

1. 自律的作業集団　70
2. 社会─技術システムとしての作業組織　72

3. オープン・システムとしての特性　74

第Ⅱ部　均衡学派

第4章　人間性の発見　79

1　社会的存在としての人間 …………………… 80
●メイヨー

意外な事実（80）　集団の中の人間（81）　感情の論理（84）

2　自己実現を目指して成長する人間 …………… 86
●アージリス

発達するパーソナリティ（86）　公式組織との不適合（89）　職務拡大（90）

3　動作づけではなく，動機づけを求める人間 ………… 94
●ハーズバーグ

KITA（94）　動機づけ／衛生理論（96）　職務充実（99）

4　ワン・ベスト・ウェイからコンティンジェンシーへ …… 101
●フィードラー

2つの先行研究（101）　苦手な同僚という因子（103）　状況の好意性（105）

第5章　協働体系としての組織　110

1　統合的統一体としての組織 ………………… 111
●フォレット

建設的対立（111）　状況の法則（113）　統合の原則（115）

2 活動と諸力の体系としての組織 …………………… 116
● バーナード

必要とされた理論武装（116）　必要にして十分な3要素（118）　権限の受容（121）

3 心理的環境を前提にした組織 …………………… 123
● サイモン

経営人 対 経済人（123）　意思決定の前提としての心理的環境（125）　「5つの組織変数」（126）

4 連合体としての組織 …………………… 128
● サイアート＝マーチ

現実からの乖離（128）　コンフリクトの疑似的な解決（129）　不確実性の回避（130）　問題志向の探索（131）　組織学習（132）

Column ③　市場 対 組織 ———————————— 137
——コースとウィリアムソン

1. 市場という大海の中の権限の島々　137
2. 市場を利用するための費用　138
3. 取引費用アプローチの戦略　139

第6章　*認識された制度の役割*
143

1 組織から制度へ …………………… 144
● セルズニック

適応反応の意図せざる結果（144）　制度化（146）　ステーツマンへ（148）

2 正当性という制度の要求 …………………… 151
● マイヤー＝ローワン

管理の実態（151）　正当性の要求（153）　分離，信頼そして誠実（156）

3 制度の中で同型化する組織 ……………………… 159
● ディマジオ=パウエル

同型化のエンジン (159)　同型的変化の3つのメカニズム (162)　同型化の予測 (164)

第Ⅲ部　適応的デザイン学派

第7章　技術と組織構造　171

1 生産技術と組織構造 ……………………… 173
● ウッドワード

技術の定義と分類 (173)　技術のタイプと組織構造の関係 (174)　生産技術, 組織構造, 業績の関係 (176)　製造サイクルと職能部門間のパワー (177)

2 技術概念の拡張と組織分析の体系化 ……………………… 178
● ペロー

技術概念の拡張 (178)　技術と組織構造 (179)　技術の二次元性 (181)

3 規模と組織構造 ……………………… 182
● アストン研究Ⅱ

規模と管理者比率 (183)　アストン研究 (183)　技術と規模 (186)

第8章　課業環境と組織プロセス　189

1 組織と環境 ……………………… 190
● ローレンス=ローシュ

課業環境の不確実性と分化 (190)　相互依存性と統合 (191)

2 多角化戦略と事業部制組織 …………………… 195
● ローシュ=アレン

課業環境とトップの組織選択（195）　本社―事業部間の
意思決定プロセス（196）

3 組織と個人 …………………………………………… 197
● ローシュ=モース

適合と組織成員の有能感（197）　組織の状況適合理論
（199）

第9章　課業と組織デザイン　203

1 環境・技術と組織デザイン …………………… 204
● トンプソン

技術と相互依存性（204）　課業環境と戦略（205）　技
術・課業環境と組織デザイン（206）

2 課業の不確実性と組織デザイン戦略 ………… 208
● ガルブレイス

組織デザイン戦略（208）　状況適合理論と組織の発展段
階モデル（211）　マトリックス組織（215）

3 状況適合理論の評価 ……………………………… 217

Column ④　戦略論の展開 ───── 221

1. ポジショニング・アプローチ　221
2. 創発的アプローチ　222
3. 資源ベース・アプローチ　223
4. 戦略論の統合と戦略変化　223

第IV部　進化プロセス学派

第10章　問題解決を超えて　229

1　主観的に構成されている問題への対応 …………… 230
●エイコフ

客観的な問題という仮定（230）　　メス（232）　　時の検証（234）

2　優れたトップは決定をしないという理論 …………… 236
●ラップ

計画を表明しないトップ（236）　　そのロジック（237）
マドリング・スルー的行動（238）

3　マネジャーの職務 …………………………………… 240
●ミンツバーグI

4つの伝承（240）　　その現実（242）　　ゲシュタルトとしてのマネジャーの職務（244）

4　行為の準拠枠 ………………………………………… 246
●シルヴァーマン

問題の所在（246）　　社会の中の人間（248）　　人間性という署名（249）

第11章　組織の進化理論　253

1　ゴミ箱モデル ………………………………………… 254
●コーエン＝マーチ＝オルセン

目的の先与性という仮定（254）　　ゴミ箱プロセス（256）
構造的規制（260）

2　組織学習 ……………………………………………… 263
●アージリス＝ショーン

要求される自問能力（263）　　「学習することを学習する」

(265)　　弁証法的組織化（267）

3　多義性処理の組織化理論 …………………… 269
●ワイク

多義性の処理（269）　　淘汰プロセスとしての組織化（271）　　柔軟性と安定性（273）

4　自己組織化する組織 ……………………………… 275
●モルガン

機械論的組織化の限界（275）　　ホログラフィの原理（277）　　自己組織化の原則（279）

Column⑤　構成されたものとしての環境理論 ——— 285
── ワイク，シュッツ

1. 資源空間としての客観的環境　285
2. 構成された環境　286
3. 日常生活の自然的な態度　288

第12章　創発する戦略行動　291

1　分割されたインクリメンタリズム ……………… 292
●リンドブロム

福音書的アプローチ（292）　　分割されたインクリメンタリズム（294）　　相互調整（296）

2　創発的戦略 ……………………………………… 299
●ミンツバーグⅡ

策定された戦略（299）　　創発的戦略（301）　　雨傘（304）

3　ロジカル・インクリメンタリズム ……………… 307
●クイン

突発的なできごと（307）　　ロジカル・インクリメンタリズム（309）　　調整主体（313）

4 戦略行動の相互作用モデル ……………………………… 315
●バーゲルマン

戦略の原動力（315）　相互作用モデル（318）　戦略行動と企業コンテクスト，戦略コンセプトの相互作用（321）

Column ⑥　決定の合理性から行為の合理性へ ─── 325
── ブランソン

1. 意思決定パースペクティブ　325
2. 行為における合理性　326
3. 複雑性削減手段としてのイデオロギー　327

エピローグ　経営学説の枠組み　329

人間・組織・環境

合理的モデルと自然体系モデル（330）　クローズド・システム・アプローチとオープン・システム・アプローチ（331）　経営学説の分類（332）　4つのモデルと因果関係（334）　モデルの統合（335）　結語（339）

索　引 ─── 341

事項索引（341）　人名・組織名索引（356）

プロローグ　協働という行為の組織化に向けて

協働という行為

　生物学的にみると，人間は他の「種」に比べ，その能力においてきわめて制約されている。たとえば，他の哺乳動物の多くは生まれ落ちるや，すぐに動き出したり，立ち上がろうとする。立ち上がらないまでも，自らミルクを求めて動き回り，「生きる」ことを始めようとする。それに対し人間は，その誕生時には立ち上がることはおろか，与えられない限り，ミルクを飲むことさえ思い通りにならない。人間という動物は自然界の他の種に備わっている「生きるという欲求」を自ら充足するための手段を，「生得的には」与えられていないのである。この意味において，人間という動物は，生物学的に言えばアーノルド・ゲーレンが言ったように，「欠陥生物」にほかならない。

　そうした人間がその生物学的能力の限界を克服するためにつくり上げたもの，それが「協働」という行為である。「制度」はそうした行為を確保するための仕組みであって，その中で最も精緻にして巧妙に発達したものが「組織」にほかならない。したがって，組織を研究するというのは結局のところ，協働という行為を明らかにすることに尽きる。そのために，研究者は協働という行為の本質を明らかにし，それを可能にする条件を理論的に求めてきたのであって，実務家はそれを実務の場において経験的に明らかにしようとしてきたのである。そのいずれにあっても，組織というものを考えたとき，協働行為はその本質をなすものと考えられているのである。

　しかし，それでは当初からそのようなものとして協働行為の重要性が認識されていたのかと言えば，必ずしもそうではない。その揺籃期にあっては，組織，とくに企業組織は経営者にとって何よりも

まず「利潤」獲得の手段に過ぎなかったし、また、そのように主張したからといって非難されるべきことでもなかった。それどころか利潤を追求しようとしないことこそ問題とされた。なぜなら、彼らにとって、それは神の意志に反することであり、多くの利潤をあげることができないのは罪悪でさえあったからである。マックス・ウェーバーが『プロテスタンティズムの倫理と資本主義の精神』で説いたように、経営者の利潤追求活動はプロテスタンティズムの倫理によって「正当性」を与えられていたのである。

そのような中にあって、経営者の仕事と言えば、それはその日その日のパンを求めて都市に絶え間なく流れ込んでくる人々の中から使えそうな者を時々の必要に応じて採用し、できるだけ安価に使用することでしかなかった。その結果、まだ10歳にも満たない児童が一切れのパンのために追い回され、また、人々の多くが時間的に制限のない、強制的とでもいえる労働に、希望もなく、生活のために明け暮れていたのである。それは学説史的にみて、とても今日的な意味で協働行為を云々するという状況ではなく、したがって協働行為の組織化を考察の対象とするにはほど遠いものであった。

組織化原理の探求

そうした状況が根本的に大きく変わるのは、工業の中心がイギリスからアメリカに移り始めてからのことである。地理的条件の有利さも手伝って、アメリカでは工業の発展とともに、市場経済が予想を上回る勢いで発達し、企業規模は急速に拡大しつつあった。経営者がこの機会を逃すはずはなく、彼らは正当化されている利潤の追求に走った。しかし、そうした経営者の思いを実現するには、労働者はあまりにも未熟であった。また、当時の社会状況から失業に対する不安は依然として存在しており、劣悪な労働条件も手伝って、組織には秩序というよりも、混乱が支配的であった。その結果、生産性の水準は低く、組織はその内部から崩壊する可能性がつねに存在していたのである。

そうした事態に対処しようとしても，それには企業家個人の力はあまりにも小さかった。規模の拡大とそれに伴って発生するさまざまな問題に対処するためには，どうしても「個人としての」企業家とは切り離された，従業員やその集団からなる「複合的システム」(complex system) としての「組織それ自体」を行為主体とする必要があった。そしてそれに伴い，そうした複合的システムをどのようにつくり上げ，いかに運営していくのか，「組織化」の原理が必要であった。協働という行為の重要性はそうした中で徐々に認識されていったのであり，経営学はそうした協働行為を組織化するための原理を探求すべく生まれ，発展してきたのである。

　協働行為はいったい何に依存しており，どのような条件が揃えば可能になるのか。その成否を左右している原因とは何か等々。組織研究の歴史は基本的に「協働行為の組織化」についての歴史と言うことができ，研究者と実務家の多くは組織の成功と存続の鍵を協働行為に求めてきたのである。著名な歴史家，アルフレッド・D. チャンドラー，Jr. の言葉を借用して言えば，とくに「管理という見える手が市場を支配する諸力という見えざる手に取って代わって」から，協働行為の重要性は再認識され，経営者は協働行為を可能にし，組織目的の達成を可能とする条件の体系化を改めて目指してきた。そしてそれは今も変わることがないのである。

　そこでそうした条件を考えた場合，当然，組織が目的を達成するための条件は，つねに，一定ではない。それは状況の変化に応じて変わり，行為主体としての組織をどのように整備し，変化に対して適応的なものとしていくのかという組織化のあり方は絶えず問い直されることになる。したがって，パラドキシカルではあるが，たとえ求められる条件がその時々の変化に応じて変わったとしても，協働行為の組織化は「課題」として依然として残る。というよりも，むしろ状況の変化が大きく激しいものであるほど，それは問い直さ

ざるを得ない課題として, 繰り返し繰り返し浮上し, 解決を迫ることになる。

協働行為を可能にし, 組織目的の達成を可能とする条件を考えるなら, 組織化はある時点で完成したと言えるような問題では決してないのである。それとはまったく反対に, 市場競争の場に留まろうとする限り, 絶えず問い直さざるを得ない課題なのである。その課題を解き続けることのできる組織だけが生き残ることができ, さらに新しい組織化という課題, したがって来たるべき競争にチャレンジするための資格を手にすることができるのである。それは昔も今も変わりなく, 終わりのない, いわば「進化の過程」といえる。組織はそうした過程の中にあるのであって, その中で「組織化というペダル」を踏み続けていかなければならないし, また, 踏み続けてきたのである。

時代を反映する学説

いわゆる経営「学説」あるいは「理論」というものは, こうした努力の中で生み出されてきたものである。それは協働という行為をどのようなものとみているか, 人々の観点や考え方を反映しており, そのあり方に応じて変わる。したがって, 経営という現象を理解しようとすれば, そしてその手がかりとして学説を利用しようとするなら, 経営学説ないし経営理論の前には「前提」があるという, このごく当たり前のことをよくよく認識しておかなければならない。なぜなら, 経営学は企業がその時々に直面する問題の解決を任務の1つとしているという意味で, すぐれて実践的な性格を帯びているために, そうした前提の変化が起こりやすいからである。

しかも, 変化が起こりやすいだけでなく, そうした前提に妥当性があるとしても, それは多くの場合, 「社会的に」認められているということにその根拠があるのであって, たとえば自然科学における合理性の前提のように「客観的な」基準として統一されている訳

ではない。それはその時代を生きている大多数の人々が受け容れているという以外，確実な根拠を持っていないのである。だからこそ，その時代に特有の見方の移り変わりに伴い，時代を席捲していた理論が気がつくと急速に色褪せたものとなっていたり，それまでの経緯とは関係なく，まったく反対の主張があたかも当然のごとくなされたりするといったことが起こるのである。そしてその結果として，多種多様な「理論」が提示され，「学説」が展開されることになるのである。

したがって学説や理論は，その時代を生きた人々のものの見方や考え方と，決して切り離すことのできないものである。煉瓦を積み上げたからといって家とは言えず，また，史料を積み重ねたとしても歴史にはならないと言われるように，切り離してしまえば，当の学説の本質は失われてしまう。大事なのは「そのとき，その時代に特徴的な見方や考え方との関係において」，その本質を示すことであろう。本書はこうした観点からみて，支配的，ないし代表的と思われる学説ないし理論の紹介を試みたものである。

学説の分類基準

しかしながら，学説の紹介といっても，実際にその作業となると，それほど簡単なことではない。なぜなら，それがどのような分野の，いかなる研究であれ，文献を読むという行為自体が1つの理論的戦略というに近く，多様な解釈が可能であるからである。とくに経営学の場合，学説は先に触れた特性（客観的にではなく，社会的に認められているという）に大きく依存している。そのため，「代表的である」としても，いずれを代表的であるとするかという判断が必要になるだけでなく，取り上げた学説をどのように分類し，どこに位置づけるかという問題がつねに存在するのである。

この問題を回避する最も簡便な方法は，できるだけ多くの学説を取り上げ，判断のすべてを読者に委ねてしまうことであろうが，網

羅的な記述には紙幅という問題だけでなく，印象が平板になると共に全体像がみえにくくなって，学説それぞれの位置づけ（全体における）がよくわからず，その本質をとらえ損なうという問題が潜んでいる。また，読者に判断を委ねることは，とりわけ初学者に大きな困難を強いることになる。そこで本書では網羅的であることをやめて，経営学において欠くことができないとされている以下4つのモデルないしアプローチにもとづいて，「合理的―自然体系的」，「クローズド―オープン」という基本的な関係を著者の責任において設定し，この2つの関係を座標軸として代表的とされた学説を分類することとした。

(1) 組織目的の合理的な達成という観点から，一定の組織（構造）のもとに人間行動や組織プロセスを明らかにしようとする，組織（構造）→人間（行動）という因果関係をベースにした「合理的モデル」(rational model)

(2) それとは対照的に，多様な欲求や動機を持つ人間を強調し，そうした人間行動の結果として組織を，したがって人間（行動）→組織（構造）という因果関係のもとに組織を理解しようとする「自然体系モデル」(natural model)

(3) 組織を自己完結した体系と考えて，その中の人間行動や組織プロセスに的を絞る「クローズド・システム・アプローチ」(closed system approach)

(4) 環境に開かれた体系としての組織を前提にして，環境との絶えざる相互作用の中に組織現象をとらえようとする「オープン・システム・アプローチ」(open system approach)

その結果，2つの関係からなる座標軸のもとに「クローズド＝合理的」「クローズド＝自然体系」「オープン＝合理的」そして「オープン＝自然体系」という4つのセルができあがることになり，代表的な学説はそのいずれかに入ることになる（**表序-1**）。本書ではそ

表序-1　経営学説のパラダイムとその変遷

	合理的モデル	自然体系モデル
クローズド・システム・アプローチ	**静態的構造学派** （クローズド＝合理的モデル） 【因果関係】 環境⇢組織→人間 【分析レベル】 人間：科学的管理論（テーラー） 組織：管理過程論（ファヨール） 環境：官僚制理論（ウェーバー）	**均衡学派** （クローズド＝自然体系モデル） 【因果関係】 環境→組織←人間 【分析レベル】 人間：人間関係論（メイヨー） 組織：組織均衡論（バーナード） 環境：制度理論（セルズニック）
オープン・システム・アプローチ	**適応的デザイン学派** （オープン＝合理的モデル） 【因果関係】 環境→組織→人間 【分析レベル】 人間：技術―構造論（ウッドワード） 組織：組織デザイン論（トンプソン） 環境：課業環境―組織プロセス論 　　　（ローレンス＝ローシュ）	**進化プロセス学派** （オープン＝自然体系モデル） 【因果関係】 環境←組織←人間 【分析レベル】 人間：ゴミ箱モデル（マーチ） 組織：組織化の進化モデル（ワイク） 環境：創発的戦略論（ミンツバーグ）

のようにしてできたセル中の学説を関係の性質に応じて，それぞれ「静態的構造学派」「均衡学派」「適応的デザイン学派」「進化プロセス学派」として分類し，分類した学説を，さらに「人間」，「組織」，「環境」（制度）の次元で整理している。そしてこの分類に収まり切らない，ないしは言及することのできなかった学説を*Column*で取り扱っている。他の分類方法と同様，この分類方法についても，たとえば環境との「均衡」を主張しながら，なぜ環境に対して「クローズド」であるとするのか（均衡学派）といった批判が予想されるが（分類の詳細については，エピローグを参照されたい），それでもなお，そのとき，その時代と切り離すことのできない学説の本質をとらえ，全体の中に位置づけるのには最も適しているという判断からこの分類基準を採用した。

本書を利用するにあたって

本書はこのような分類基準に従っているために、各セルはそれぞれまとまりを持っているが、学説は必ずしも年代順にはなっていない。また、読者層としては学部学生から、大学院を目指して経営学に取り組もうとされている方、そして仕事の上で経営学の知識を必要とされる一般社会人まで、幅広い読者を対象としている。したがって、読み始めるにあたって高度な知識はまったく必要とせず、読者はそれぞれの関心や必要性に応じて、どの学説から読み始められてもよいし、はじめから順にページを追っていかれても構わない。敢えて言うとすれば、これから経営学を学ぼうとされる方には、まず「エピローグ」にざっと目を通してから学説を読み、エピローグに戻ることを、そして整理ないし確認のために本書を利用しようとされる方には、学説からエピローグへと、そのいずれにあってもエピローグにもう一度戻って確認されることをお薦めする。そうすることによって、全体における位置づけがよりはっきりすると共に、学説の本質が理解できると思うからである。そのために本書では、通常であれば最初に来るべき、分類の仕方や学派相互の関係に関する詳しい説明を、敢えてエピローグとして末尾に置いてある。

第 I 部

静態的構造学派

第 1 章　*作業の合理化*
第 2 章　*古典的経営管理論と管理原則の導入*
第 3 章　*合理性と官僚制組織*

静態的構造学派(クローズド＝合理的モデル)とは，経営学の生誕を彩った，いわゆる古典的経営学の諸学説である。ここでは，人間と組織の問題に焦点が当てられたが，もっぱら組織の視点から，合理的，効果的な経営のあり方，そしてヒト，モノ，カネという資源と情報を効果的に組み合わせて問題を解決する組織構造のあり方が追求された。

　第1に，作業現場のレベルで，従来の，その場その場の管理ではなく，経営者にとっても労働者にとっても，最大の利益をもたらす科学的管理の原則が提唱された。テーラーは，効率的な経営のための唯一最善の組織化の方法を求めて，職能別の専門化というヨコの分業にもとづくファンクショナル組織を提唱した。この組織を基礎として，フォードは大量生産方式を生み出した。

　第2に，ファヨールは，企業全体の経営＝全般管理の視点から，経営者の基本的活動を識別し，問題解決過程としての管理過程を明らかにした。こうした計画，組織，統制などの管理過程の解明が，古典的な管理論の基本課題となった。トップの指示のもとに，企業が整然と目標を達成するのがライン組織である。

　第3に，ウェーバーは，近代資本主義の合理性が貫徹される条件を，階層による秩序と専門化による効率の向上に求めた。これは，テーラーのファンクショナル組織と，ファヨールのライン組織の両方の特色を持つ，ライン・アンド・スタッフ組織と考えられる。官僚制組織は，目的を達成するための合理的組織であるが，一人一人の人間の合理的な行動が，つねに組織全体の合理性を保障するとは限らない。こうした現実の過程が官僚制の逆機能である。

第1章　作業の合理化

F. W. テーラー

H. フォード（写真提供：共同通信社）

テーラーは、それまで経験や勘に頼っていた作業現場の管理を、合理的な規則と手続きによって行うべく「科学的管理法」を考案した。フォードはそれを、実践的、具体的に一層高度化し、大量生産システムをつくり上げた。ここに近代の経営学は幕を開けたのである。

1 科学的管理

●テーラー

テーラーとその時代　フレデリック・W. テーラー（Frederick W. Taylor, 1856-1915）は，エンジニアであり，ミッドベール製鉄所に労働者として入ったが短期間で職長に昇進し，やがてチーフ・エンジニアになった。その後，ベツレヘム製鉄工場に移り，晩年はコンサルタントとして自分の考えを普及することに尽力した。テーラーはこうした実務経験を重視し，そこに彼が劣悪な産業状態と呼ぶ労働者の生産制限，ずさんな管理，労使協調の欠如をみた。

生産制限には，自然的怠業と組織的怠業の2つがある。前者は，人間の生まれつき楽をしたがる性向から生じるものである。後者は，自分の属する集団の人間関係のために，集団の産出基準に従おうとする結果，生じるものである。当時，労働者は自分たちがこれまで受け継いできた作業方法に固執する傾向があった。逆に，管理者の設定する作業標準はいい加減かつ管理制度はずさんで，労働者の稼ぎが多くなると，勝手に出来高率を切り下げた。こうして，労働者は速く働きすぎると自分や仲間を失業させることになると考え，仕事のより簡単なやり方や改善方法を管理者に隠し，仲間うちで生産のペースについての合意をつくり出したのである。テーラーは，こうした労働者の怠業をなくすためには，管理者が職務を正しく設計し，適切な刺激を与えることが必要であると考えた。

テーラーの時代は，アメリカ資本主義の中で，ビッグ・ビジネス勃興の時代であり，独占企業の成立する時代であった。周期的な恐慌と企業の乱立は，企業間のプールやトラストという協調関係を発展させ，1901年のUSスチール社の設立に典型的にみられるよう

に，大規模な企業合同が行われた。その結果，企業経営の問題は，市場の拡大と競争企業間の調整から，生産内部の合理化へとその焦点が移り，労働時間の延長，賃率の切下げが展開された。

テーラーの基本的主張は，従来経験や勘に頼っていた管理を，体系的な観察と測定にもとづく合理的な規則と手続きによって，科学的に行うべきである，ということである。すなわち，作業標準を設定するために時間研究を行い，計画部を利用して仕事の進め方の改善を探求し，工具の標準を設定し，差別出来高制という奨励方式を開発し，職能別職長制という考えを生み出した。

第1に，テーラーは，熟練作業者の仕事を観察し，無駄な動作，誤った動作をチェックし，仕事を構成する基本的部分についての唯一最善の仕方（ワン・ベスト・ウェイ，one best way）を決定した（動作研究）。こうして，各職務は可能な限り多数の要素動作に分解され，無用な動作は除去された。さらに，最も熟練した労働者の観察を通じて，各要素動作に要する最速最善の時間をストップ・ウォッチで計測し，それに適度な余裕時間（やむをえぬ遅れや中断および休憩時間）を加えて，1つの作業の完成に必要な標準時間を設定した（時間研究）。

この基準となるべき労働者を，テーラーは「一流労働者」と呼んでいるが，これは意欲をもって自らに適した仕事を行う人のことである。言い換えれば，自分に合った仕事（適材適所）に就いてその仕事を一生懸命やり遂げようと努力する人である。

こうして第1に，1人の労働者の作業が単純で単調な要素に分解され，1日になすべき量としての課業が公正な作業標準として決定される。

第2に，管理者はいかに仕事をなすべきかの計画に，従業員はこの仕事の実施に，専念することになる。こうすることによって，課業は効率的に遂行される。管理者は人々を奨励することにより生産

性を高めるのではなく，最高の生産性が可能となるように職務ないし課業を設定し，作業を計画，組織，指導するという明確な責任を持たなければならない。

しかし，こうした考え方は，労働者を経済的欲求のみを持った「経済人」とみなして，労働者から頭脳労働を取り除き，肉体作業のみに限定するものであること，しかも研究者のような判断や情報処理を必要とする作業に適用することは困難である，として数多くの批判にさらされた。

第3に，与えられた課業の達成に成功したものには高賃金を，失敗したものには低賃金を支払うという差別出来高賃金制をとることによって，労働者の勤労意欲の増進と課業規則の遵守が図られた。こうして，仕事の種類ではなく，努力に対して支払いがなされることになり，与えられた作業標準のもとで，標準に達しない労働者は普通の支払いを受け，標準を達成した労働者はより多くの支払いを受け取った。従来の普通の出来高払い制は，過去の記録をもとに，目の子算で単価が決められるものであった。したがって，仕事の所要時間を巡って，所要時間を引き延ばそうとする労働者と，それに気づいた場合に単価切下げで対応しようとする管理者との間で，つねに綱引きが行われた。テーラーは，各要素ごとの時間研究にもとづく正確な知識によって単価が決定されるなら，むしろ生産性が上昇すると同時に，1日の賃金も増大し，したがって労使の対立は解消されると主張した。

第4に，以上のように効率的に仕事を進めるためには，職務の専門化を推し進め，一切の余分な要素を排除して必要不可欠な課業に専念することが肝要である。典型的な職長の仕事はさまざまな職能からなっているが，テーラーはこれらの仕事を1人の人間が行うことは不可能であると考え，こうした職能を分類し，別々のスペシャリストに担当させるべきであると主張する。これが職能的職長制

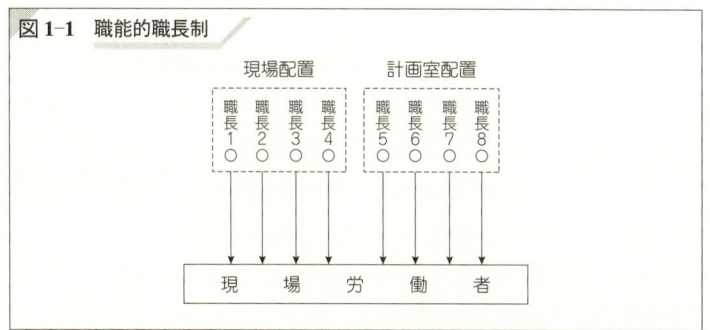

図 1-1 職能的職長制

(functional foremanship) であり，職能別管理と呼ばれる。

　テーラーは，計画職能と実施職能を分割し，管理者の職能を，計画室を代表する職能（計画部門）と計画を実施する職能（執行部門）とに分ける。前者は，①仕事の順序および手順係（各部品が組立てに必要なときまでに最も経済的に仕上がるようにその順序を決定する），②指導票係（仕事の微細な点を工員や実施の係に伝える），③時間および原価係（所用時間と原価に関する時間票を労働者に送り，そのデータを収集する），④工場規律係（労働者のいさかいを治め，工具の美点と欠点を記録し，選抜と解雇を担当する），の4つである。後者は，①準備係（仕事が機械に取り付けられるまでの準備を受け持つ），②速度係（指導票に示してある通りの最短時間で仕事を仕上げさせる），③検査係（作業の質に責任を負う），④修繕係（機械および付属品の手当ておよび保全を担当する），の4つである。こうして，1人の監督者がすべての監督や技術的指導を行う万能管理者を探す必要はなくなり，短期間で監督者を養成することが可能になった。しかもテーラーは，労働者に与えられる命令は，各職長の専門的知識にもとづくものであって，各労働者にはただ1人の職長がいるので，複数の上司ではなくただ1人の上司から命令を受けるべきであるとする命令の一元性と矛盾しないと考えた。

　テーラーの目的は，専門化された管理知識を作業に集中すること

であり，総支配人の権限をより低いレベルの専門的な管理者に委譲することであった。それによって，総支配人は工場の管理上の些事から免れ，これを専門家に委ね，例外事項にのみ関心を向けることができる。すなわち，テーラーは，権限が職位ではなく，専門知識にもとづき，例外の原則（○第2章第3節）によって，委譲された責任を果たしたか否かの点検が可能になると考えた。

それまでの工場組織は，軍隊組織と呼ばれ，支配人→工場長→職長→組長→工員という一元的な命令系統に沿って管理されていた。ここでは，職長や組長は，多年の経験を積んだ熟練工でなければその仕事を全うすることは困難であった。しかし，機械の導入による機械的作業の拡大は，従来の技術と熟練に基礎を置いた作業組織と作業管理方式を一変させた。すなわち，万能的熟練工であった職長を中心とする徒弟制的作業方式が崩壊し，旧来の熟練作業が機械作業へと変換されるにつれて，大量の未熟練労働者が要求されるようになった。ここに，アメリカへの移民が積極的に採用されたのである。機械技術の発展によって，工場での作業における分業が拡大・深化し，複雑になると，1人の職長が工場全体の管理に責任を負うことはできなくなり，新しい管理組織の必要性が認識された。こうしてテーラーは，従来1人の職長が行っていた管理活動を分割・専門化し，1つの部門に統括したのである。これが職能的職長制である。

| テーラーの考え方 | テーラーは，「科学的管理」によって，経営者の最大限の繁栄と従業員のそれとを結びつけることができる，すなわち生産性の上昇によって労使双方がもっと多くの利益を得られると考えた。経営者にとっての最大限の繁栄とは，短期間の大きな利益ではなく，企業の全面的な永続的繁栄状態であり，従業員にとっては，当座の高賃金ではなく，生産の能力に応じた最高級の能率的な仕事の遂行である。経営者と従業員

双方が，余剰の分配に目を奪われるのではなく，両者が協力して余剰の大きさの増大に関心を向けるよう，精神革命を起こすべきであるというのが，テーラーの主張であった。

テーラーの考え方は，多くの問題をかかえ，数々の非難を浴びたが，当時の成長・拡大の時代風潮や産業心理学の発展に合致したため，その後20世紀初のアメリカ産業界に大いに普及した。

2 科学的管理の普及

●ガント，ギルブレス，エマーソン

科学的管理の普及・発展に貢献したのは，バース，ガント，ギルブレス夫妻，エマーソンである。

テーラーの後継者たち

(1) バース

カール・G. バース（Carl G. Barth）は，テーラーの門弟の中で最も正統派であったといわれる。彼は，不完全ではあったが，初歩的な対数計算尺と計算表を組み合わせることによって，機械の送りと速度の問題を即座に解決する方法を見出した。また，つねにテーラーと行動を共にし，イエール＆タウン社およびウォータータウン兵器廠での科学的管理の導入を手伝った。さらに，フランクリン自動車会社における科学的管理の導入にも関与し，幼年期の自動車産業合理化のパイオニアとなった。これによって同社の生産台数は月100台から1日45台へと拡大し，賃金は90％上昇し，労働移動率は50％以下に減少した。この時代は，部品は組立てのために固定された作業領域に運ばれ，バッチ生産で行われていた。後年，フォードはこのバッチ生産に代わる移動組立て方式を考案することになる。

(2) ガント

ヘンリー・L. ガント（Henry L. Gantt, 1861-1919）は，テーラー

の影響を受け，労使の相互の利益の強調，労働者の科学的選抜，業績促進のための刺激的な賃金率，作業の詳細な指図などを明らかにした。彼は，学校教師の経験から，データ表現の図表化を行った。

ガントは，監督者は労働者の熟練と知識を向上させるだけでなく，彼らに勤労の習慣を植え付けることが必要であると考え，課業標準の達成に向けた労働者の作業の進捗を図示した。これによって，労働者の日々の記録がとられ，標準を達成したか否かが一目でわかるようになったので，問題点が特定され，労働者にフィードバックすることが可能になった。こうした図式化が成功し，この視覚的方法は毎日の生産高，原価統制，機械1台当たりの作業量，当初見積りと比較した労働者1人当たりの作業量，遊休機械の費用などに適用された。

ガントは，フランクフォード兵器廠のコンサルタントとして，さまざまな部門の膨大な仕事の進み具合をみるという問題に直面し，その管理のための作業の進捗および業績を示す一連の図式化に尽力し，「ガント・チャート」として知られる「作業進度表」を開発した。ここでの問題は，さまざまな活動が作業完了までにどのような経路を通って遂行されるかを示すことであった。こうした管理の計画化および統制のための図式化というガントの方法は，当時のマネジメント思想にとって画期的であった。この図式をみることにより，管理者は，計画がどの程度どのように進行しているかを知ることができ，プロジェクトを予定通りに，あるいは許容された予算の範囲内に納めるのに必要な手立てをとることができるようになった。その後のすべての生産制御板および図はガントから着想を得たものである。プロジェクト管理のための手法であるPERT (program evaluation and review technique) は，その現代版であり，コンピュータ化された複雑な手続きを持っているが，時間とコストを計画し統制する原理は同じである。

ガントは，テーラーの影響を受けて，科学的管理法の普及に尽力したが，次の2つの点で，テーラーと違っていた。第1は，すべての人に機会を与えることによって，民主主義を評価することを強調し，課業賞与（task-and-bonus）という概念を主張した。これは，テーラーの差別出来高賃金と違って，標準以下の生産量に対しても1日の賃金を保証し，標準を達成したものには日当に加えて賞与を与え，標準以上の生産に対しては褒章（reward）を与えるものである。ガントは，これによって，労働者は能率を増進させることを学びつつ，生計の糧を得ることができると考えた。

最後に，大企業の出現が，われわれの住むコミュニティに対するサービスよりも利益を優先させるシステムをつくり上げたとしてこれを批判し，利益よりもサービスが強調されるべきであり，サービスを究極の目標にすることによって，ビジネスは成り立ちうると考え，産業責任という概念を導入した。こうしてガントは，企業はその社会的責任を認識し，サービスに献身することを第一義としなければならないと主張した。

動作研究とサーブリッグ

ギルブレス夫妻（Frank B. Gilbreth, 1868-1924; Lillian M. Gilbreth, 1878-1972）は，疲労を減らして生産性を高めるために動作を省くという目的のもとに，訓練の大切さを強調し，労働者の作業ペースを強化することなく，作業をシステム化することの必要性を明示し，そのための技法を開発した。

第1は，最も基本的な要素動作のリストの作成（動作研究）であった。彼らは，作業者が仕事をするときの動作を研究し，無駄な動作を取り除き，動作の数や努力，および仕事によって生じる疲労をできるだけ少なくするよう，探す，選ぶ，運ぶ，位置を決める，続けるなどの17の基本動作を識別し，唯一最善の仕事の仕方を明らかにしようとした。これはサーブリッグ（Therblig）と呼ばれるが，

表1-1　サーブリッグ（動素）を示す記号

1	⌒o	探　す	(search)	眼が物を探す形
2	⌒o	見出す	(find)	眼が物を探し当てた形
3	→	選　ぶ	(select)	矢の形，その指し示すところのものを選定する意味
4	⌒	摑　む	(grasp)	マグネットの形またはトングの形
5	‿	運　ぶ	(transport loaded)	皿に物を載せた形
6	9	位置する	(position)	荷重が手の先端にある形
7	#	組み合わす	(assemble)	組み合わせた形
8	U	使　う	(use)	アルファベットのu
9	⊥⊥	分　解	(disassemble)	井から1本だけ取り除いた形
10	○	検　査	(inspect)	レンズの形
11	θ	準備位置	(pre-position)	玉コロガシの棒を立てた形
12	⌒	放　す	(release load)	皿を逆さにした形
13	‿	空動き	(transport empty)	皿を空にした形
14	ҩ	休　み	(rest for overcoming fatigue)	人が椅子に寄りかかる形
15	⌒o	避け得る遅れ	(avoidable delay)	人が寝た形
16	⌒⌒	避け得ない遅れ	(unavoidable delay)	人が倒れた形
17	ᄋ	計　画	(plan)	人が頭に手を当てて考える形

（出所）高宮［1977］。

彼らの苗字Gilbrethを逆に綴ったものである。これらの基本動作はこれ以上細分化できないものであり，これによって，労働者の動作の厳密な要素を分析するための正確な方法が提示された。

　第2に，映画用カメラと照明を使って，労働者の微細動作の時間測定が行われた。これらの技法は，作業における無駄の排除に焦点を当てるものであった。こうした動作研究の意図した心理作用は，動作研究によって疲労が減少し，賃金が改善されるという利点を労働者に印象づけることであった。ギルブレス夫妻は，動作研究を通じて，作業者の不必要な動作を減らし，作業環境全体を重視することによって疲労を抑え，作業者の能率を向上させることに努力し，

科学的管理が訓練を通じて労働者の成長を促すものであり，押さえつけるものではないことを示そうと試みた。

ギルブレス夫妻は，テーラーと同様に，作業方法を改善し，技術変化の要請に応えるような作業方法を見出すことに関心を注いだが，産業心理学的研究の上に，産業における人間的要素の重要性をも認識し，人間関係論におけるホーソン実験（→第4章第1節）の核心をなす，職場での人間の動機づけに関する研究への方向も示唆している。

鉄道業とライン・アンド・スタッフ組織 　ハリントン・エマーソン（Harrington Emerson, 1853-1931）は，サンタ・フェ鉄道のコンサルタントとして，作業方法と設備の改善を実施，資材と工具の製造を集中化し，個人に対する報酬システムを確立した。エマーソンの諸施策は，科学的管理が鉄道業に利する好例として賞賛された。彼は，無駄と非能率がアメリカ産業の害悪と考え，能率主義を普及したパイオニアであり，「能率の高僧」（high priest of efficiency）と呼ばれた。

第1に，土地，労働，資本ではなく，それを使うアイディアが富を創造すると主張し，12の能率の原理を提唱した。最初の5つの原理は，人間相互の関係，とくに労使関係に関するものである。①「理想（目標）の明確化」によって，共通の目的が共有され，対立，曖昧さ，不確実性を減じることができる。②良識を通じて管理者は，大きな視点で問題をとらえ，可能な限り専門的知識と助言を手に入れることができる。③有能なスタッフによって有能な助言が得られる。④規律を通じて，組織の規則への服従と忠誠が確保される。⑤管理者の能力によって，労働者は公正な扱いを受ける。

残りの7つは，マネジメントにおける方法論あるいはシステムに関するものであり，①信頼でき迅速かつ正確で永続的な記録，②科学的計画にもとづく作業実施，③諸条件の標準化，④諸作業の標準

化，⑤課業標準およびスケジュール，⑥標準作業実施指図票，⑦能率による報酬である。

エマーソンは，科学的管理法を能率という概念で普及させたが，その第1原則は，目標概念の重要性を明確にしたものであり，今日の「目標による管理」の先駆けをなすものとして，評価されている。

第2に，エマーソンは，非能率と資源浪費をもたらす最大の原因は，組織の欠如であると主張した。すなわち，テーラーのように，各人に，作業場における特定の職務の各々の責任と権限を与えるのではなく，監督と権限をラインに残し，ラインはスタッフの計画化と助言にもとづいて作業を行うべきであると，エマーソンは主張した。彼は，プロイセンのフォン・モルトケ将軍の組織に傾倒し，それぞれの軍事的課題を担当する各専門スタッフが，司令官のスタッフ（ゼネラル・スタッフ）として司令官に助言するという機構を提唱した。スタッフの役割は，作業を遂行するのではなく，標準ならびに理想を定め，ラインがより能率的に作業できるように助言・助力することである。これによって，指揮命令系統を分割することなく，専門的知識の利点を維持することができた。この組織をライン・アンド・スタッフ組織と呼ぶ。

エマーソンは，能率技師という言葉を開発した，最初のコンサルタントの1人であり，その意味で，スタッフの原則を強調した。これは，マネジメントを指導する原理を普遍化する最初の企てであり，彼の関心が，企業の目標達成と組織のマネジメントの問題にあったことを示すものである。

科学的管理は，一般に工場レベルの生産活動に焦点を当てている。生産技術の論理にもとづいて，手続きの計画化・標準化を行い，経済的効率を最大にするよう労働者の活動を統制する。科学的管理の狙いは，人間の技能と職務を綿密に最小局面にまで分析し，この2つを最も効率的に結合することである。

1930〜40年代の安定的な時代背景の中で，科学的管理は後退した。しかし，作業問題に対する技術的アプローチは，第二次大戦後OR（オペレーションズ・リサーチ）やコンピュータの出現によって復興した。そこでは，単純な筋肉労働が複雑なスケジュールの決定に，時間・動作研究がLP（線形計画）やPERTに，ストップ・ウォッチがコンピュータに置き換えられた。

3 アメリカ的大量生産システム

● フォード

ヘンリー・フォード（Henry Ford, 1863-1947）は，アメリカ・ミシガン州の生まれである。デトロイトの機械工場の徒弟を経て，照明会社の技師となったが，かたわら自動車の試作に没頭し，苦心の末に自動車を完成した。1903年にはフォード自動車会社を設立し，自ら副社長となり，1906年には社長となった。彼は，1910年代の半ばにベルト・コンベア・システムによる大量生産方式を確立し，企業は社会に奉仕する制度的機関であるという経営理念（フォーディズム）にもとづく大量生産システム（フォード・システム）をつくり上げ，テーラーによって提唱された科学的管理を，実践的，具体的に一層高度化したと言われている。フォードは，立志伝中の人物であり，民衆の英雄として「ディアボーンの聖者」と呼ばれた。

フォーディズム

フォードは，その技師および経営者としての長年の経験から，彼の独特の経営理念を創り上げた。その内容は以下の通りである。

第1は，機会の重視であり，産業が発展し，多くの機会が開けている時代においては，社会の要請に応える広い視野を持ち，機会をとらえて個人の創造力を発揮して，明日のために喜んで今日を犠牲にする人こそが進歩の道を歩んでいるのである。したがって，知り

うる限りでの最もよい方法で仕事をするという真の意味での「能率」こそが，進歩の1つの鍵である。

第2は，サービスの精神であり，公衆へのサービスの追求こそが経営の歩むべき道である。経営に対する判断は，公衆に向けてのサービスというテストを通して，初めて健全なものとなる。サービスの精神とは，最大多数の人にサービスを与え続けないなら，どのような人間も産業も政府も文明体系も生き永らえることはできないという認識である。次の4つがその原則である。

(1) 未来への恐れと過去に対する崇拝の放棄

いたずらに未来を恐れるべきではない。失敗は，やり直しのよい機会であり，恥ではない。過去は進歩に対する手段と方法を提供するものとしてのみ，有益である。

(2) 競争の無視

知性ではなく，力によって支配しようとするから，他人を事業から引き離そうとする。それは，個人的利益のために相手を貶めようとするものであり，犯罪である。

(3) 利潤に対するサービスの先行

利潤なくして事業は成長し得ないし，良好に運営されている経営は利潤を得るのは当然であるが，利潤は優れたサービスの報酬として生じるものであり，その結果である。

(4) ものを造るということは安く仕入れて高く売ることではない

製造は材料を公正に購入し，最小可能な原価の付加によりこれを消費財に変形し，消費者に提供する過程である。賭けや投機，詐欺的取引は，この進歩を妨げるだけである。

以上のような原則によって事業が行われるのであり，サービスは利他的なものではなく，未開を開化の状態に変えるものである。

第3は，結果としての利潤という考え方である。経営は利潤を得て運営されなければならないが，利潤のみを目的として，公衆への

サービスを省みなかったなら，どんな人間が経営者であっても，その企業は死滅してしまう。フォードは，利潤は経営の目的ではなく，十分な企業活動の結果として必然的に生じるものであると考えた。

こうして結果として得られた利潤は，まず公衆にサービスを提供した企業が受ける。さらに，経営が継続事業体 (going concern) として存続するために，労働者その他の貢献者に利潤が分配される。コスト低減による利潤部分は，消費者に支払われるべきである。

フォード・システム

フォードは，その経営理念たるフォーディズムを実現するため，小型，頑丈，簡単，安価を旨とする自動車を製造することに努力した。この合理化された生産の体系がフォード・システムであり，徹底した同時作業にもとづく大量生産体制を意味する。その完成がＴ型フォード (1908年) である。1台当たり価格は，950ドル (1909年)，490ドル (1914年)，355ドル (1920年) と下がり続け，1927年の製造中止まで累計で1500万台が生産されたという。

フォードは生産を遂行していくよりどころとして，次の3つの経営管理原則を示した。第1に，官僚主義や通常の権限分割に煩わされることなく，簡単明瞭な組織のもとで，業務を迅速に処理する。第2に，あらゆる従業員に十分な賃金を支払い，勤務時間を守って勤務し，残業は行わない。第3に，すべての機械を最良の状態に維持し，道具を整備し，自分自身を尊重し，堅持する。

以上のような生産方法の核心は，標準化と移動組立て法である。

(1) 標 準 化

フォードによれば，標準化とは，「消費者に対して最良の商品を十分なだけ最低のコストで生産するために，生産上のすべての最良の点と，諸商品のすべての最良の点とを結合すること」である。そのためには，多くの方法の中から，最良の方法を選んでそれを用いること，すなわち方法の標準化が必要である。その具体

的な内容は次の通りである。第1は単一製品の原則であり、1つの工場は単一の製品だけを生産すべきである。第2は工場の専門化であり、最良の場所で部品を作り、消費地点でそれを完成品に組み立てるべきである。第3は部品の互換性であり、これは生産における経済性を高めるために不可欠である。第4は製造の正確性であり、従来よりはるかに正確で精密な部品を作ることが必要である。第5は専用機械の使用であり、1つの機械が1つの作業を行うことによって、時間と労力を節約することができる。

以上のように、5つの原則が結合されて標準化が実施され、生産性が飛躍的に増大したが、反面労働の細分化、反復化、単調化によって、多くの問題が生じた。

(2) 移動組立て法

フォードは、作業における無駄を排除し能率を向上させるためには、「あらゆるものを動かしておいて、人を仕事のあるところに行かせるのではなく、人のいるところに仕事を持ってくる」ことが必要であると考え、これを生産の真の原則と呼んだ。こうして、以下の3つの「組立ての原則」が提唱された。

第1は、各部品が最小の移動距離で済むように、作業進行の順に道具と人を配置することである。第2は、作業用滑走台のような運搬具によって、自動的に次の労働者に部品を運搬する。第3は、滑走組立線の使用によって、組み立てられる部品が都合のよい距離において引き渡される。この原則を最も有効に実現するのが、ベルト・コンベアである。こうして、労働者は考える必要がなくなり、その動きは最小化される。

テーラー・システムとフォード・システムを比較したものが**表1-2**である。

以上、フォードは、経営をサービスの制度的機関としてとらえ、そのために大量生産を可能にするフォード・システム（標準化と移

表 1-2 テーラー・システムとフォード・システムの比較

	テーラー・システム	フォード・システム
共通点	・無技能な不熟練労働 ・労働力は互換可能なので，労働者はパワーを持たない ・労働者は製品の一部分にしか関与しないので，疎外感がもたらされ，労働者の満足度が低い ・労働者の作業を単純動作に分解し，合理的で無駄のない規格化＝マニュアル化する	
相違点	・小規模工場の少量生産 ・人間が主役であり，1度分解した単純動作を「合理的な労働」に再合成し，それを規格化し，標準労働とする ・職能的職長制度にもとづき，課業管理システムにおける個々の課業の確定を問題にした ・労働者個々の出来高賃金や報奨制度が労働能率維持に有効である	・大規模工場での大量生産 ・機械が主役であり，単純作業に分散した動作を担当させた労働者をコンベアで結合する ・ライン・アンド・スタッフ組織を基礎とした生産ライン管理システムにおける連続作業工程が中心である ・コンベア組立て工程なので，個々の労働者の能率測定ではなく，標準生産量を基礎とする賃金体系である

(出所) 趙 [2005]。

動組立て法) を完成し，その意味で，科学的管理を具体的，徹底的に追求し，生産の合理化，能率の増進を図った。テーラーが時間・動作研究にもとづいて組織と指図書によって実行した管理体制を，フォードはコンベアによる流れ作業に置き換えたといわれるゆえんである。しかし，他方では，このシステムは，人間労働の細分化，単純化，反復化，単調化をもたらした。その結果，人間は高賃金にのみ反応する合理的経済人ではなく，感情を有する社会的存在であるという批判がなされるに至った。

参考文献

趙偉［2005］「作業組織論と作業組織の変遷」岸田民樹編『現代経営組織論』有斐閣，所収。

岩尾裕純編著［1972］『講座経営理論 2 科学的管理の経営学』中央経済社。

Merrill, H. F. ed. [1960] *Classics in Management*, New York: American Management Association.（メリル，H. F. 編〔上野一郎監訳〕［1968］『経営思想変遷史』産業能率短期大学出版部）

高宮晋編［1977］『体系経営学辞典 新版』第 8 刷，ダイヤモンド社。

テーラー，F. W.（上野陽一訳編）［1969］『科学的管理法 新版』産業能率短期大学出版部。

上野一郎［1976］『マネジメント思想の発展系譜──テイラーから現代まで』日本能率協会。

渡辺峻・角野信夫・伊藤健市編著［2003］『やさしく学ぶマネジメントの学説と思想』ミネルヴァ書房。

Wren, D. A. [1994] *The Evolution of Management Thought, 4th ed.*, New York; Chichester: Wiley.（レン，D. A.〔佐々木恒男監訳〕［2003］『マネジメント思想の進化』文眞堂）

第2章 古典的経営管理論と管理原則の導入

H. ファヨール（遺族より提供）

ファヨールは，自らが社長を務めた経験から管理の原則を抽出し，管理活動の普遍性・重要性を強調した。その著作『産業ならびに一般の管理』は経営管理論の礎を築いたと言われ，後に多くの研究者が，ファヨールの管理論の体系化に取り組むことになる。

1 経営管理過程論

●ファヨール

　アンリ・ファヨール (Henri Fayol, 1841-1925) は、フランスの鉱山技師として専門教育を受け、1860年、フランス金属鉱業会の企業集団であるコマントリー・フールシャンボール鉱業会社に入社し、全生涯をこの会社に捧げた。1888～1918年には請われて社長を務め、当時破産寸前であった会社を立て直した。彼の主著『産業ならびに一般の管理』(Fayol [1916]) は、管理論の古典中の古典であり、後の経営管理過程論の礎を築いたと言われる。

管理活動　　ファヨールは、産業企業は、①技術活動（生産、製造、加工）、②商業活動（購入、販売、交換）、③財務活動（資本の調達とその最適運用）、④保全活動（財産と人員の保護）、⑤会計活動（在庫調整、貸借対照表、原価計算、統計）、⑥管理活動（計画、組織、命令、調整、統制）、の6種類の活動ないし機能を持っていると考えた。ファヨールは、最初の5つがモノに対する働きかけを行うのに対し、管理はヒトに対して作用するものであると主張し、管理の重要性を指摘した。ファヨールにとって、管理活動は、あらゆる組織に普遍的に存在するものであり、上位職務に最も多く含まれ、現場や下級事務にはあまり含まれていない活動である。

管理過程　　ファヨールは、管理を、予測（その具体的手法が計画）し、組織し、命令し、調整し、統制することであると定義した。

(1) 予測（計画）

　管理とは先を見通すことであり、予測を立てて計画を立案することが中心的な事業活動である。管理者は未来を見極めて準備を整え

なければならない。事業が適切に運営されるためには，統一性，継続性，柔軟性，正確性という特徴を備えた計画が必要である。すなわち，第1に，組織の各部分の目標がしっかりと接合されていなければならない（統一性）。第2に，短期・長期の両方の予測が用いられる（継続性）。第3に，情勢の変化に照らして計画を適応させることが必要である（柔軟性）。第4に，進路を正確に予測する努力をしなければならない（正確性）。こうした計画策定の本質は，資源の最適利用を可能にすることである。

(2) 組　　織

組織することとは，事業の物的・人的構造（原料，機械，資本，人員）を構築することである。すなわち，管理者は，さまざまな活動が最適な状態で遂行されることを可能にするような組織構造を構築しなければならない。必要なのは，計画が能率的に準備され遂行されるような構造である。

ファヨールは，組織を，企業活動において生じる企業内外の不断の変化に応じて管理職能を適切に遂行する手段であると考え，次のように主張する。第1は，組織形態決定の問題である。ファヨールは，職能担当者の数と規模の増大との関連をもとに，ライン組織（⊃ Column ①）を基本的な形態とし，職能担当者の数の増大とともに，ライン・アンド・スタッフ組織へと発展すると述べている。第2は，企業の諸機関の構成の問題である。ここでファヨールは，トップ・マネジメントの問題を中心に，参謀とテーラー・システムの問題を取り上げている。命令の一元化を強調するファヨールは，トップ・マネジメントの構成は，複数性より単独性のほうが優れていると述べる。しかし，単独性の成否は，結局はトップ・マネジメント個人の管理能力にかかっている。この管理能力および時間的な制約を補い，さらに大規模化に伴うトップ・マネジメント業務の遂行の困難さを克服する手段が，参謀制である。参謀とは，トップ・マ

ネジメントを補佐する人間集団であり，その任務はトップ・マネジメントが企業の全体的利益の観点から行う決定を助けることである。第3は，企業のよき管理のために必要とされる条件の問題であり，ここでは，管理者に必要な資質，従業員の採用・養成が論じられている。

(3) 命　令

組織によって構成された諸要素を実際に作動させることが命令である。管理者は企業の全体的利益という観点から最大の利潤を引き出すことを命令の具体的な目的として，部下から最大限可能な業績を引き出す。これは垂範，事業に関する知識，スタッフとの緊密な接触を通じて達成されるべきものである。こうして使命感を吹き込まれた部下は，高水準の活動を持続させる。命令は，管理者の管轄課業における管理者と部下の関係を指す。

(4) 調　整

命令が管理者と部下とのタテの関係に関連するのに対し，調整は，部門間のヨコの関係および諸部門の活動を全体目的に関連させる全体と部分の間の関係である。これは，情報の循環と定期的な管理者の会議（部課長会議）によって達成される。組織においてはさまざまな機能が遂行されているが，企業の諸職能が孤立し対立して，企業全体の利益が見失われてはならない。諸職能間の均衡を保ち，共同作業を適切に分担し，その進行を円滑にすることによって，すべての活動と努力を結び合わせ，統一し，調和させることが必要である。これが調整である。

(5) 統　制

統制とは，他の4要素が適切に遂行されているかどうかをチェックし，すべての活動が，採用された計画，与えられた命令，認められた規則に沿って行われるように留意することである。統制を効果あるものにするには，統制が迅速に作動すること，および適切な制

表 2-1 ファヨールのノート

	産業企業における研究項目 次の領域における管理活動
予測という 考え方	外部資料（定期的な作成と公表—関係者に周知するための広報—カードの管理） 内部資料（管理の手段—図表—文書の分類法—事務手段） 活動計画（企業の全般的研究，長期計画，年間計画） 支払いのための口座開設 売買に当たっての遵守規則—契約の型—売買条件 改善業務
組織化という考え方	組織図（事業所の様式—多様な管理原則の観点からのチェック） スタッフ，研究部門，労働者養成の役割 従業員の採用 職業訓練—管理職の養成 昇進—従業員規定—無能力者の排除 報　酬
命令という 考え方	会社の定款（社長，管理職，取締役会，監査役等の役割） 部外者に対する公的権限と実際の権限 郵便物と用件の送達
調整という 考え方	部門責任者の会議 文書の伝達—架橋の採用—部門間の隔壁を避ける方法 事業所間の共通の業務（営業，研究部門等の代表者） 事業所間の調整
統制という 考え方	年次・月次・週間の報告書 監査—特別監査 棚卸し 支出と業績のコントロール

（出所）　Peaucelle［2003］（ポーセル［2005］）。

裁システムが存在していることが必要である。そのためには，現業部門と点検の部門を分離することが肝要であり，ファヨールは，スタッフ部門の設置が効果的であると考えた。

　統制は，過失や過ちを償い，その再現を阻止するために必要な情報を管理者に提供するものである。企業の大規模化は，管理の複雑

化をもたらし，さらに複雑な統制手段が必要になるが，ファヨールは，統制を効率的に実施するための情報提供を専門的に担当するコントローラー（comptroller）を考案している。

以上の各過程における具体的行動を掲げたのが，**表 2-1** である。

> 管理原則の導入

ファヨールは，自分の体験から得た教訓を多数の「管理の一般原則」の中に要約し，これらが高度の不変性と普遍的適用性を持っていると考えた。次の 14 の原則がそれである。

(1) 分業の原則

分業は自然の秩序であり，同一の努力でより多くのよりよいものを生産することを目的とする。分業は，相当数の人員を使い，さまざまなタイプの能力を必要とする仕事であれば，例外なく適用することができる。仕事を専門化することによって，個人は技能を身につけ，生産性を増大させることができる。分業はその結果として，職能の専門化と権限の分化をもたらす。

(2) 権限・責任の原則

権限とは命令を出す正当な権利であり，職務上の権限と個人的な権威とに区別される。優れた上長であるためには，両方の権限がなければならない。権限の行使には一定の責任が伴う。責任は権限の必然的帰結であり，両者は，対をなすものである。

(3) 規律の原則

規律とは，服従，勤勉，活動，態度であり，企業とその職能担当者との間に確立された種々の約束に従って実現される。一般に規律は，企業の円滑な運営には不可欠であり，規律がなければ企業の繁栄はあり得ない。企業と従業員を結びつけ，規律の形式を決める協約をつくるのは，企業のトップの主要な任務の 1 つである。従業員は，管理者が秀れたリーダーシップを発揮することによって管理者自身の役割を果たしたとき，その命令に従う。したがって，規律を

確立し維持するためには，あらゆる階層に優れた管理者を置き，できるだけ明確で公正な協約をつくり，賞罰を正しく適用することが肝要である。

(4) 命令の一元化の原則

いかなる職能担当者も，唯一の管理者からのみ，命令を受け取らなければならない。したがって，テーラーの専門的知識にもとづく職能権限（それは命令の多元化をもたらす）と対照的に，各労働者は上司を1人だけ持つべきであり，対立する命令系統があってはならない。あらゆる人間の集まりにおいて，二元的命令はつねに葛藤を生む。2人の上長が同一の人，同一の部門にその権限を行使すると，不安と混乱が生じ，組織が衰える。二元的命令が社会的組織に適することは絶対にない。

(5) 指揮の統一の原則

この原則は，同一の目的を目指す諸活動の全体にとって，唯一の管理者と唯一の計画が必要であるということである。それによって，初めて活動の統一，諸力の調整，諸努力の集中が可能になる。身体1つに頭2つの動物が怪物であるのと同じように，社会的組織においても，それは怪物であり，その生存は難しい。指揮の統一は，健全な共同体の組織から生じる。これに対して，命令の一元化は，人員の働きによって決まる。すなわち命令の一元化は，指揮の統一から生じる。

(6) 全体的利益優先の原則

企業の利益は，1従業員あるいは一群の従業員の利益に優先すべきである。管理者は会社の目標がつねに優先するように注意しなければならない。全体的利益と個人的利益は，前者を優先させるべきであるが，この2つを一致させる手段を講じることが必要である。この手段としては，第1に上長が毅然としていること，第2にできるだけ公平な協約をつくること，第3に絶えず監督すること，が必

要である。

(7) 報　酬

従業員に対する報酬は，彼が行った仕事への対価である。報酬は，重要な動機づけの一因であり，公平で労使双方にとって満足を与えるものでなければならない。どれだけの報酬を支払うかは，雇用者の意思，従業員の価値，および適用される支払い方式によって決まる。支払い方式には，時間給（日給），請負い給，出来高給がある。その他，労働者に企業の円滑な運営についての関心を持たせるため，精励賞，勤勉賞，機械無事故賞，清潔賞といった賞与の性格を持った割増しを加えることができる。また，労働者に利益を配分するという考え方もある。さらに，現物給付，福利厚生，非金銭的刺激という方法もある。

(8) 集権の原則

分業と同じく，集権は自然の秩序である。どんな有機体においても，諸感覚が頭脳に集中し，そこから命令が発せられてあらゆる部分が動くのと同じである。集権と分権の問題は，事業が置かれている状態と人員の質に依存する。第1に，小企業では，管理者の命令は直接部下に与えられるので，集権化が必須である。これに対して，大企業では，長い階層の連鎖があり，それぞれの従業員は，命令を受けた情報の伝達と執行にあたって自分の考えを付け加える。第2に，管理者に道徳的価値観があり，知性，経験，知能によって管理者の活動範囲を広げ得るならば集権化が可能であり，反対に，全般的指揮権は保留しながら，同僚の経験や意見や助言を得ようとするなら，分権化が可能である。部下の役割を重くしようとするものはすべて分権化であり，軽くしようとするものはすべて集権化である。いずれにしても，追求すべき目標は，従業員の能力を最大限に活用することである。

(9) 階層連鎖の原則

階層の連鎖は，トップから末端に至るまでの上司―部下のつながりである。指揮の統一にとって，階層秩序が必要とされ，上位者から下位者へと命令と情報が伝達される。しかし，大企業ではこの命令の連鎖は非常に長くなり，迅速な実施が必要な作業に困難が生じることがある。この迅速な作業の実施のために，同じ階層レベル間の水平的なコミュニケーションが認められる。これが「渡り板の原理」である。水平的な情報伝達においても，上司がこうした情報伝達を承認している限り，この階層秩序は基本的に守られる。

(10) 秩序の原則

すべてのものにあるべき場所があり，そのあるべき場所に置かれなければならない。物的秩序を整えることの目的は，時間の損失や資源の浪費を最小限にすることであり，これを実現するためには，うまく整理された場所にものを置くだけでなく，すべての活動ができるだけ便利になるような場所を選ばなければならない。企業内の社会的秩序を保つためには，「適材適所」が必要であり，これは，適切な組織と人員の選考を通じて，達成される。また，社会的秩序をつくるためには，ヒト，モノ，カネについての正確な知識と，この3者のバランスが必要である。

(11) 公平の原則

公平は，思いやりと正義から生じ，努力と厳格さを必要とする。事業運営にあたって，公平が実現されるためには，思いやりと正義をもって，従業員に接しなければならない。公平を適用するには，多くの良識や経験や優れた性格が必要である。

(12) 在職権の安定の原則

従業員が必要な能力を備えているとしても，新しい仕事に精通し，それを十分に遂行するようになるには，一定の時間が必要である。従業員の不安定性は，企業の衰退の原因であり，結果である。成功

している会社ほど，すぐ会社を辞める人より，腰を据えてくれる安定した管理陣を抱えている傾向がある。

(13) 創意の原則

考え抜き，それを実行に移す力を創意と呼ぶ。創意があれば，組織のどの階層でも，従業員の熱意とエネルギーは倍化される。すべての人員に何らかのかたちで創意を発揮させることは，組織の成功にとっての源泉である。従業員の創意は，企業にとって大きな力である。

(14) 団結心の原則

企業内の人々の調和，団結は，その企業の大きな力である。第1に，内部の分裂は企業にとって重大な過ちであり，部下の間に不和，軋轢の種があってはならない。第2に，業務上の処理や命令を与える場合，いたずらに文書によるのではなく，できるだけ口頭で行うことが必要である。これによって，食違いや誤解を防ぐことができる。

管理者は，努力を調整し，熱意を養成し，各人の能力を引き出し，各人のメリットに報いるためには，従業員のモラールを養成しなければならない。

ファヨールとテーラー

テーラーは，労働者として出発し，昇進して監督者の地位を手に入れ，管理者・コンサルタントとしてその経歴のほとんどを，工場における生産に関する問題の解決に費やし，生産方法やその効率化に関心を持った。これに対して，ファヨールは，工学グループのメンバーとして出発し，管理者に昇進し，大規模統合企業の最高経営者の地位に昇りつめた。したがって，ファヨールは，企業全体の諸機能を調整し統合するという経営者の見地から管理をみていた。ファヨールによれば，労働者のレベルでは技術的能力が重要であるが，階層を上昇するにつれて管理的能力の重要性が増大する。これはそのままテーラーとファ

ヨールの差を反映している。

一般に、テーラーの業績が早くから評価されたのに対して、ファヨールのそれは、評価が遅れたと言われる。これは、第1に、テーラーの論文が早くから発表されたのに対して、ファヨールの業績の発表は第一次大戦の後であったからである。さらに、英語への翻訳は1949年であり、アメリカが彼の理論を評価するまでほぼ40年もかかった。第2に、第一次大戦時に、フランス人の目の前でアメリカ軍は、ドック、道路、通信網を迅速に能率的に建設したため、フランス人はこれをテーラーの科学的管理によるものと考えた。当時の軍事大臣クレマンソーは、統制下にあるすべての工場に科学的管理の研究と実施を命じ、各社は競ってその導入に励んだと言われている。

テーラーが工場の作業を中心とした管理（技術活動）を考えたのに対して、ファヨールは企業の全体経営の問題に取り組み、管理活動の普遍性と重要性を強調し、後の経営管理過程論に多大の影響を与えた。

2 経営管理職能と管理サイクル

経営管理論の体系化

ファヨールの経営理論は、古典的管理論と呼ばれ、経営学の発展に多くの影響を与えた。第1に、経営管理職能と管理サイクルの分析について、第2に管理原則の整理と統合について、その後の多くの研究者がその体系化を試みた。

前述のように、ファヨールは、計画、組織、命令、調整、統制を経営管理の5つの要素と考えた。今日でも、とりわけ計画、組織、統制の3つの職能は、経営管理を研究する上で、有用な概念と考え

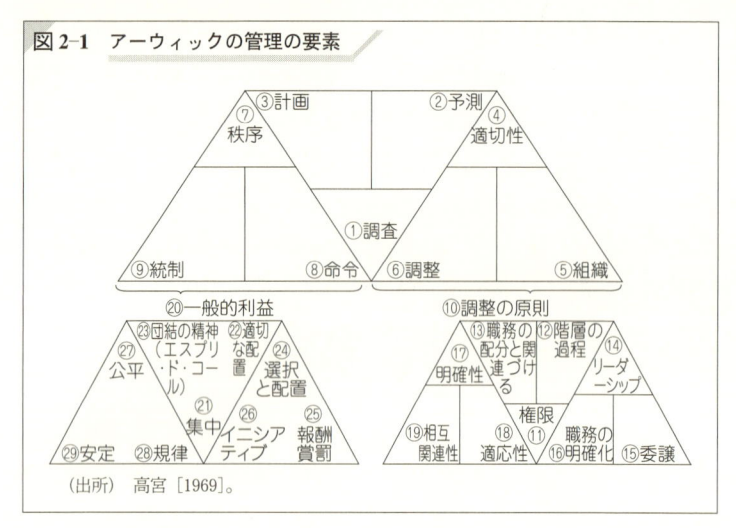

図 2-1 アーウィックの管理の要素

- ③計画
- ②予測
- ⑦秩序
- ④適切性
- ①調査
- ⑨統制
- ⑧命令
- ⑥調整
- ⑤組織
- ⑳一般的利益
- ㉓団結の精神（エスプリ・ド・コール）
- ㉒適切な配置
- ㉗公平
- ㉔選択と配置
- ㉑集中
- ㉖イニシアティブ
- ㉕報酬賞罰
- ㉙安定
- ㉘規律
- ⑩調整の原則
- ⑬職務の配分と関連づける権限
- ⑫階層の過程
- ⑰明確性
- ⑭リーダーシップ
- ⑲相互関連性
- ⑱適応性
- ⑪職務の明確化
- ⑯明確化
- ⑮委譲

（出所）高宮 [1969]。

られている。

ルーサー・H. ガーリック（Luther H. Gulick, 1892-1993）は，経営者の職能を POSDCORB と名づけた。それぞれ，計画，組織，人事，指揮，調整，報告，予算の頭文字である。計画，組織，調整は，ファヨールと変わらない。指揮は，ファヨールの命令に当たるが，意思決定と，それを命令として発することを含む。人事は，人員の採用と訓練を含む。報告は，権限の経路を通じて，情報を伝達する職能である。予算は，ファヨールの統制に当たるが，ここでは狭く財務上の計画，決算，統制に限られている。POSDCORB は，経営体の全体管理（全般管理）としての経営管理の概念が，管理職能の過程概念にもとづいて統一的に理解される，初期の典型的な主張である。

リンダール・F. アーウィック（Lyndall F. Urwick, 1891-1983）は，予測，計画，組織，調整，命令，統制を，経営管理職能と考えた。とくに，組織と人事を明確に区別して，組織は社会的行動のデザインであり，組織の全体構造における職位の役割，そこに伴う責任や

諸関係，業績の基準等を含む，と述べている。

その後，調整は，他の諸職能の遂行の結果もたらされると考えて，これを基本的な職能から外すことが一般的になった。また，心理的・社会的要因の重要さを考慮に入れて，動機づけを基本的な職能に含むことが多い。さらに，新しい統制技術が発見されて，統制が，業績測定と目標達成にとって，ますます重要な意味を帯びるようになった。

ラルフ・C. デービス (Ralph C. Davis) は，企業がその目的を達成するためには，諸職能の有機的な関係が必要であると主張した。こうして彼は，経営管理職能を創造的計画，組織，統制からなると考えた。

創造的計画とは，目的を達成する際の要素，力，効果をあらかじめ決定し，規定することであり，これは経営者リーダーシップの責任である。計画が合理的であるためには，次の8つの要素が必要である。すなわち，客観性，理論的健全性，将来性，弾力性，安定性，包括性，明瞭性，簡潔性がそれである。また，計画には2つの種類がある。1つは，組織あるいは組織単位のために，ある期間にわたって活動の基礎を提供する経営計画である。もう1つは，特定の実施計画あるいは仕事を実施するための基礎を決定する業務計画である。企業を取り巻く環境条件は流動的で絶えず変化しているので，目的自体は変わらなくても，計画を定期的に検討して修正していくことが必要である。

組織とは，計画に示された目的を達成するための前提となる諸条件を，実施に先立って形成することである。企業を運営する諸職能は有機的に関連している。まず，組織構造は，管理層と作業層に，垂直的に分かれる。次に，作業職能は，製造，販売，財務のように，水平的に分化し，専門化する。水平的に分化した諸職能は，垂直的に分化した経営管理職能によって全体的に調整されることにより，

全体目的の達成に向けて, その具体的な遂行が可能となる。

組織の成長に伴って命令系統は長くなり, コミュニケーションに非能率が生じる。これは, 組織内にヨコの連絡の必要性を生む。これが職能の交叉である。ファヨールが「渡り板の原理」と呼んだものである。こうした非公式な連絡による職能調整は, 変化する環境にすばやく対応する柔軟性, 成員による自主的調整を促進し, 時間の節約と迅速な行動をもたらす。ただし, 公式のコミュニケーション経路や命令系統が阻害されるおそれがある。

以上のようなライン活動を補佐するのが, スタッフ職能である。スタッフ職能は, 技術スタッフ（創造的計画の遂行を援助し, これを促進するサービスを行う）と, 調整的スタッフ（統制の遂行を援助し, これを促進するサービスを提供する）に分かれる。組織職能は, 計画職能との結びつきが強いので, 技術スタッフによって行われることが多い。

モラール（志気）は, 個人の利益と組織の利益との間に, 同一性と相互依存性を育成し, 維持することによって両者を融合する過程である。そのためには, 物的・経済的動機（賃金, 労働時間, 作業環境）だけでなく, 精神的価値（自尊心, 組織への所属意識, 安全）の充足も必要不可欠である。

統制とは, 計画の要件に従って企業活動を規制し統括することである。統制職能は, 予備的統制職能と同時的統制職能に分けられる。前者は, 計画が適切に遂行されるよう, 行動を起こす前に, ある種の規制力を設定することであり, 常軌的計画, 手順化, 準備, 発令がここに含まれる。後者は, 行動を効果的に統制するために, 執行中に規制力を適用することであり, 指揮, 監督, 比較, 是正活動がここに含まれる。

> 経営管理過程論

ハロルド・クーンツ (Harold Koontz, 1908-84) とサイリール・オドンネル (Cyril J.

O'Donnell, 1900-76) は，経営管理過程論の代表的な継承者である。クーンツ＝オドンネルは，経営者の任務は，業務遂行のための内的環境を設計することであり，その業務の基礎が経営管理職能であると考えた。この経営管理職能は，計画，組織，人事，指揮，統制からなる。

計画とは意思決定であり，企業とその下位部門が従うべき活動の方向を選択することである。これによって，成員は自分たちの目的，遂行すべき仕事，そのために従うべき指針を知ることができる。ここには，目的あるいは使命，目標，戦略，政策，手続き，規則，プログラム，予算などが含まれる。

組織とは，目標を達成するために必要な活動を決定し，これらの活動を部や課にグループ化し，それらの活動を成員に割り当て，諸活動の遂行に伴う権限の委譲および水平的・垂直的な調整のための情報を準備することである。

人事とは，組織構造によって用意された地位を充たすことであり，遂行されるべき仕事のための必要人員の規定，地位にふさわしい人物の調査，評価，選択，報酬，訓練，および能力開発を行うことが，ここに含まれる。

指揮とは，成員を企業の目標に向かって効果的，能率的に行動させる職能である。ここには，指導（知的活動に必要な情報の提供），動機づけ（成員の欲求を充足し，企業目標に向かってその活動を方向づける），コミュニケーション（情報の伝達を通じて，組織の統一性を確保する），リーダーシップ（成員の自主性を尊重しながら，最大の効率を求めて，成員の行動を目的達成に導く）が含まれる。

統制とは，企業の目標および計画の達成が確保されるよう，成員の諸活動を測定し，修正することである。統制には，それぞれ目標，構造，過程がある。統制の目標は，計画からの潜在的・現実的逸脱を発見し，目標の達成と計画の実施を円滑にすることである。統制

の構造とは,統制と計画との整合性を図り,統制責任者の組織構造上の地位を反映した設計を行い,逸脱からの修正に必要な情報を提供することである。統制の過程とは,標準を設定し,標準にもとづく業績を測定し,必要な修正行動をとることである。

このような経営職能は,人間の生活と共に古く歴史的に普遍性を持っている。また,経営管理はあらゆる組織に普遍的に存在している。さらに,組織内のどの管理階層においても普遍的にみられる現象である。したがって,クーンツ＝オドンネルにとって,経営管理過程論こそ,あらゆる経営現象に適用できる普遍的理論である。

問題解決過程としての経営管理活動

ファヨール以来,ガーリックやアーウィック,デービス,クーンツ＝オドンネルなどを経て,経営管理の概念が,管理過程を中核として次第に普及していった。こうして,経営管理論は,一定の環境下での,専門経営者による経営管理職能の行使,すなわち,ビジネス・リーダーシップによる問題解決過程としての経営管理過程の解明を通じて発展してきた。経営管理が問題解決過程として普遍的な性質を持っていることは,疑いない。しかし,今日の企業経営は,オープン・システム・アプローチの必要性にみられるごとく,環境の変動が激しく,したがって諸職能の相互作用とその有機的な関連が不可欠である。このような要請にもとづく経営管理過程概念の拡張について,降旗武彦は,次のような枠組みを提示した。まず最も基本的な職能として,管理のための計画,管理のための組織化,管理の統制があげられる。これによって,これまでの経営管理職能を網羅的・全体的に展望できる。次に,この諸職能の内部で,さらに計画,組織,統制が行われる。すなわち,計画のための計画,計画のための組織,計画の統制……がそれである(**表2-2**)。

ここでは,タテからは管理という全体的思考が作用しており,ヨコからは先行ないし後続する職能からの相互作用が働く,すなわち

表 2-2　経営管理活動の過程的関連

管理のための計画	管理のための組織化	管理の統制
計画のための計画	計画のための組織化	計画の統制
組織化のための計画	組織化のための組織化	組織化の統制
統制のための計画	統制のための組織化	統制の統制

(出所)　降旗［1970］。

計画―組織―統制という管理サイクルが循環している。

　管理のための計画における，計画のための計画とは，企業全体にとっての基本的目的の立案に関する基本計画の作成にかかわる計画活動である。組織化のための計画とは，企業目的のための戦略的手段の選択との関連で仕事の体系を計画化することである。統制のための計画とは，仕事の体系の有効性と能率をチェックする上での基準を選択することである。

　管理のための組織化における，計画のための組織化は，基本計画策定に関連を持つ組織化である。組織化のための組織化とは，組織要素の獲得活動を担当する機関の検討と，これらの諸要素を合理的に結合する機関の検討である。統制のための組織化とは，統制という管理職能を専門的に担当する機関の検討である。

　管理の統制とは，管理のための計画と管理のための組織化において望ましい成果を収めたか否かを再検討し，必要があれば修正する活動である。計画の統制とは，基本目的策定の活動が，専門機関によっていかに遂行されたかを検討する。組織化の統制とは，戦略との関連で，組織化がいかに行われてきたかを検討する。統制の統制は，具体的な業務計画とそれを遂行する組織とを通じて，統制がいかに行われてきたかを検討する。

　今，管理のための計画を戦略的意思決定，管理のための組織化を管理的意思決定，管理のための統制を業務的意思決定という管理階

層の垂直的階層分化ととらえるなら，計画のための計画—組織—統制は，現代における戦略計画から戦略経営（＝戦略の計画—組織—統制）への移行を示す。また，戦略的意思決定における計画—組織—統制，管理的意思決定における計画—組織—統制，業務的意思決定における計画—組織—統制の3階層への分離は，職能部門制組織（3階層の分離なし），事業部制組織（業務的意思決定の分離，戦略的意思決定と管理的意思決定の未分離），マトリックス組織（戦略的意思決定，管理的意思決定，業務的意思決定の分離）への発展を示している。

3 管理原則

●ムーニー＝ライリー

5つの管理原則

ファヨールは，14の管理原則（分業，権限・責任の明確化，規律，命令の一元化，指揮の統一，全体的利益優先，報酬，集権，階層，秩序，公平，在職権の安定，創意，団結心）を提示した。ジェームズ・D. ムーニー（James D. Mooney）とアラン・C. ライリー（Alan C. Reiley）は，これらを4つの主要な原則にまとめた。第1は，調整の原則であり，共通の目的に向かって行動の統一を確保することである。第2は，階層の原則であり，階層を通じての権限の流れと責任割当てを示す。第3は，専門化の原則であり，専門化にもとづく仕事の編成である。第4は，スタッフ原則であり，ライン管理者にとって必要な助言や助力の内容である。

一般に，次の5つの管理原則が取り上げられることが多い。

(1) 階層原則

権限と責任は，階層のトップから現場の従業員へと，上から下へと流れる。ここではとくに上司—部下の命令の連鎖が強調される。したがって組織，垂直的に分化した組織構造として，権限ラインの

連鎖として表される。たしかに，組織には階層が必要であるが，ファヨール自身も認めているように，水平的なコミュニケーションが必要であることも事実である。

(2) 命令の一元化

成員はただ1人の上司からのみ命令を受けるべきであって，2人以上の上司から同時に命令を受けるべきではない。階層の原則と命令の一元化の原則から，組織は，公式の単純なライン構造として表される。ここでは，公式のライン権限だけが強調され，スタッフの非公式の影響力が無視される。小規模で単純な組織においては，命令の一元化の原則は，当然の原則と考えられる。しかし，組織が大規模化するなら，命令はさまざまな方向から来る。

(3) 例外原則

ルーティンで反復的な決定は，下部に委譲されるべきであって，重要で非反復的な問題のみ，上司に上申されるべきである。これは，経営者は資源の節約のため，例外的な事項のみを扱うべきであるという考え方である。例外原則では，何が例外かは状況に依存する。そのため，この原則は批判を受けることも少なかったが，詳しく議論されることも少なかった。この原則は一般的に，権限委譲と関連が深い。

(4) 統制範囲

1人の上司に報告する部下の数には，一定の制限がある。一般には5〜6人が適切な部下の数であると言われる。この原則が重要なのは，統制範囲と関連して，階層の数が関連してくるからである。すなわち，統制範囲の広く階層の少ないフラットな組織か，統制範囲の狭いトールな組織かという選択である。

実際の統制範囲はさまざまな要因によって，影響を受ける。非公式組織の存在によって，部下は，計画や上司の指導がなくても，何らかの調整は可能である。このときには，統制範囲は広くなる。ま

た逆に、戦争時の軍隊のような緊急の場合には、統制範囲は一般に狭くなるであろう。

(5) 専門化

分業、すなわち専門化された部門への分化はどの組織においても一般的である。これはテーラーによって初めて言及された。ガーリックは、部門化の原則と種類について論じた。まず、同種の活動を同じ部門にまとめ、異種の活動を別の部門にまとめるのが基本である。さらに、1つの基準での部門化は1つのレベルで行われ、別の部門化の方法は、別のレベルで行われる。言い換えれば、同一の組織内で、2つ以上の基準で部門化が行われるときには、階層が生じる。部門化の基準は、次の4つである。第1は、目的別の部門化である。これは、1つのグループが共通目的達成のために、1つの部門に編成される場合である。しかし、それぞれの活動を重複なく行うことは実際には不可能であり、過度に集権化されるおそれがある。第2は、プロセス別の部門化である。最新の技術能力を利用でき、労働節約的であり、同種の技術能力のもとで監督できるので専門家の基準と気質が醸成される。しかし、何をなすべきかではなく、どのようになすべきかに過度の注意が払われ、専門家ごとに分断されるので、トップの調整が不可欠になる。第3に、顧客にもとづく部門化がある。顧客はただ1つの部門とだけ接触すればよいので、部門の数を減らすことができる。しかし、専門化の利点が得られないので、資源や設備の重複が避けられない。第4は、場所による部門化である。地域別の部門化は、物理的な境界内の調整を促進し、全体の目的を地域の要求に合わせることができる。しかし、全体の統一的な政策を維持することが困難であり、監督コストは増大する。

> 管理原則の妥当性

このような管理原則は、それぞれの企業や経営者の個別的な経験から導き出されたものが多く、状況が異なれば適用することは困難で、一般的な裏づけ

を欠くことが多い。ハーバート・A. サイモン (Herbert A. Simon, 1916-2001) はこうした管理原則が単なる諺に過ぎず，科学的でなく，互いに矛盾する原則が含まれていると批判した。たとえば，職能別の専門化の原則と命令の一元化の原則とは矛盾する。命令の一元化のもとでは，部下はただ1人の上司からのみ，命令を受けるべきであるが，職能別の専門化の原則では，部下はそれぞれの職能に特化した複数の上司から命令を受けることになるからである（命令の多元化）。

ただし，サイモンのこの批判は，必ずしも当たっていない。命令の一元化にもとづく組織は，タテの分業を基礎としたライン組織であり，職能別の専門化にもとづく組織は，ヨコの分業を基礎としたファンクショナル組織である。両者は矛盾するが，この両者の利点を活かそうとして，ライン権限とスタッフ権限の分離による並存を意図したのが，ライン・アンド・スタッフ組織である。このライン・アンド・スタッフ組織は，ライン組織の命令の一元性とファンクショナル組織の効率性とを共に利用しようとしたものであり，しかもその後の組織の大規模化への対応を可能にした組織形態であったからである。このライン・アンド・スタッフ組織の原型が，次章で述べる官僚制組織の基本的特徴である。

参考文献

岩尾裕純編著 [1972]『講座経営理論 2　科学的管理の経営学』中央経済社。
Fayol, H. [1916] *Administration industrielle et générale*, Saint-Etienne: Siege de la Societe. (ファヨール, H.〔佐々木恒男訳〕[1972]『産業ならびに一般の管理』未来社)
降旗武彦 [1970]『経営管理過程論の新展開——Management Theory Jungle への一試論』日本生産性本部。
Massie, J. L. [1965] "Management Theory," in J. G. March ed., *Handbook of Organizations*, Chicago: Rand McNally.

Peaucelle, J. -L. (avec la collaboration de J. A. A. Montes et al.) [2003] *Henri Fayol, inventeur des outils de gestion: Textes originaux et recherches actuelles*, Paris: Economica. (ポーセル, J. -L. 編著〔佐々木恒男監訳〕[2005]『アンリ・ファヨールの世界』文眞堂)

佐々木恒男 [1981]『現代フランス経営学研究』文眞堂。

佐々木恒男 [1984]『アンリ・ファヨール——その人と経営戦略, そして経営の理論』文眞堂。

高宮晋編 [1969]『現代経営学の系譜』日本経営出版会。

テーラー, F. W. (上野陽一訳編) [1969]『科学的管理法 新版』産業能率短期大学出版部。

Wren, D. A. [1994] *The Evolution of Management Thought, 4th ed.*, New York; Chichester: Wiley. (レン, D. A.〔佐々木恒男監訳〕[2003]『マネジメント思想の進化』文眞堂)

Column ① 組織の編成原理——テーラーとファヨール

テーラーとファヨールは，組織の 2 つの原則を提示した。テーラーは，職能専門化にもとづくヨコの分業を示すファンクショナル組織を提示し，ファヨールは，階層化の原則にもとづくタテの分業を示すライン組織である。これは，組織の 2 大原則であり，それ以後のすべての複雑な組織の「原型」である。きわめて簡略化して図示すれば，図①-1 のようになる。

第 1 に，ファンクショナル組織は，専門化の原則に従って組織されるので，多くの専門家がそれぞれの意見を主張すれば，命令は多元化される。すなわち組織は，そのままで何の調整もなされなければ，ばらばらになる。「船頭多くして舟，山に登る」の状況である。

したがって，トップはこれをまとめなければならない。言い換えれば，ファンクショナル組織は，構造上は，専門家の権限（職能権限）が分散した「構造上分権」であるので，管理するために，トップがこれをまとめて，「管理上集権」を行わなければならない。すなわち，ファンクショナル組織は，「構造上分権・管理上集権」という性質を持った組織構造である。

これに対して，ライン組織は，階層化にもとづいて組織が構造化されているので，命令の一元化が貫徹されている。したがって，下部に一定の権限を委譲しても，最終的には命令系統が混乱することはない。この意味で，ライン組織は「構造上集権・管理上分権」という特徴を持った組織構造である。

第 2 に，職能部門制組織は，ファンクショナル組織の延長上にあり，専門化の利点をより生かすべく，規模の経済性を利用して大量生産を行うために，職能部門化されたライン・アンド・スタッフ組織である。ここでは，トップは専門化された職能部門を集権的に管理する。すなわち，

図①-1 組織の 2 大原則

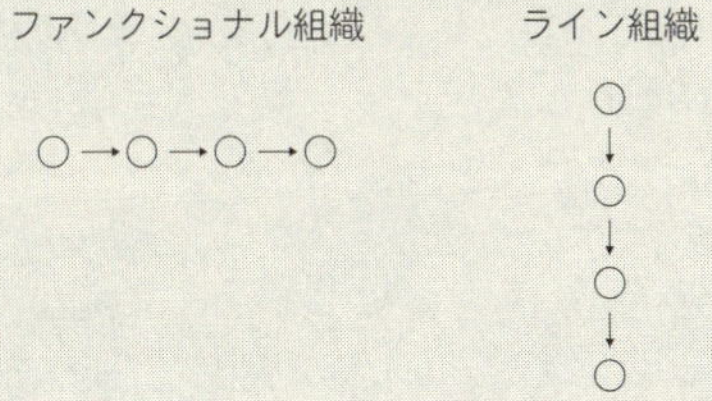

ファンクショナル組織　　　　　ライン組織

　　　　　　　　　　　　　　　　　○
　　　　　　　　　　　　　　　　　↓
○→○→○→○　　　　　　　　　　○
　　　　　　　　　　　　　　　　　↓
　　　　　　　　　　　　　　　　　○
　　　　　　　　　　　　　　　　　↓
　　　　　　　　　　　　　　　　　○

戦略的意思決定（製品—市場分野の選択），管理的意思決定（資源の組織化），および業務的意思決定（資源利用の効率化）のすべてをトップが担っている。言い換えれば，トップのみが全般管理（general management）を行っている。この意味で，「集権的」職能部門制組織と呼ばれる。

これに対して，事業部制組織は，ライン組織の延長上にあり，範囲の経済性を利用すべく，事業部をライン組織によって編成したライン・アンド・スタッフ組織である。ここでは，本社—事業部関係が，ライン組織に沿って編成されて命令の一元化が保証されると共に，業務的意思決定が，自律的な利益責任を持ったプロフィット・センターとしての事業部に委譲されている。言い換えれば，トップは戦略的意思決定（多角化戦略），管理的意思決定（事業部間の資源配分）を保持して，業務的意思決定が事業部へと委譲されている。いわば，全般管理の一部が事業部に委譲されており，この意味で分権的である。

以上の記述からわかることは，第1に，経営学では，意思決定階層の分化，すなわち管理上の分権を，「分権」と呼んできたことである。第2に，構造上の集権と管理上の分権，構造上の分権と管理上の集権が相互に補完関係にあり，これが組織形態にまとまりを与えている。この視点から，次の3つのことが説明される。

第1は，ライン・アンド・スタッフ組織とマトリックス組織の権限関係についてである。ライン・アンド・スタッフ組織は，さらなる職能分化をスタッフ組織として付置するものである。これは構造上のさらなる分権を意味する。したがって，ラインとスタッフに軋轢が生じた場合には，トップは調整のために，ファンクショナル組織以上に，権限を集中しなければならない。スタッフにライン権限を委譲することができないからである。

マトリックス組織では，戦略的意思決定をトップが，管理的意思決定をマトリックス・マネジャー（資源管理者と業績管理者）が，2上司管理者が業務的意思決定をそれぞれ分担することにより，構造上の集権と管理上の分権をさらに進め，統合メカニズム（たとえば，統合者）により，構造上の分権と管理上の集権をさらに進めている。その意味でマトリックス組織は，集権的かつ分権的組織である。

第2は，集権（centralization あるいは centralized）—分権（decentralization あるいは decentralized）と，集権化（centralizing）—分権

表①-1 デュポンとGM

	当初の組織形態	組織改革の焦点	適応のプロセス	適応の結果
デュポン	集権的職能部門制組織	製品別事業部の設置	分権化	分権的事業部制組織
GM	より分権的な持株会社	総合本社の創設	集権化	分権的事業部制組織

化 (decentralizing) の区別である。

集権的職能部門制組織は，centralized functionally departmentalized organization であり，分権的事業部制組織は，decentralized divisionalized (あるいは multi-divisional) organization である。

1920年代に，デュポン社は，集権的職能部門制組織から，製品別の事業部を設置して，分権的事業部制組織に移行した。これに対して，ゼネラル・モーターズ (GM) 社は，より分権的な持株会社から，総合本社をつくることによりそれらの持株会社を統合して事業部として編成することを通じて，分権的事業部制組織を構築した。両社とも，1920年代に同じ分権的事業部制組織を採用した。しかし，両社の分権的事業部制組織への移行は，権限関係からみれば，正反対である。

デュポン社は，集権的職能部門制組織から分権的事業部制組織に移行したので，そのプロセスは分権化 (decentralizing) である。ゼネラル・モーターズ社は，より分権的な持株会社のそれぞれの子会社 (たとえば，シボレー，ポンティアック，キャディラック) の独走を許したために生じた在庫過剰の危機を引き締めるために，総合本社が戦略的意思決定を行うことによってこれらの子会社を統合し，分権的事業部制組織をつくったので，その移行プロセスは集権化 (centralizing) である。アルフレッド・D. チャンドラー, Jr. (Alfred D. Chandler, Jr., 1918-2007) は，その著書『組織は戦略に従う』(Chandler [1962]) の中で，両社の社長を務めたピエール・S. デュポンが，当初デュポン社の改革に反対し，ゼネラル・モーターズ社の改革に賛成したのは，「両社の組織改革が，同じものだとは気づかなかったからであろう」と述べている。

しかし，デュポン社の事業部制への改革が，現状よりトップの権限を少なくする decentralizing のプロセスを伴うものであったのに対し，ゼネラル・モーターズ社の事業部制組織への改革が，現状よりトップの権限を増大させる centralizing のプロセスを伴うものであったことを考えるなら，ピエール・S. デュポンが，分権化された (decentralized)

事業部制組織に賛成し，分権化（decentralizing）に反対したことがわかる。デュポン社は，分権化（decentralizing）して分権的事業部制組織（decentralized multi-divisional organization）を設立し，ゼネラル・モーターズ社は，集権化（centralizing）して分権的事業部制組織（decentralized multi-divisional organization）へと移行したのである。

第3は，組織デザインに関して，ハーバート・A. サイモン（Herbert A. Simon, 1916-2001）が，『システムの科学』（Simon［1969］）において，簡潔な例で紹介した2つの組織，「テンパスとホラ」と，基本的な組織形態であるファンクショナル組織とライン組織との関係である。

テンパスは，逐次的な作業の連鎖によって1個の製品を作り上げるシステムであり，ホラは，いくつかの半自律的な作業に分解した後にこれをまとめるシステムである。

サイモンは，たとえば作業の途中で電話の注文があった場合，テンパスは最初から組み直さなければならないのに対し，ホラにはその必要がなく，したがってテンパスは店仕舞いをする羽目に陥り，ホラは成功したという。

しかし，この説明は「事実」の半分しか語っていない。図①-2において，100個の部品を組み立てて1つの製品を作る場合を想定する。

まず，テンパスは100秒で1個の製品を作るのに対し，ホラは，一旦100秒で組み立てた半自律的な部品の集合を，もう一度組み立てて製品を完成しなければならず，したがって，1つの製品を完成するのに110秒かかる。もし，外からの何の干渉もなければ，テンパスのほうが効果的である。これが200年以上前に，ピン製造の例でアダム・スミス（Adam Smith, 1723-90）が示した工場内分業による生産性上昇の効果である。次に，電話による注文のように，外からの干渉が頻繁にあるのなら，今度はサイモンが言うように，明らかにホラのほうが効果的である。ただし，図からわかるようにホラはテンパスより階層が1つ多く，階層的である。すなわち，ホラは外からの干渉（環境の影響）に対して，階層を1つ付加することによって対処しているのである。

一般化すると，次のようになる。テンパスの原型は，技術的合理性の要求に従って，専門化を軸とした水平的分業によって編成されたファンクショナル組織である。これに対して，ホラは外部環境の要求に従って，階層化を軸とした垂直分業によって編成されたライン組織である。この2つが組織編成の基本原理である。ファンクショナル組織は，専門化

図 ①-2 組織の基本形態

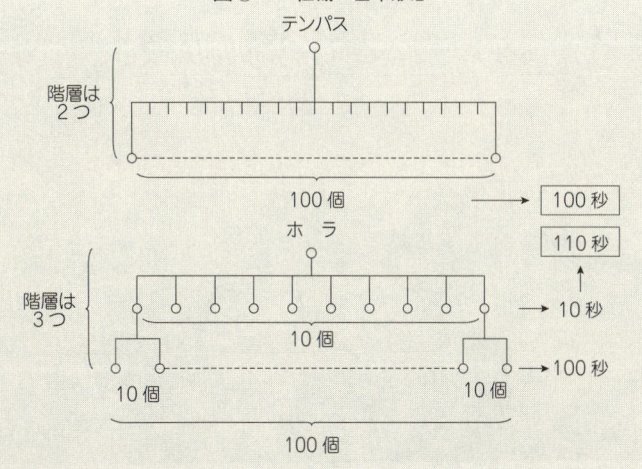

```
                テンパス
             ●
           ／｜＼
階層は    ╱─┼─╲
  2つ  ○─┴───┴─○     →  100秒
         100個
              ホ ラ
                              110秒
              ●                  ↑
           ／｜＼
階層は    ○○○○○○○○○○    → 10秒
  3つ       10個
         ╱       ╲
        ○         ○         → 100秒
       10個      10個
           100個
```

（構造上の分権）と分業された仕事の統一（管理上の集権）を通じて技術的合理性に，ライン組織は，命令の一元化（構造上の集権）を保持しながら，権限を下部に委譲すること（管理上の分権）を通じて環境変化に，それぞれ対処する組織である。

参考文献

Chandler, A. D., Jr. [1962] *Strategy and Structure: Chapters in the History of the Industrial Enterprise*, Cambridge, Mass: M. I. T. Press. (チャンドラー，A. D., Jr.〔三菱経済研究所訳〕[1967]『経営戦略と組織——米国企業の事業部制成立史』実業之日本社；チャンドラー，A. D., Jr.〔有賀裕子訳〕[2004]『組織は戦略に従う』ダイヤモンド社)

Simon, H. A. [1969] *The Sciences of the Artificial*, Cambridge, Mass: M. I. T. Press. (サイモン，H. A.〔高宮晋監修〕[1969]『システムの科学』ダイヤモンド社)

山倉健嗣・岸田民樹・田中政光 [2001]『現代経営キーワード』有斐閣。

第3章 合理性と官僚制組織

M. ウェーバー

ウェーバーは、テーラーやファヨールと同じ時代に生き、近代的大企業が資本主義の発展を牽引していくのを目の当たりにした。その基礎となった経済的合理性を実現する手段として彼が主張したのが、官僚制である。

1 官僚制の理論

●ウェーバー

資本主義と官僚制　マックス・ウェーバー（Max Weber, 1864-1920）は，宗教生活と経済生活の研究を通じて，文明の歴史的発展を明らかにしようとした。その成果の1つが，プロテスタントの信仰が資本主義の発展に及ぼした影響についての古典的研究である。

ウェーバーの生涯と業績は，テーラーやファヨールのそれと並行している。ウェーバーは，アメリカを訪れて，アメリカにおける資本主義の精神が，近代的大企業を発展させると同時に，革新と競争を促進する企業家精神を豊かに育んでいることを確信した。さらに大西洋を越えた科学的管理が，ドイツにおける標準化と合理化のモデルとなったのをみて，大規模企業の組織と管理のための合理的な基礎の確立の必要性を感じとった。その答えが官僚制である。言い換えれば，小規模組織における起業家的・世襲的管理から，大規模な専門的管理への移行が，官僚制出現の契機である。

ウェーバーは，支配，すなわち個人がなぜ命令に従うのか，という基本的関心から出発する。彼はまず，権力（power）と権限（authority）を区別する。前者は，人々の抵抗を押し切って服従を強制する能力であり，後者は，命令を受けた者が，その命令を正当なものと考え，自発的に従う状態である。後者には3つの形態がある。

第1はカリスマ的支配であり，これは個人の持つパーソナルな特性，すなわちその超自然的，超人間的な特性にもとづく支配であり，ある種の預言者，救世主，政治的指導者がこれに当たる。しかし，権限の基礎が一個人の特性にあり，命令がその個人の個人的特性によるひらめきにあるため，つねに不安定要素が付きまとい，カリス

マ的な個人の死は後継者の問題を生じさせ,組織の分裂が起こる。

　第2は伝統的支配であり,ここでの命令と権限の基礎は,先例と慣習である。集団の権利と期待は,これまで踏襲されてきたことを神聖とみなすことによって確立される。指導者は,継承した身分にもとづく権限を有し,権限の程度は慣習がどの程度定着しているかによって決められる。ここには2つの形態がある。家産的形態（役職者たちが指導者の個人的従僕として報酬を受ける）と,封建的形態（指導者に対する伝統的な忠誠関係によって維持されるが,役職者たちは独自の収入源を有し,かなりの自律性を持つ）である。あらゆる作業は,これまでずっとその方法で行われてきたというそれだけの理由で正しいとされる。

　第3は,合理的—合法的支配である。合理的とは,特定の目的を達成する手段が,この目的を最大限に遂行するという意味であり,合法的とは,権限の行使が,期間を限って担当する役職者によって,規則と手続きに則ってなされるという意味である。これが官僚制と呼ばれる高度に効率的な調整と統制の支配形態である。まず,所与の目的を達成する最善の手段が採用される。指導者個人の特性や伝統的手続きではなく,非人格化された客観的な手続きによって,所与の目的を達成するための最善の手段が選択される。次に,成文化された規定に沿って,役職者が階層秩序に配列されて,各階層が下の役職を統括すると同時に,役職の遂行に必要な技術的資格を基準として専門技術者が任命され,この専門技術者が一定の部門を形成する。さらに,こうした非人格化,階層化,技術的専門化によって,将来のできごとについての予測を行うことが可能になり,正確な手段の計算を通じて,明示された目的が整然と達成されるので,組織の合理性が達成される。

　神から与えられた天職への献身を通じて,結果としての現世の利益を肯定するプロテスタント信仰は,経済活動を消極的善から積極

的善へと導き,経済的利益の長期的・合理的計算を基礎とする経済システムとしての資本主義が展開される。この資本主義の経済的合理性の実践的手段を提供したのが,官僚制である。

官僚制の特徴

ウェーバーの主張する官僚制の特徴は,以下の通りである。

第1に,分業,権限,責任は,個々の成員に対して明確に定義され,公式の義務として正当化される。

第2に,役職あるいは地位は,権限の階層を通じて組織される。

第3に,すべての成員は,試験あるいは教育訓練を通じて,技術的資格を基礎にして選考される。

第4に,役職者は選挙によって選ばれるのではなく,任命される。

第5に,兼務ではなく,フルタイムの役職者によって,職務活動が遂行される。

第6に,役職者は彼らが管理する事業体の所有者ではない。職務活動と私生活は,截然と分けられ,会社資産と個人資産(家計)は区別される。

第7に,役職者は,公式の義務を遂行するための厳密な規則,規律,統制に従う。これらは,その都度与えられる,属人的な個別的な指令ではなく,どんな場合にも画一的に適用される非人格的なものである。

上のようなウェーバーの官僚制モデルは,3つの対象領域を持っている。組織の構造と機能,努力に対する報酬のあり方,個人の保護である。

組織の運営は,継続的な基礎の上に立って行われる。すなわち一方では,職務の階層にもとづく分業を通じて権限の範囲が規定され,他方では,職務は明文化された規則に則って遂行され,文書化された記録と,すでに決まっている決定によって仕事が遂行される。こうして官僚制組織は,①個人の職務遂行に対するコントロール・メ

カニズムと，②専門化と専門的知識に対する手段および役割間の調整の手段を提供する。前者は法的に規定された職務地位にもとづく権限であり，後者は技術的優位にもとづく権限である。言うまでもなく，前者はライン（上位）権限であり，後者は職能権限である。命令の一元化（階層化）の原則にもとづくライン組織に命令・決定権限を持たせ，専門化の原則にもとづくファンクショナル組織を，スタッフ（助言・助力）として付置したものが，ライン・アンド・スタッフ組織である。これが官僚制組織の特質である。

官僚制は，一定のランクによって等級化された給料を官僚に支給する。さらに官僚は，生産手段や統治手段を私的に所有したり，自らの役職を専有することはできず，私的な財産と組織の財産を分離しなければならず，組織の財産の使用を報告しなければならない。こうした給料支給と明確な役割の分化は，カリスマ的支配や伝統的支配と対照的である。

最後に，官僚制においては，諸個人の権利は保護されている。官僚は自らの公的責務に関してのみ権限に従い，強制は明確に規定された条件下においてのみ，行使される。こうして，官僚制組織においては，決定について不満を表明し，上告する権利が認められている。

2 官僚制と逆機能

●マートン，グルドナー，ブラウ

人間の行為と規則

官僚制には，所与の目的を正確に，確実に，能率的に達成するという機能的側面，言い換えれば，熟慮の上で制度化された慣行や組織についての予測される結果をもたらす顕在的機能と，意図されない結果を生み出す潜在的機能（＝逆機能）という2つの側面がある。ロバート・K. マート

ン (Robert K. Merton, 1910-2003) は，官僚制がもたらすこの逆機能を明らかにした。

第1は，専門知識や専門的訓練という官僚制の原理が，「訓練された無能力」あるいは「職業的精神異常」という消極的側面を生み出す場合である。訓練された無能力とは，一定の条件のもとで，訓練と技量にもとづいてこれまで効果のあった行為も，変化した条件のもとでは，これまでの訓練が役に立たない，あるいは欠陥や盲点として作用する事態のことである。すなわち，特定の状況に適合する能力を獲得して，それに特化すると，その状況が変化した場合，技量の発揮に柔軟性を欠き，適応能力を喪失する。職業的精神異常とは，毎日決まりきった仕事を繰り返していると，結果的に人々は，特別な好み，嫌悪，識別，強調の癖が発達してくることを指す。

第2は，同調過剰による目標の置換が生じると，もともと目標達成のための合理的手段と考えられたものが，1つの自己目的に変わり，規則を守ることそれ自体が究極の価値となり，融通の利かない杓子定規の態度を促進し，迅速な適応能力を欠くことになる。こうして規則の遵守が第一の関心となり，そのために当初の目標達成が阻害されるのである。

組織における行為は，二重の意味で目的的である。まず，組織の行動は，組織の全体目標を志向するという意味で，目的的である。次に，この組織目標を合理的に達成するために専門化・分業化されて役割体系が形成される。組織成員は自身に配分された役割の遂行を，自己の直接的な目標とするようになる。こうして，組織の全体目標と，個々の行為者の目標との間の有機的関連が見失われると，個人は自己の行為の方向を喪失し，心的不安感に陥る。この心的不安感が自己防衛の傾向を生み出し，自分自身の責任を回避するために，規則への過度の同調を促進し，目的と手段の置換が生じる。こうして個人は，創意や貢献意欲を失い，組織の効率は阻害される。

合理的モデルと自然体系モデル

アルヴィン・W. グルドナー（Alvin W. Gouldner, 1920-80）は，ウェーバーの官僚制が，専門知識による支配と，規律による支配との結合によって，いわば「両面神組織」（Janus-faced organization）を形成していると理解している。ここでも，官僚制には，規律による上からの支配（ライン権限）と，専門的知識にもとづく支配（職能権限）の間に，矛盾があることが指摘されている。グルドナーは，前者を，一方的な上からの強制によって制定された規則にもとづく懲罰中心的官僚制，後者を，会社と組合の合意を通して制定された規則による代表的官僚制，と呼んでいる。

グルドナーにとって，システムとは，①諸要素ないし諸要素間の相互依存の関係にあり，②全体として均衡状態を維持するものである。しかも，グルドナーにとって，「相互依存」と「均衡」とは，不可分の属性ではなく，両者はそれぞれ独立の変数であるとみなされる。すなわち，システムには，諸要素間の「機能的互酬性」と「機能的自律性」の緊張と矛盾が内在している。

ここから2つのモデルが抽出される。「合理的モデル」と「自然体系モデル」である。

合理的モデルは，以下の特徴を持つ。合理的モデルにおいては，組織は一種の機械のごとくみなされる。組織は与えられた目的を合理的に達成するための，操作可能な部分からなる構造である。この構造を通じて，組織行動が合理的に統制される。組織の変化は，効率達成のための手段である。状況を合理的に検討した上で，意思決定が行われる。組織の長期的発展は，慎重な計画と目標によって導かれる。

これに対して，自然体系モデルの特徴は以下の通りである。ここでは，組織は一種の生物有機体とみなされる。組織は有機的に関連する諸部分からなる全体であり，組織それ自体が生存への欲求を持

つ。組織構造は，人間行動の結果として，自然発生的に生じる。組織にとって重要な問題は生存であり，均衡を維持する自己安定化作用である。組織の変化は，均衡を回復しようとする無意識的・適応的反応の結果である。組織の長期的発展は，自然法則に従う進化である。

一般に，官僚制組織の合理的・構造的側面を示すのが合理的モデルである。ここでは，組織をその目的に沿って合理的に運営するために，人員が配置される（組織→人間）。しかし，自然体系モデルがいうように，一人一人の人間は個性と欲求を持っており，そうした人間が組織を動かしている（人間→組織）。組織はこの2つの側面をつねに持っており，両者の齟齬が，官僚制の逆機能をもたらす。

> 仲間集団

ピーター・M. ブラウ（Peter M. Blau, 1918-2002）は，官僚制におけるインフォーマル集団の潜在的機能を重視して，それが組織の新しい発展形態の構成要素になることを主張している。

第1にブラウは，組織を，問題解決の過程としてとらえる。官僚制は，目標を効果的に達成するための手段である。ここでは，官僚制の構造より機能が重視される。機能とは，社会的に価値づけられた目標の方向に，現存する諸条件を変化させる社会的プロセス，すなわち価値づけられた目標の達成に貢献するプロセスである。逆機能とは，社会的に価値づけられた目標の達成に反対する方向に，現存する諸条件を変化させる社会的プロセスである。

第2に，組織の欲求は，官僚制の発展を促す。多くの社会的パターンは，重要な機能を果たすと同時に，組織の目標の効果的達成を阻害する条件を生み出すという意味で逆機能をもたらす。この逆機能こそ，成員の欲求不満の表明であり，それは新しい欲求の発生を生み出し，この欲求に応えるべく，組織の構造上の変容が始まる。この組織構造上の変化は，自然発生的な調整の過程で生じる。

まずブラウは，調整過剰や目標の転移という官僚制における逆機能が，社会関係の安定性の欠如に由来すると考える。社会関係の不安定性は，個々人の地位の不安定性をもたらし，ますます権限階層に従属するパーソナリティをつくり出す。その結果，創意は窒息し，組織の革新は不可能となる。成員が上役のネガティブな反応を恐れるときには同調過剰が生じ，さらに現存の手続きについての成員の知識が確実でないなら，手続きの変更に対する抵抗が大きくなる。

　次に，こうした不安定性を取り除くためには，社会的文化価値としての平等主義にもとづく自発的な仲間集団の社会凝集性が必要であり，それこそが官僚制の硬直化を打破するダイナミズムの条件となる。この仲間集団は，権威の不平等にもとづくフォーマルな権限階層とは別の規範で構造化されている。すなわち，仲間を非人格的で画一的な対象としてではなく，それぞれがユニークな個性を持つ個人として取り扱うという規範である。これが，仲間としての強い社会的絆をつくり出す。

　官僚制が生み出す社会的不安や情緒的緊張は，効率を阻害するが，それらはフォーマルな命令によっては除去できない。したがって，組織における最大限の合理性には，成員が平等主義的・民主主義的価値にもとづき，仲間集団としてのインフォーマルな関係を形成し，それを通して活動上の困難を取り除く慣行を確立することが必要である。言い換えれば，官僚制組織が合理的に機能するためには，フォーマルな権限とは別に，平等主義という社会的価値を表明し得るインフォーマルな仲間集団の形成が必要である。この仲間集団の凝集性が，官僚制の逆機能を取り除き，官僚制組織内部におけるダイナミックな自発的調整を可能にする。

3　組織構造の実証研究

●アストン研究 I

組織構造の次元

官僚制組織にはつねに，階層的秩序（ライン権限）と，専門的技術・知識による効率性（職能権限）の間に矛盾と緊張がみられることを明らかにした。これを解決しようとした組織上の工夫が，ライン・アンド・スタッフ組織であった。

官僚制の研究が進むにつれて，さまざまな官僚制のタイプが識別された。それによって，ウェーバーのいう官僚制を構成する諸要素が，相互に関連していると同時に，それぞれ機能的自律性を伴う独立の次元として，組織を構成するということが明らかになった。これは，官僚制という組織の構造と機能の関係であり，両者が相互に依存していると同時に，独立したものでもあることを示している。その意味で組織は，グルドナーのいう「両面神」（Janus）であり，組織が組織構造と組織機能（組織プロセス）の両面からなることを，物語っている。

アストン・グループ（→第7章第3節）は，組織の構造次元を識別する過程で，いくつかの官僚制のタイプを認識した。分類の軸となる3つの構造因子とは，活動の構造化，権限の集中，ライン管理者による人格的な作業統制（人格化）である。ここから7つの構造類型が，経験的に識別された。①集権的，非人格的統制で構造化の高い「完全官僚制」，②それと対極にある「非公式的官僚制」，③活動の構造化は高いが，分権的で非人格的統制の「業務官僚制」，④構造化は低く，人格的統制で，集権的な「人事官僚制」，⑤完全官僚制に類似しているが，それよりも構造化の程度の低い「未成熟完全官僚制」，⑥業務官僚制に類似するが，それよりも構造化程度の低

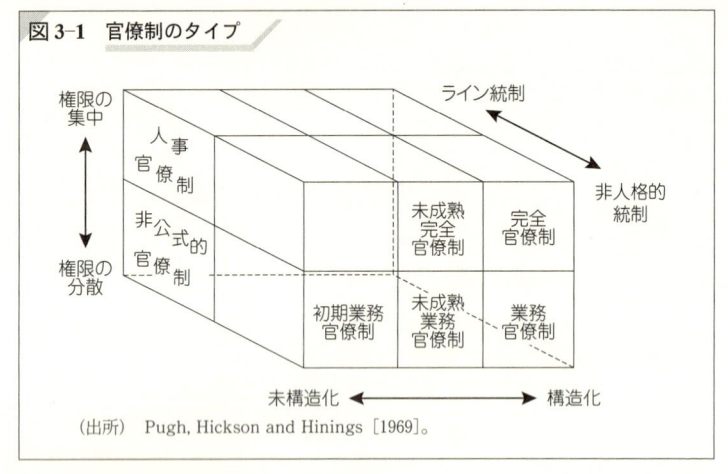

図 3-1　官僚制のタイプ

（図中ラベル）
- 権限の集中 ↕ 権限の分散
- ライン統制 ↔ 非人格的統制
- 未構造化 ←→ 構造化
- 人事官僚制
- 非公式的官僚制
- 未成熟完全官僚制
- 完全官僚制
- 初期業務官僚制
- 未成熟業務官僚制
- 業務官僚制

（出所）　Pugh, Hickson and Hinings [1969]。

い「未成熟業務官僚制」，⑦構造化されていない「初期業務官僚制」，である（図 3-1）。

非公式的官僚制は，最も小規模でかつ柔軟な技術を持つ（作業の統合度は低い）。規模が大きくなるにつれて，手続きの作成や役割の公式化がなされて構造化が進み，作業の統合度が高まるにつれて，統制が非人格化され，業務官僚制へと至る。

組織構造と組織プロセス

組織は，構造とプロセスという 2 つの側面があり，ウェーバーはもっぱら前者の組織構造の持つ機能的側面を強調して，官僚制組織を定式化した。すなわち組織構造をうまく機能させる活動を前提に，官僚制組織の特徴を分析した。人間の行動は，そうした構造をうまく機能させる方向にのみ作用するだけでなく，分業や専門化あるいは目標の置換は，人間や集団に独自の価値を発達させ，逆機能をもたらした。これは，組織構造がうまく機能するように組織プロセスが働く側面と，組織プロセスが保障されるように，結果として組織構造が形成されていく側面が，組織にはあることを示している。前者は organized（組織→人間）の側面であり，ある意味でグ

ルドナーの合理的モデルに妥当する。後者は organizing（人間→組織）の側面であり，同じくグルドナーの自然体系モデルに相当すると考えることができる（◯エピローグ）。

　組織構造は，次の3つの次元からなる。第1は，「活動の構造化」であり，専門化（活動が上司―部下の階層関係ではなく，職能専門化によって遂行される程度），標準化（作業の遂行・統制の手続きの有無），公式化（規則，手続き，命令，伝達が文書化されている程度）から構成される。これは，従業員活動に対する公式な規制の程度を示す。第2は，「組織形態」（役割構造の見取り図）であり，統制範囲，事務職の比率，階層の数（フラットな組織か，トールな組織か）などからなる。第3は「権限の集中」であり，階層レベルへの権限の集中の程度と，他の組織から統制を受ける程度を示す。これは集権化（決定権限を持つレベルが階層の上位にある程度）と，他組織への依存性（たとえば子会社や下請けの関係）からなる。

　こうした組織構造が成員の相互作用の位置関係を示すのに対し，組織プロセスは，その位置関係を流れる行動の方向と頻度を示す。一般に，組織プロセスには次の8つの要素が含まれる。①意思決定（選択行動），②リーダーシップ（リーダーとフォロワーの関係），③コントロール（上司―部下関係），④統合・調整（同じレベルでの協働のあり方），⑤コミュニケーション（情報伝達），⑥コンフリクト解決（選択の困難性への対処），⑦業績・報酬体系（一定の行動への動機づけ），⑧部門間パワー（部門間の相互関係），である。こうした組織プロセスの諸要素の集合として，組織風土や企業文化という用語が使用される。

官僚制と組織構造　ウェーバーに始まる官僚制の研究は，経営における組織（構造）の問題をあぶり出した。そこでは，組織構造が組織の目的達成に向けて効果的に作用する条件が検討され，それが組織にとって効果的に作動する場合と，

そうでない場合（逆機能）があることが明らかにされた。数多くの問題点が指摘されたにもかかわらず，一定の条件のもとで，官僚制が目的を効率的に達成する手段であるという主張は，なお一定の妥当性を持つとされる。すなわち，安定的な環境で反復的・ルーティンな作業を行う場合には，そして人間が一種の機械として，経済的な欲求のみによって組織に参加する場合には，官僚制組織は一定の有効性を持つ。しかし，環境が不安定で不確実な場合，人間が機械とは異なる性質を持ち，金銭以外の多様な動機をもって組織に参加する場合，官僚制は有効ではない。

ただし，官僚制内部にも，固有の矛盾がある。それは専門化・分業を基盤とする成員の参加を前提とするものであっても，タテの分業，すなわち階層にもとづく上位権限と，ヨコの分業，すなわち職能専門化にもとづく職能権限の間には，矛盾がある。サイモンは，古典的経営学の管理原則を批判して，前者が命令の一元化を保障するのに対し，後者が命令の多元化を招くものであると主張して，管理原則の非科学性を非難した（→第2章第3節）。しかし，階層の権限にもとづく組織としてライン組織があり，専門化の原則にもとづく組織としてファンクショナル組織があり，それぞれファヨールとテーラーによって提唱された代表的組織形態であること，さらに，両者の利点を活かそうとして工夫された組織形態がライン・アンド・スタッフ組織であることは，企業経営ならびに経営学の発展において，否定することのできない事実である。

参考文献

Albrow, M. [1970] *Bureaucracy*, London: Pall Mall Press.（アルブロウ，M.〔君村昌訳〕[1974]『官僚制』福村出版）

Blau, P. M. [1956] *Bureaucracy in Modern Society*, New York: Random House.（ブラウ，P. M.〔阿利莫二訳〕[1958]『現代社会の官僚制』岩波

書店)

Downs, A. [1967] *Inside Bureaucracy*, Glenview: Scott, Foresman & Co. (ダウンズ, A.〔渡辺保男訳〕[1975]『官僚制の解剖——官僚と官僚機構の行動様式』サイマル出版会)

Gouldner, A. W. [1954] *Patterns of Industrial Bureaucracy*, Glencoe: Free Press. (ゴールドナー, A.〔岡本秀昭・塩原勉訳編〕[1963]『産業における官僚制——組織過程と緊張の研究』ダイヤモンド社)

Merton, R. K. [1949] *Social Theory and Social Structure: Toward the Codification of Theory and Research*, Glencoe: Free Press of Glencoe. (マートン, R. K.〔森東吾・森好夫・金沢実・中島竜太郎訳〕[1961]『社会理論と社会構造』みすず書房, 原著改訂増補版〔1957年刊〕の訳)

Perrow, C. [1972] *Complex Organizations: A Critical Essay*, Glenview: Scott, Foresman. (ペロー, C.〔佐藤慶幸監訳〕[1978]『現代組織論批判』早稲田大学出版部)

Pugh, D. S., D. J. Hickson and C. R. Hinings [1969] "An Empirical Taxonomy of Structures of Work Organizations," *Administrative Science Quarterly*, vol. 14, no. 1, pp. 115-126.

斎藤美雄 [1980]『官僚制組織論』白桃書房。

佐藤慶幸 [1991]『官僚制の社会学 新版』文眞堂。

Weber, M. [1921] *Bürokratie*, Tübingen: Verlag von J. C. B. Mohr. (ウェーバー, M.〔阿閉吉男・脇圭平訳〕[1987]『官僚制』恒星社厚生閣)

Column ② 社会―技術システム論――エメリーとトリスト

　債務国となったイギリスにおいて，第二次大戦後，生産性への関心から，政府による「産業における社会調査」が行われた。このとき，タヴィストック人間関係研究所（Tavistock Institute of Human Relations）が1945年設立され，以後，イギリスの社会科学研究に大きな影響を与えた。中心的人物は，エリック・L. トリスト（Eric L. Trist, 1909-93）とフレデリック・E. エメリー（Frederic E. Emery, 1925-97）であった。ここでは，組織を技術システムの側面からみる「静態的構造学派」と，組織を社会システムとみる「均衡学派」を越えて，組織を「社会―技術システム」とみる統合的な視点が提示された。こうして「適応的デザイン学派」への流れが準備された。

　第1の時期（1947～54年）は，機械化された炭鉱で働く鉱夫の精神的問題についての研究が焦点であった。第2期（1954～59年）は，ダーラム地域での実証研究から，次の2つのことが確認された。第1に，テーラー流の one man – one job（→第1章第1節）を否定して，多能工と集団作業を強調する自律的作業集団が，生産性・満足の両面で有効である。第2に，技術的条件を満たす，ある一定の可能な案から，特定の社会システムの満足度を高める組織を選択することができる。1962年から始まる第3の時期は，ノルウェーにおける産業民主化プロジェクトが出発点である。ここでの研究の目的は，自律的な作業集団へと作業組織を編成することが，労働者の経営参加を保障しさらには拡張する，ということを明らかにすることであった。

1. 自律的作業集団

　トリストは，ケン・W. バンフォース（Ken W. Bamforth）と共同で，採炭技術が手作業から機械作業に変わった場合，作業組織と労働者の社会的・心理的状態にどのような影響があるかを調査した。果たして，截炭機とコンベアの出現により，従来の短壁式から長壁式へと採炭技術が変化したことで，次のような変化が生じた。

　これまでの短壁式のもとでの作業組織は，1人の熟練坑夫，その相方，それを助ける1～2人の雑役夫を含む2～8人の小集団から構成されるのが基本であった。この小集団が切羽の一部分を受け持ち，採炭，積載，搬出の一連の作業の全サイクルに責任を持ち，独立に作業を行っていた。契約は，経営者と熟練坑夫の直接契約であり，小集団の共同請負いとい

うかたちをとっていた。この小集団は，地下作業を効率的に行うための熟練作業を行う仕事の単位であるだけでなく，たとえば仲間の事故や死亡に際しては，全員で遺族の面倒をみるというように，一種の社会集団としても機能していた。

機械化による大量生産の特徴を持った長壁式では，40～50人の切羽集団，発破夫，職長代理（現場監督）が，組織の基本単位であった。ここでは3交代制，7種類の職種（掘削，截炭，掃拭，ベルト・コンベアの始末と再組立て，切開，積込み），5つの賃金支払い方式（掘削孔，ヤード，日給，立方，重量トン）が採用された。ここでは専門職業別に分業化されたため，交代集団間のコミュニケーションが阻害され，石炭搬出のサイクルは円滑に進行せず，むしろ短壁式のときよりも，生産性が低下した。

こうして，トリストは次のように主張した。長壁式という新しい技術システムによって，小集団の社会的統合が破壊されて，労働者の社会的・心理的特性がこれに反発したため，無断欠勤や交代時のラグが増えた。すなわち，作業組織は，技術システムと社会システムの2つから同時に影響を受ける。これが社会—技術システムとしての組織，という概念である。その結果，大量生産の技術的生産性と，集団としての一体性を保持する社会システムを組み合わせる第3の作業組織形態，すなわち混成的長壁式が提示された。これは，長壁式と技術的には同じであるが，1つの小集団が，石炭搬出の全サイクルに責任を持ち，自ら交代時間と交代時間内の職務を割り当て，小集団単位で割増し手当てを受け取ることによって，仕事の自主性や緊密な作業に対する労働者の社会的・心理的欲求を充たすものであり，これによって小集団内の協力関係と課業の円滑な進行が確保されるので，技術システムの効率性と社会システムの満足が同時に達成されることになる。

この混成的長壁式では，次の原則が導入される。第1は，混成的作業方法である。ここでは，シフトは自己完結しているので，シフト間の作業を調整する必要はない。したがって，課業の継続性が維持され，交代時のラグは減少し，各小集団は自己統制が可能になる。第2に，各小集団が課業の継続性を実現するためには，各小集団内に少なくとも坑道整備と積込みのできる多技能の鉱夫が必要である。第3に，小集団の成員は，その集団が自主的に選択し，その役割ローテーションを決定する。こうして，簡単な作業も困難な作業も，成員全体に平等に配分される。

表 ②-1 同一の生産技術，異なった作業組織形態での比較

	長壁式	混成的長壁式
作業員の数	41人	41人
隔離された課業グループの数	14	1
1人当たりの職務の多様性		
同じ課業グループ内	1.0	5.5
主課業	1.0	3.6
シフト間	2.0	2.9
生産性	78	95
切羽補助作業（1シフト当たり時間）	1.32 時間	0.03 時間
平均作業援助（全切羽人員との割合）	6 %	—
シフトに伴うラグ	69 %	5 %
シフトのラグなしに継続した週数	12	65
欠勤率	20.0 %	8.2 %
理由なし	4.3 %	0.4 %
病気，その他	8.9 %	4.6 %
事　故	6.8 %	3.2 %

（出所）　Emery and Trist [1960]。

第4に，全員が同等に課業の達成に貢献すると考えられるので，小集団内の成員に共通の賃率が適用される。こうして一連の課業に対して，1つの小集団が全員で責任を持ち，これに対して報酬が与えられる。

長壁式と混成的長壁式の生産性は，**表 ②-1** のように示された。

以上のような内容を持つ課業単位が，自律的作業集団と呼ばれる。ここでは，1つのサイクルに責任を持つ作業集団が，チームとしての一体感を保ちながら，機械を利用して効率的に仕事を遂行することが前提されており，テーラーの one man – one job における単調作業による疎外感の克服が含意されている。

2. 社会—技術システムとしての作業組織

テーラーでは技術システムが，人間関係論（⊖第4章第1節）では社会システムが，それぞれ強調された。以上のようにトリストらの研究では，作業組織が両方のシステムの性質を持つ社会—技術システムであることが明らかにされた。この主張には，次の2つの根本的な前提がある。
(1) 作業組織は，社会的要素と技術的要素からなる全体である。
(2) この全体が生存し成長するためには，その環境と効果的に関連しなければならない。

表 ②-2　作業組織のパラダイム

古いパラダイム	新しいパラダイム
技術決定論	同時最適化
機械の延長としての人間	機械と相互補完的な関係にある人間
スペア部品として使捨てのできる存在としての人間	成長の可能性を持った資源としての人間
最大の作業の分割と単純で狭い技能	最適な作業のグループ化と広くて多様な技能
外から（監督者，専門統制スタッフ，手続き）の統制	内部統制（自己統制システム）
階層的な腰高の組織図，権威主義的スタイル	非階層的なフラットな組織図，参加的なスタイル
競争，勝ち負けにこだわる	協働，連帯性
組織目的のみを強調	メンバーおよび社会の目的も重視される
疎外	深い関与
リスクの回避	革新

(出所)　Trist [1981]。

(1)は，社会システムと技術システムの合成最適化 (joint optimization) の問題であり，(2)はオープン・システムとしての外的関係の最適化の問題である。

社会―技術システムとは，社会的要素と技術的要素が「システム」として，統合されるということである。今，2つのハンドルのついた鋸を操作する2人の樵を例にとって考えてみよう。

ここでの社会的要素とは2人の樵とその対人関係であり，生物的，心理的，社会的原則が2人の樵の社会関係を規定する。技術的要素とは鋸とそれを操作する知識であり，機械的法則が鋸の操作を決定する。両者の法則は異なっているので，2つの要素は独立である。しかし，木を切るために両者は協働しなければならない。すなわち，社会的要素と技術的要素は独立だが，具体的な作業の遂行において両者は関連しており，組織化された全体を構成する。

したがって，この作業を全体として最適化する唯一の方法は，独立だが関連し合っている2つの要素の合成最適化を図ることである。合成最適化とは，それぞれの要素が他からの妨害を受けずに，自身の法則に沿って十分に機能するような，両者の関係を維持することである。伐採の例における合成最適化とは，鋸の技術とチーム活動を行う2人の樵との

適合である。労働者の要求を無視した技術的な改善を施して生産性をあげようとしても、欠勤率や転職率が上昇して、その効果はなくなる。逆に社会的・心理的効果を狙った施策によって満足度が上昇しても、効率の改善につながるとは限らない。社会―技術システム論は、社会システムと技術システムの両者を統合的にみる視点を与えてくれる。従来の作業組織と、この新しい作業組織を比較したものが**表②-2**である。

3. オープン・システムとしての特性

 合成最適化が内的関係の問題であるとすれば、オープン・システムの概念は、組織と環境の外的関係の適正化の問題である。この考え方は、「システムは環境との交換プロセスがあって初めて生存可能である」と主張するルートヴィヒ・フォン・ベルタランフィ（Ludwig von Bertalanffy, 1901-72）のオープン・システム概念の影響を受けている。

 オープン・システムの第1の特徴は、環境との物質および情報の交換、すなわち投入―変換―産出のサイクルである。第2の特徴は、境界機能である。これは、組織を周囲のものから分化させること、および環境との交換の規制、の2つの意味を持つ。前者の機能によって、組織は環境と連動しながら、相対的に独立した実体として作用する。後者の機能によって、組織は情報その他を選択的に濾過する。第3の特徴は、統制機能に関するものであり、組織は環境と物質・情報を交換しながら、組織内部の定常状態（steady state）を維持する。第4の特徴は、一定の初期状態からさまざまな経路を通って、望ましい定常状態を達成する能力である。こうして組織は、環境の変化にもかかわらず、安定と一定の方向性を維持することができる。

 オープン・システムとしての組織と環境の交換を規定する環境という場は、次のように進化する。第1は静態的・散在的環境であり、環境を構成する諸組織の密度が低く、相互依存性もなく、組織自体の行動範囲も狭い場合である。第2は静態的・偏在的環境であり、一定程度の組織の密集があり、他の組織が発見していない有利な地位を得ることが重要になるので、資源の集中や基本計画の策定が必要である。第3は動態的・競争的環境であり、多くの同種の組織の間での直接の相互作用があるので、他組織との競争・協調の確立により、環境変化の監視を通じて迅速に反応するためには、分権化が必要である。第4は激動的環境であり、ここでは諸組織の関連性の増大、経済的側面と他の政治的・文化的

側面との相互作用が生じ,環境基盤そのものが変動する。こうした複雑で動態的な環境に対応するためには,社会システムと技術システムの統合,混成的な自律的作業集団という複雑な組織および作業集団が必要とされる。

以上の社会―技術システム論には次のような批判がある。第1に,作業集団の自律性は結局経済目的によって制約される。第2に,合成最適化は,結果的には作業時間と作業範囲の増大および作業ペースの低下を図るものである。第3に,仕事それ自体の満足は強調されるものの,賃金支払いによる誘因は軽視されている。第4に,組織選択と言いながら,自律的作業集団という唯一の作業組織のみが有効とされている。

タヴィストック人間関係研究所の社会―技術システム論は,社会システムと技術システムの統合としての社会―技術システムとしての作業組織,オープン・システムとしての組織という概念を提示して,現代組織論の礎を築いた。

参考文献

赤岡功・岸田民樹・中川多喜雄 [1989]『経営労務』有斐閣。

Emery, F. E. and E. L. Trist [1960] "Socio-technical Systems," in C. W. Churchman and M. Verhulst eds., *Management Science: Models and Techniques, vol. 2*, Oxford: Published for the Conference Committee by Pergamon Press.

Emery, F. E. and E. L. Trist [1965] "The Causal Texture of Organizational Environments," *Human Relations*, vol. 18, no. 1, pp. 21-32.

降旗武彦 [1986]『経営学原理』実教出版。

Trist, E. L. [1981] "The Evolution of Sociotechnical Systems as a Conceptual Framework and as an Action Research Program," in A. H. Van de Ven and W. F. Joyce eds., *Perspectives on Organization Design and Behavior*, New York: Wiley.

Trist, E. L. and K. W. Bamforth [1951] "Some Social and Psychological Consequences of the Longwall Method of Coal-getting: An Examination of the Psychological Situation and Defences of a Work Group in Relation to the Social Structure and Technological Content of the Work System," *Human Relations*, vol. 4, no. 1, pp. 3-38.

第 II 部
均衡学派

第4章　*人間性の発見*
第5章　*協働体系としての組織*
第6章　*認識された制度の役割*

どのような研究分野であれ，学説間の異なる主張は多くの場合，立脚している視点ないし観点の相違を反映している。経営学もその例外ではなく，経営現象を理解しようとする場合，それは「人間」と「環境」をどのような視点からみるかの違いである。本書はこの人間と環境についてそれぞれ対照的なモデルからなる2つの関係を座標軸として，学説をそれぞれ「静態的構造学派」「均衡学派」「適応的デザイン学派」そして「進化プロセス学派」として大別している。

均衡学派は，組織（構造）が人間（行動）を規制するというよりも，組織は人間行動の結果であるとするが，そのようにして形成された組織と環境との関係においては，組織は環境によってつねに制約され，規制されているという立場をとる。この意味において，分析にあたっては組織を環境に対して「閉じた体系」としてとらえ，人間行動や組織プロセスを追究するのである。

一方において，それぞれに多様な欲求や動機のもとに組織をつくり上げている人間。他方において，そのような人間によってつくり上げられている組織を規制し，要求を課す環境（制度）。均衡学派はそうした関係の中で経営現象をとらえようとする。そしてその主張によれば，人々の欲求や動機（したがって組織の）と環境の要求とは基本的に「均衡」する。均衡学派とされるゆえんである。

したがって均衡学派は静態的構造学派の諸学説のように，多様な欲求や動機を持つ人間をシステムの「攪乱要因」とはしない。むしろ人間を「社会的存在」として措定し，その欲求を認め，成長の欲求によって支配され，自己実現に向けて動機づけられたものとする。また，それを前提に管理を考える。組織は基本的にこうした人々の欲求と組織の要求とのバランスの上に成立しているのであり，その均衡を環境との関係において確立することが組織存続の鍵であるとするのである。

第4章 人間性の発見

継電器組立作業実験を受ける女性たちとその実験記録
(写真提供：Western Electric Company Hawthorne Studies Collection. Baker Library Historical Collections. Harvard Business School.)

> ホーソン実験は，作業能率と作業環境・作業条件との関係を見出すべく，9年にわたって行われた大規模な調査研究である。実際に稼働する工場を舞台にさまざまな実験が行われたが，中でも，この写真にある継電器組立作業実験は，最も長い6年という期間，調査が続けられた。

1 社会的存在としての人間

● メ イ ヨ ー

意外な事実

1924年, 1つの調査研究が開始された。この研究はアメリカ国立科学アカデミーの決定にもとづくもので, その目的は「照明と作業能率との関係」を明らかにすることにあった。調査対象となったのは, 当時アメリカで屈指の会社であったアメリカ電話会社の子会社, ウエスタン・エレクトリック社のホーソン工場である。ホーソン工場はベル社向けに電気器機, 電気部品を製造しており, 当時, 約2万5000人の従業員が働いていた。

調査のために, 2つの作業集団が調査チームによって選び出され, 照明設備の同じ部屋に入れられた。そして, それぞれ, 同一の作業が割り当てられた。第1の作業集団は「コントロール集団」で, 調査ないし実験の期間中, 照明は一定に保たれ, いかなる変更も加えられなかった。これに対して,「テスト集団」である第2の作業集団の場合, 照明度の変更が周期的に繰り返された。照明の強さを変えることで, 作業能率（生産性）に対する照明の影響を測定できるようにしたのである。

この実験はきわめて念入りに計画されていて, 測定結果に影響を及ぼすと考えられる他の要因, たとえば部屋の温度や湿度等も十分に考慮されていた。そうした配慮のもとで, 調査チームは2つの作業集団に対する実験を実施し, 照明と作業能率との関係を明らかにすべく, それぞれの作業集団の生産高を克明に記録し続けた。その結果は意外なものであった。当初の予想に反して, 生産高は2つの集団で「共に」, しかも「ほぼ同程度に」, 増加していたのである。生産高が低下し始めたのは, 作業が困難になる「月明かり」くらい

にまで,テスト集団の照明度を下げてからであって,生産高はそれまで依然として増加を続けていたのである。

この結果によって,調査チームは当然のことながら作業能率について,照明以外に新しい要因を求めざるを得なくなった。そこで調査チームは照明を変数として扱うことを止め,それに代えて,作業時間(1日当たり,1週当たりの),休憩時間,あるいは賃金の支払い方法等を,新しい変数として,その操作を始めた。どうであったか。その結果は調査チームにとって,照明を変数としたとき以上に,理解に苦しむものであった。なぜなら,そうした変数の変更と生産高との間に,関係がほとんどみられなかったからである。生産高は作業時間を短縮したり,休憩時間を導入したときだけでなく,驚いたことに,それらを元に戻したり,廃止しても,同じように上昇していたのである。

物理的な「作業環境」や「作業条件」は作業能率を左右する最も大きな要因であって,そうした環境や条件の改善は,当然,生産高の増加をもたらし,その悪化は減少につながる。調査が始まる以前,誰もがそう考えていた。しかし,調査結果は作業環境や作業条件と作業能率との間の明白な因果関係を支持していなかった。それどころか,恐らく低下するであろうと期待されたとき(休憩時間の廃止や作業時間の延長)に上昇するという「意外な事実」を示し,その解明という,当初に想定されていなかった問題を調査チームの鼻先に突きつけたのである。

> 集団の中の人間

この問題を解決するためにジョージ・エルトン・メイヨー(George Elton Mayo, 1880-1949)が中心メンバーとして実験を主導し始めたのは,全13期からなるホーソン実験の後半,10期からである。メイヨーはそれまでの実験データをもとに,変数を改めて特定し,検討することから作業にとりかかった。その際に原因変数として特定されたのは,①

物理的な作業条件や作業方法の改善効果，②作業時間の短縮や休憩時間の導入，③休憩時間の導入による単調さの軽減，④個人別の賃金，そして⑤監督方法の変更である。特定されたこれらの変数のいずれも，生産高の増減を大きく左右するものとして，伝統的に仮定されてきたものである。

検証の結果，作業条件（たとえば照明）の悪化にもかかわらず，生産高が増加しているという理由で，①は否定された。同様にしてメイヨーらは，②を却下している。なぜなら，生産高は休憩時間や作業時間の長さに関係なく，増加していたからである。③単調感からの解放も一種の精神状態であって，生産高のデータだけで評価するには不十分であるとされた。④賃金は原因変数としては有力視されたが，結果的に却下された。メイヨーらは賃金の支払い方法を生産高の現実的要因として認めることはできず，そのためにそれ以外の原因変数を追究することになる。

そこで計画されたのが，⑤監督方法の変更を原因変数とした一連の「面接計画」である。この計画はそれまでの実験の経験から次第に明らかになりつつあった，「従業員の心理と社会的要因との関係」に配慮したものとなった。また，権威的に振る舞うのではなく，作業員たちに関心を持ち，その意見や個人的相談に耳を貸すことを基本的な前提として，調査にあたっては調査員自ら「事実上」監督者として振る舞った。そして調査事項，すなわち調査員が重要であると考えていたことと作業員が聞いてほしいと思っていることとの間にかなりの食い違いがあることから，計画は途中から「指示的方法」を止めて，直接的に会って自発的に話をさせるという指示的でない方法へと変更された。

作業者は，たとえば騒音や温度，あるいは臭い等，作業条件や作業環境について苦情をもらした。また，他の作業者は作業単価の安さを問題にした。しかし調べてみると，作業条件や環境には取り立

てて不備や不都合はなかったし，また，作業単価も決して安くなかった。結果的に，苦情は事実に反していたか，まったく無関係であった。そこで改めて徹底的に調べてみると，作業条件や環境それ自体に問題がある訳ではなく，兄弟が肺炎で死亡したために自分の健康に不安を抱いたことが原因になっていることがわかった。同様に，原因は作業単価ではなく，たまたま妻の治療費を心配してのことであった。そこには表明された（顕在化している）苦情とは別の，表明されないままの（潜在化している）不安が存在していたのである。

そうした事実を注意深く検討した結果，「苦情」や「不満」をそれ自体，作業能率と関係する事実として処理することはできなかった。そうではなく，苦情や不満は，他の人々との社会的関係の中で自己を維持している人々の個人的，あるいは「社会的状況の徴候ないし指標」であるに過ぎなかった。したがって，不満や苦情として表れた特定の要因を取り出して生産性との関係を探ろうとしても意味はない。生産性は，それ自体価値を担い，人々の精神的均衡を維持している「社会的要因との関係の中で」解釈されなければならないのである。たとえば監督方法はそうした社会的要因の1つであり，生産性はそうした社会的要因の変化の結果として増減するのである。もしそうであるとすればどうであろうか。

たとえ「動機づけ」がなされたとしても（→第4章第3節），社会的要因が組み込まれていなければ，そこに効果を期待することはできない（そのことはこれまでの実験が示している）。それどころか，人々の行動は不安定にさえなる。人々は他の人々との社会的関係の中で働き，その関係を通して精神的均衡を維持しているからである。苦情や不満はそうした均衡をどうにかして維持しようとする人々の反応であり，また，その徴候である。生産性の減少はその結果，すなわち均衡の崩壊にほかならないのである（**図4-1**）。

したがって，社会的要因はテーラーがそうしたように（→第1章

図 4-1 従業員不満の解釈体系

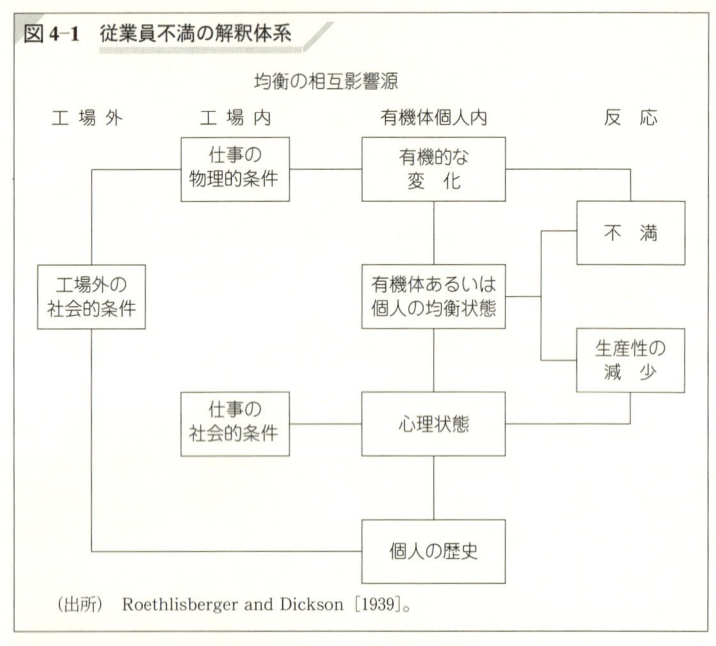

均衡の相互影響源

```
工場外        工場内        有機体個人内         反応

            仕事の         有機的な
            物理的条件      変化
                                              不満
 工場外の                  有機体あるいは
 社会的条件                個人の均衡状態
                                              生産性の
                                              減少
            仕事の
            社会的条件      心理状態


                          個人の歴史
```

(出所) Roethlisberger and Dickson [1939]。

第1節),組織の「攪乱要因」として排除されるべきものでは決してない。むしろその存在を認め,積極的に受け容れるべきものである。ジェレミー・ベンサム (Jeremy Bentham, 1748-1832) の「功利主義」(utilitarianism) にみられる人間とは違って,はるかに「社会的な」存在としての人間は,このようにメイヨーらによって初めて,経営研究の表舞台に登場することになる。そしてそれ以後,今日に至るまで,経営学の中では主に「監督,リーダーシップ,モラール,そして生産性」という関係の中で展開されていくことになる。実験に続く一連の研究を「人間関係論」と呼ぶゆえんの1つでもある。

感情の論理

メイヨーたちはこのような発見をもたらした面接計画と並行して,「インフォーマルな集団」の行動についての調査をも実施している。電話局の配電盤

装置のスイッチの組立てに携わっていた3つの作業集団がその対象となった。各集団のメンバーたちは仕事が互いに関連していたので,「協力」がつねに要求されていた。また,賃金は集団奨励給で,報酬は集団の生産高に応じて決められた。したがって仕事に精を出し,生産高が増えるほど,その報酬は増えることになる。メイヨーらは当然,報酬に応じた出来高の上昇を期待していた。

ところが事実は予想にまったく反していた。生産高は会社が考えた量をつねに下回っていた。人々は生産量が増え過ぎると,賃率を引き下げられたり,会社の要求がきつくなると考え,「正当な1日の仕事量」を自分たちなりに決めていたのである。しかも,①働き過ぎるな,②怠け過ぎるな,③仲間の不利益になることを監督者に話すな,④疎外したり,お節介をするな,検査工でも検査工ぶるなという「集団規範」まで存在していた。

自分たちの決めた水準以上に働く者があれば,それは「ルール破り」として,怠けすぎると「サボり」として,仲間にとって不利益になることを監督に話せば「密告者」として,それは嫌みや嘲り,ビンギング(二の腕を強く叩くこと)が加えられ,集団から弾き出されていた。集団規範は仲間外れにならないためだけでなく,仲間であるためにも守らざるを得ないものであった。それは単に集団を維持するという役割だけでなく,メンバーとしての資格をも決定していたのである。

生産高の制限はこのように,作業者たちが自分たちでつくり上げた規範のもとでなされていた。しかも作業者たちは,経済的には損失になるという事実にもかかわらず,自分たちで決めた「1日の正当な仕事量」に従っていたのである。そのような事実に照らしてみたとき,生産制限をそれまでそうであったように合理的に行動するとされる「経済人」の仮定から理解することはできない(●第5章第3節)。生産制限は集団の連帯感や変化への恐れの顕れである。

賃率の切下げや要求水準の引上げに対する「抵抗」は、そうした恐怖を正当化する手段に過ぎない。著名な社会学者、ヴィルフレド・パレート (Vilfredo Pareto, 1848-1923) の「没論理的行動」(non-logical behavior) に関する諸説にもとづいて、メイヨーらはそのような理解に到達したのである。

このようにしてフォーマルな組織の中には「没論理的」で、本質的に「感情の論理」(logic of sentiment) の支配的なインフォーマル組織が同時に存在する。したがって経営のなすべきことがあるとすれば、その最も重要なことがらの1つは、フォーマル組織の要求する「コストと能率の論理」と「感情の論理」との「均衡」を図ることである。そうすることによって、協働の意欲を持てるようにしなければならない。メイヨーはそのように主張するのである。その主張の多くは、弟子であるフリッツ・J. レスリスバーガー (Fritz J. Roethlisberger, 1898-1974) らに受け継がれ、発展していくことになる。

もしこれまでになされた産業分野における調査プロジェクトの中で最も影響力の大きなものを列挙せよと言われたなら、間違いなくホーソン研究の名があがることであろう。メイヨーはそのプロジェクトの中心人物である。主張のすべてが正しかった訳ではないが、その多くは今日の研究の礎石となっている。とくに「社会的な」存在としての人間の発見は、紛れもなく、それ以後の研究を決定づけたものである。

2 自己実現を目指して成長する人間

●アージリス

発達するパーソナリティ

複雑な現象の中に一定のパターンを見出すことができるかどうかは、用いるスキームの適切性に大きく依存している。すなわち、

トンプソン（●第9章第1節）が述べているように，いかなる解答を得ることができるかは，一般に，どのような問いを発するかに制約される。問いの立て方によって，複雑な現象は理解可能なものとなることもあれば，反対に一層複雑になることもある。対象を適切に理解し，対処可能なものとすることができるかどうかは，多くの場合，いかなる問いを発するかにかかっている。

そのようにみたとき，「人間」についての問いは，経営研究にとって決定的な重要性を持つものであろう。なぜなら，人間をどのような存在として理解するかによって，経営における問いそのものが変わらざるを得ず，したがってまた，その対処方法も大きく変わるからである。それでは経営学は組織における人間をどのようなものとみ，その問題をどのようにとらえてきたのか。集団の中で喜び，悲しみ，そして行動するという，メイヨーらによる「社会的な」存在としての人間の発見を経て，「自己実現」をキーワードにこの問題に真正面から向き合ったのが，『組織とパーソナリティー』（Argyris [1957]）におけるクリス・アージリス（Chris Argyris, 1923- ）である。

アージリスは1つの喩えから始めている。ウィスキー，氷，そしてソーダ水は，それぞれ別々の成分を持った物質である。「ハイボール」はこの別々の物質を一緒にすることでできるのであるが，その結果できたハイボールと，そのもとになっているウィスキー，氷，そしてソーダ水とは，同じものではない。ウィスキー，氷，そしてソーダ水は別々のコップに入っている限りにおいて固有の性質を示すのであって，互いに混合されたとき，それは固有の性質を失う。したがって別々の扱い方が必要になる。

「パーソナリティ」も同様である。アージリスによると，パーソナリティはさまざまな「欲求」の総称でもないし，また，特性の総計でもない。そうではなくて，それは「統合された全体」であって，

多種多様な欲求が「体系として」, 内部的にだけでなく, 外部の環境と均衡したときに現れる。したがってアージリスによると,「均衡」は人々が自らの存在している世界に順応するための一種の解決策であって, パーソナリティは自己を維持するために, 絶えず相互作用を繰り返している。変わろうとするよりも, 変わるまいと他の欲求や環境との間で激しく相互作用しているのである。

闘争を求めたり（あるいは闘争を極力避けようとする）, 柔順であろうとする（反対に反抗的になる）のは, 自らを保持しようという, そうした相互作用の現れにほかならない。「均衡」は定義上, つねにバランスすべき他の欲求を必要とする。そしてパーソナリティはそうした欲求間の均衡の上に成立している。したがって, もし欲求が人間の「成熟」とともに新たに出てくるものであるとすれば, パーソナリティは固定されたものではあり得ない。そうではなくて, パーソナリティは人間の成熟とともに新たに出てくる欲求との相互作用の結果として成長するものであり, そうであるなら, そこには発達傾向が必ずみられるはずである。

アージリスはそのように主張し, パーソナリティの中に「内在している」発達傾向を「未成熟から成熟」という次元で7つあげる。

(1) 受け身の状態から能動的状態へ
(2) 依存状態から比較的独立した状態へ
(3) 限られた行動様式から多様な行動様式へ
(4) 移り気で変わりやすい関心から1つのことをやり通そうとする深い関心へ
(5) 目先の短期的展望から先を見据えた長期的展望へ
(6) 他人に従属的な態度から対等の, もしくは上位にあろうとする態度へ
(7) 自己意識の欠けた状況から明確な自己意識と自己統制へ

公式組織との不適合

アージリスによると，人々は未成熟から成熟へと向かう発達傾向の程度に応じて，自らの欲求を実現しようとする。このことは理論的に，「もし受動的であるよりも積極的に，依存的であるよりも独立的に，また，短期的な展望よりも長期的な展望に立ち，同僚よりも高い地位を占めて自らの世界を自らコントロールすることができ，あるいは自分の重要な能力を表出することができるなら，そしてその機会が職務上与えられているなら」，健康な成人は望ましいパーソナリティを仕事において獲得し，成長できることを意味する。したがって，経営上問題となるのはそうしたパーソナリティと職務との適合である。

アージリスによると，公式組織は以下の4つの原則のもとに運営されている。この原則は合理性の達成を目指して考えられたものであって，「科学的管理法」以来，基本的に変わっていない（→第1章第1節）。

(1) 課業の専門分化

特定の分野に人々を割り当てることができるように，課業を分割することができれば，能率は増大する。

(2) 命令の連鎖

統一的に仕事ができるように，明確なハイアラーキーのもとに上位者が下位者を統制するようにすれば，組織の能率は高まる。

(3) 指令の統一

特定の指導者の立案し，計画した，1組の同質的な，単一の活動に人々が専門的に従事するなら，組織の能率は増大する。

(4) 統制の範囲

リーダーの統制可能な範囲に部下の数を抑えることができれば，組織の能率は増大する。

これらの原則が適用されるとき，①人々には日常の職務について，自己統制の余地はほとんど残されていない。また，②期待されてい

るのは，能動的というよりも受動的な行動であり，独立的であるよりも依存的な行動である。したがって，③時間的に人々の展望は長期的ではなく短期的になる。さらに，④人々は自分の持っている能力の一部しか使用できず，しかも，自分にとっては必ずしも重要でないかもしれない能力の使用によって評価される。そして，⑤心理的失敗に陥る条件のもとで働かざるを得なくなる。

「課業の専門分化」をはじめとしたこれらの原則は人々に対して明らかに，成熟した「成人」の行動ではなく，事実上，未成熟の「幼児」のような行動をとるように要求している。そうすることによって，パーソナリティの発達を妨げている。したがってアージリスによると，公式組織がこれらの原則に従って運営されている限り，人々の欲求が充足されることはない。というより，公式組織はその充足を妨げている。その結果，自己実現を求めて未成熟から成熟へと成長しようとする人々と，公式組織との間に抜きがたい不適合が生じることになる。

人々は成長の機会を塞がれ，自己実現の機会が与えられないために，つねにフラストレーションを経験する。目標はもとより，手段でさえ，自分の裁量で決めることができず，統制力も持っていないために，心理的に「失敗感」の状況がつくり出される。また，この状況から抜け出すことが現実的には容易でないことから，絶えず「葛藤」を経験することになる。そしてこの不適合は，①人々が成熟するにつれて，②公式の組織構造がしっかりと確立されるにつれ，③人々が階層的に規定された指令のもとで行動するようになるにつれ，そして④細分化された職務に従事するようになるに伴い，一般的に大きくなる。

職務拡大

アージリスによると，人々は組織からのこうした衝撃に対し，①組織を去る，それとは反対に②組織の階段を上るための出世競争にかける，③以前の発

達段階で使用した満足の充足方法に戻る退行や批判,ないし攻撃といった自己を守るための「防衛機制」を働かせる,④組織に対して無関心,無感動になる,といった方法の1つ,あるいはその組合せのいずれかによって反応する。人々にとってこうした行動のすべては,自分のパーソナリティをその環境に適合させようとする「順応」の機制 (mechanism) である。そして,こうした順応行動は個々人のレベルだけでなく,インフォーマルな集団をつくり上げて自分たちの行動を正当化するという集団のレベルでも同様にして生じる (●第4章第1節)。

個人レベルであれ,集団レベルであれ,こうした行動が定着すると,組織の能率は当然低下し,組織は目標を達成することができなくなる。そこで組織は能率の低下を防ぐべく,さまざまの手段を講じることになる。しかし組織は先に触れた「公式組織の論理」に従っているために,人々の順応行動は改善されるよりも,むしろ強化される。その結果,組織と自己実現を求める人々の不適合はスパイラル的に増大することになる。いわゆる悪循環の過程に入ってしまうのである。いったいどのようにすれば,このスパイラルを断ち切ることができるのか。

もし人間というものがそう簡単に変えられるものでないとすれば,組織に対して「否定的な」人々の順応行動を減少するために残されている1つの道は,人々ではなく公式組織の構造を変えて,人々により多くの活動機会を与えることであろう。なぜなら,否定的な順応行動は,人々が自分の「重要な」能力を「より多く」発揮できるようになるにつれて減少していく傾向があるからである。そこでアージリスはその手段として,「職務拡大」と「参加的リーダーシップ」に注目する。

アージリスによると,「職務拡大」(job enlargement) とは能力発揮の機会をできるだけ増やすために人々の遂行する課業を増やすこ

とによって，人々の欲求を充足し，満足させるための方策である。この職務拡大では，課業が増やされるとともに，2つ，あるいはそれ以上に細分化されている課業は1つの職務にまとめられる。いずれも単調感をなくすためである。まとめられるだけでなく，人々は「自分自身で仕事を編成する責任」を与えられる。自己統制力を増大させるためである。

しかし「現実的に」みれば，自己統制力はつねにリーダーシップと裏表の関係にあり，リーダーが人々の自己統制を許容していなければ意味がない。そのように考えたとき，アージリスにとって，依存感をなくし，それによって組織に対する無関心を減少させるためのもう1つの手段は，「参加的リーダーシップ」であった。参加的リーダーシップのもとでは，人々はリーダーの指示に従うというよりは，自ら決定に参加することで，それぞれがリーダーとして行動することが期待されているのである。

アージリスは基本的にこの「職務拡大」と「参加的リーダーシップ」とによって，人々と組織の不適合を解消しようとするが，そうかといって，単純にそれですべてが片づくとは考えていない。とくに参加的リーダーシップについてそうである。アージリスによると，人々の個人的欲求と組織上の要求を考えたとき，有効なリーダーシップは多くの条件に依存しており，唯一絶対の方法というものはない。もし有効なリーダーシップというものがあるとすれば，それは「現実」がどうであるかに配慮した，すなわち組織の要求と個人の要求とを相互に調整し，実現していく「現実中心的リーダーシップ」である（ちなみに，リーダーの成功とリーダーの特質との関係についての経営者の考えは，**表4-1**に示されている）。アージリスはそのように主張するのである。

『対人能力と組織の効率』『新しい管理社会の探求』そして『組織学習』など，単行本だけでアージリスは数多くの著作を著しており，

表4-1 成功しているとされたリーダーの特質について経営者が与えた選択の頻度と重要さの程度

(単位:%)

特質	並	高い	とくに高い	計
(1) 指導性			100	100
(2) 多様性を探求する			100	100
(3) 寛容			100	100
(4) 問題解決の精神			100	100
(5) 自己に対する責任感			100	100
(6) 自己統制的		22	78	100
(7) 欲求不満に対する忍耐		22	78	100
(8) 成功を求める		55	45	100
(9) 専門家		11	69	80
(10) 自己動機づけ		11	78	89
(11) 組織との一体感	11		66	77
(12) 調和がとれている		11	66	77
(13) 組織への向上意欲	11		66	77
(14) 権勢欲		33	44	77
(15) 勤勉なこと	33	44		77
(16) 社会的向上意欲	33			33
(17) ユーモアがある	22			22
(18) 客観的	11			11
(19) 威信を望む	11			11
(20) 家庭志向	11			11
(21) 忘れない	11			11
(22) 表現のうまいこと	11			11

(出所) Argyris [1957] (アージリス [1970])。

そのテーマもまた,多岐にわたっている。そうした研究において,アージリスによれば,人間というものはもちろん,テーラーがみている「生きた機械」ではない。またホーソン実験に始まり人間関係論と総称される研究によって強調された,集団の中で生きている「だけ」の存在ではなかった。そうではなく,アージリスにとって人々は,集団の中の人間関係に気を使う以上に,「自己の実現を目指してつねに成長しようとする存在」だったのである。

3 動作づけではなく，動機づけを求める人間

●ハーズバーグ

KITA やりがいを感じながら仕事をするのか，それとも不満を抱えながらなのか。組織のパフォーマンスが人々の職務遂行の良否に依存している限り，この問いの持つ重要性はほとんど疑うべくもない。なぜなら，職務遂行の結果は多くの場合，職務に対する「態度」と切り離し難く結びついているからである。事実，他の人々を使ってものごとをなし遂げる術，それがノーベル賞経済学者としてのハーバート・A. サイモン(Herbert A. Simon, 1916-2001) の「管理」についての定義であり，また，同時に今日の経営学における定義でもある。この定義に従うなら，職務に対する態度，そのいかんによって，また，それをどのように理解するかによって，管理，したがってパフォーマンスは大きく異なることになる。

それではどのようなときに人々はやりがいを感じ，不満を覚えるのはどのような場合なのか。そもそも人間はなぜ働くのか。これまで多くの研究者がこの問題に取り組み，それぞれに解答を与えようと試みてきた。フレデリック・ハーズバーグ (Frederick Herzberg) もその1人である。他の研究者と同様，ハーズバーグは長い間にわたって問われ続けてきたこの問題について検証を重ねてきた。その最初の成果が『仕事と人間性』(Herzberg [1966]) である。この成功によってハーズバーグは一躍この研究分野の表舞台に登場することになるのであるが，彼が提示したものは，いわゆる「主流」とされていた理論とは大きく異なっていた。

ハーズバーグは大学で心理学と歴史を学んでいるが，学位の取得を待たずに陸軍に入隊し，ヨーロッパ戦線に参加している。そのと

きに彼は，腐乱を防ぐために「石灰を振りかけた死体を詰め込んだ貨車の列」や「家庭の主婦が略奪した戦利品の荷づくり」に躍起となっている光景にでくわし，強い衝撃を受けた。自分の周囲のどこにでもいる，見た目にはごく普通の人間，その人たちが「いったいどうしてあのように残酷な真似ができるのか」。ハーズバーグは自らに対してそのように問い，最終的に，心理学者の最も重要な役割は「正気の人間を狂気に陥らせないように手を貸すこと」であるという結論に到達する。そして以後，その思いを「動機づけ」(motivation) というテーマに向けるのである。

それではそのようなハーズバーグにとって，動機づけとはどのようなものなのか。ハーズバーグは飼っていた「テリア犬」の訓練を引合いに出している。子犬のころは尻を蹴飛ばして言うことを聞かせた。しかし，服従訓練を受けさせてからは，ドッグ・ビスケットを与えるようにしたと。そして問う。この場合，動機づけられているのはいったい誰なのか。私だろうか，それとも犬だろうか。たしかに犬はビスケットを欲しがるが，しかしある種の仕草ないし動作を望んでいるのは，明らかに私である。そうであるなら，動機づけられているのは私であって，犬ではない。犬は私が望むような行動をするように，「動作」づけられているに過ぎない。私が何をしているかと言えば，「押す代わりに単に引っ張っているに過ぎない」。

要するにハーズバーグによれば，これまでの管理は「動作づけ」ることはしていても，「動機づけ」はしていない。単に，制裁（肉体的，心理的な）や報酬（昇給や昇進など）を使って，管理者の望むことをやらせているに過ぎない。これは犬に芸当を仕込むことと同じである。ハーズバーグはこうしたやり方を「KITA」(kick in the pants)，すなわち「尻を叩く」，ないし「活を入れる」と呼び，真の動機づけと区別している。ハーズバーグによれば，動機づけは人間が自分自身の「発電機」を備えている場合に限って，すなわち本

人自らが欲するときに限って，言えることである。その場合には，敢えて外から刺激を加える必要はない。KITA のように，蹴飛ばしたり，誘惑しなくてもよい。本人自らがそうすることを望んでいるからである。したがって，もし人間というものを真に動機づけようとするなら，外部からの刺激に頼ることを止めて，「発電機」を組み込まなければならない。ハーズバーグはそのように主張し，有名な「動機づけ／衛生理論」(motivation-hygiene theory) を展開するのである。

動機づけ／衛生理論　ハーズバーグはピッツバーグ地区にある9つの工場で，専門職（技術者や会計士）を対象にして「臨界事象法」(critical incident) による調査を実施している。臨界事象法は態度の変化（対象者の）を生み出す特定の事象そのものに焦点を合わせているので，回答者が関係している活動について，直接的な情報を得ることができる。この点で，臨界事象法は他の調査方法よりも動機づけの型を調べるのに適していたのである。それでは結果はどうであったのか。

「職務満足」は「達成（仕事の）」「承認」「仕事そのものの魅力」「責任」そして「昇進」と密接に関連していた。しかし，この5つの要因のいずれも，「職務不満」とは関係がなかった。同様にして，職務不満の原因となっていたのは，「会社の方針」や「管理」「監督」「給与」「対人関係」そして「作業条件」であった。そしてそのいずれも職務満足に関して言及されることはなかった。要するに，職務満足の決定因と職務不満足の決定因とは，それまで言われていたように同一次元の対極にあるものではなく，まったく別々の領域に属するものであったのである（**図4-2**）。

この場合「職務の不満」は，エデンの園から追放された途端に，食べものを確保し，寒さを防ぎ，身を守り，そして孤独に耐えることに懸命にならざるを得なくなったアダムがそうであったように，

図4-2 職務態度に影響する要因

(単位:%)

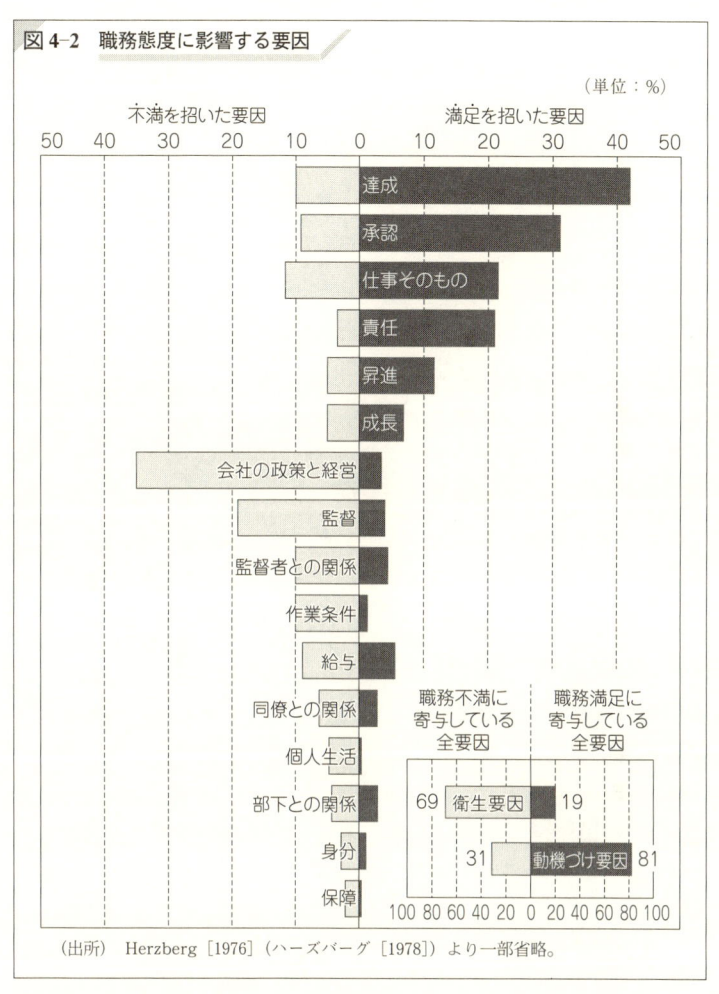

要因	不満を招いた要因	満足を招いた要因
達成	~10	~40
承認	~10	~33
仕事そのもの	~10	~25
責任	~5	~22
昇進	~10	~20
成長	~5	~15
会社の政策と経営	~30	~3
監督	~18	~3
監督者との関係	~15	~5
作業条件	~10	~1
給与	~15	~15
同僚との関係	~8	~3
個人生活	~5	—
部下との関係	~5	~1
身分	~5	~3
保障	~3	—

職務不満に寄与している全要因:衛生要因 69,動機づけ要因 31
職務満足に寄与している全要因:衛生要因 19,動機づけ要因 81

(出所) Herzberg [1976] (ハーズバーグ [1978]) より一部省略。

身体的,精神的,社会的苦痛を回避しようとする欲求に根ざしている。ハーズバーグによると,それは根本的に人間の動物的本性から生じており,したがって生きるための場とその場のさまざまな条件のありようによって変わる。そしてその条件は,会社の方針や管理,あるいは給与がその典型であるように,多くの場合,従業員にとっ

て思いのままに変えることのできないものである。「不満」として出てくるのはそのためである。

それに対して「職務満足」はどうか。ハーズバーグによると，それは可能な限り自己を実現しようとする欲求に根ざしている。アダムとの対照でいえば，「アブラハム的本性」である。なぜなら，アブラハムは自己を取り巻くさまざまの制約を克服し，自己実現を達成し得る能力を持った存在として，神のイメージに合わせて創造されているからである。したがって，満足は職場環境というよりは，むしろ能力を発揮すべき職務それ自体に関係する。人々は可能性の追求を通じて成長を経験し，職務の達成や仕事の魅力を通じて精神的満足を覚える。そこに動機づけの強い力が働く。ハーズバーグはそのように主張するのである。

職務満足と職務不満とは，このようにして異なる人間欲求にもとづいており，それぞれまったく異なる領域に属する要因と関連している。すなわち，人間のアダム的本性は，苦痛を回避しようとして，そのはけ口を不満として作業条件や給与の改善に求める。アブラハム的本性は完全な自己を実現しようとして，充足するための機会を職務それ自体に求める。人々の，このアダム的本性とアブラハム的本性は，それぞれ異なった機会において，それぞれ異なった欲求を充足しようとするのである。もしそうであるとすればどうであろうか。

不満を解消したからといって，それが直ちに動機づけにつながるわけではない。したがってたとえ作業条件や給与を改善したからといって，パフォーマンスが向上するわけではない。それは「衛生設備」の改善と同じように，病気の予防（不満の解消）には役立つかもしれないが，だからといって健康体になることを保障しない。健康体，すなわち動機づけは達成や承認，あるいは仕事の魅力といった，職務それ自体の整備によって，初めて確保されるのであって，

そうした要因の整備なしにパフォーマンスの向上を期待することはできない。ハーズバーグはそのように主張し，この主張を「動機づけ／衛生理論」として定式化したのである。

職務充実

このようにして動機づけ／衛生理論によれば，会社の方針や管理をはじめとした要因は，人々に対して，仕事の基本的な条件を与える「外因的」なものでしかない。それに対して達成や承認といった要因は自己実現や個人的成長と関連するという意味で，本質的に「内因的」であり，そのいずれも職務それ自体と結びついている。それゆえ動機づけ／衛生理論が現実に適用可能であるためには，人々に対して自己実現や成長を経験できる，意味のある職務ないし課業を提供できなければならない。それではどのようなときに職務は意味あるものとなるのか。

ハーズバーグはその解答を「職務充実」(job enrichment) に求める。職務充実は動機づけ要因を組み込んだ実践的職務の設計であるが，ハーズバーグはその理論構造を以下のように，能力の潜在能力に対する比，機会の能力に対する比，そして強化されるものの関数として示す。

$$動機づけ = f\left(\frac{能力}{潜在能力}, \frac{機会}{能力}, 強化されるもの\right)$$

それぞれの比について簡単な説明を加えると，第1の比は，各自のできることがら，やれることがらを決める。一般に，各自のやれることが多くなるほど，動機づけて実際にやらせることのできることがらは多くなる。反対に，やれることが少なくなれば，自発的にやりたがることも少なくなる。この比はしたがって，能力を陳腐化させることなくつねに発揮させるための，「学習」の必要性とそのための「訓練計画」の重要性を示している。

個人の才能，能力を職務の上で，いったいどの程度まで発揮する

ことができるのか,それを決めているのが第2の比である。動機づけようとしても,能力を発揮できるよい職務が与えられていなければどうしようもない。だから,この比は職務充実による管理の基本であり,焦点である。

動機づけに影響を及ぼす公式上の最後の変数は,各自の業績に対して組織から与えられる報酬やペナルティなどのフィードバック,ないしは強化である。その際,各個人の関心は一般的に,自分のために会社が何をし,何を与えてくれたかにある。

これらの比にはそれぞれ,独立した手続きと結果とが対応するが,そのすべてが各個人に対して,「成長の機会」を提供するものでなければならない。そのためにハーズバーグによると,職務充実では責任の増大を図る一方で,できるだけ統制を取り除く努力が必要になる。自己完結的な職務単位の設定,職務における自由度の確保,困難な新職務の追加などは,その意味で職務充実の具体的な方策である。

したがって,それは単純な「職務拡大」とは異なる。単純な職務拡大が単調感を軽減するために単に新たな仕事を追加しようとするに過ぎないのと違って,職務充実のポイントは字句通り,「仕事の中味の充実」にある。それだけに職務充実では全体的な整合性が大切になる。適切な職務を準備せずに訓練を強化しても意味がないし,訓練がもともと不可能であるのに職務の改善を強化しても意味がない。同様にして,飴と鞭に頼りながら,その一方で自発性を強調した訓練や職務の改善を強化しても効果はない。それらは全体的に統合されて,初めて意味を持つのである。

4 ワン・ベスト・ウェイからコンティンジェンシーへ

● フィードラー

2つの先行研究

　メイヨーを中心としたホーソン実験とそれに続く一連の研究の意義は、基本的に「社会的存在としての人間」と「非公式集団」の発見にある。この発見によって少なくとも経営理論からは、「生きている機械」としての人間というものは完全に消え去った。それと共に研究もまた、集団の中で生きている人間を前提にしたテーマ、たとえば「モラールと生産性」「モラールと管理者の行動」あるいは「動機づけの分析」へと変化している。いわば管理思想の重点移動と言うべきものである。そうした変化の中から、数多くの重要な成果が生み出された。「リーダーシップ」についての研究もそうで、それは単に他のテーマに比べて数が圧倒的に多いというだけでなく、今日の経営理論に対する影響という点からも重要な成果である。

　「オハイオ研究」はそうしたリーダーシップ研究の先駆けの1つである。名称の通り、オハイオ州立大学を中心としたこの研究の当初の目的は、企業で働いている人々（管理者とその部下）を対象に、その行動を観察し、そこから管理者（リーダー）の行動に関する信頼できる「測定尺度」を開発することであった。したがって、職務満足そのものや生産性、あるいは業績との関係については、ほとんど注意が払われていなかった。しかし、分析が進むにつれ、管理者の行動と業績に関係すると思われる2つの要因が明らかになった。因子分析から出てきたのは、「構造づくり」(initiating structure) と「配慮」(consideration) である。そしてこの2つの要因は連続線上の対極にはなかった。

　もう1つはミシガン大学を中心とした「ミシガン研究」である。

オハイオ研究とは違って、ミシガンの研究目的は当初から、どのような管理者行動が人々の職務満足を高めたり、また、離職率や生産性を上げたり下げたりしているのか、という問題に対する解答を確定することにあった。従来の研究が証拠という点で「客観性」に乏しいという反省の上に、調査は定量的に、業績の優れている組織とそうでない組織とを比較するかたちで進められた。その結果、そこにはオハイオ研究の「配慮」に対応する管理者行動、すなわち人間関係を重視した「従業員志向」(employee oriented) の行動と、「構造づくり」に対応する職務の達成を中心にした「生産志向」(production oriented) 的行動の存在が明らかになった。

ただミシガン研究は当初、その基盤を築き上げた著名な心理学者、クルト・レヴィン (Kurt Lewin, 1890–1947) もそうであったように、管理者の行動を「民主的」なものから「権威主義的」なものへと、同一次元上にあるものととらえていた。そのため調査で明らかになったこの2つのタイプは、そうした連続線上の対極にあるものと解釈された。したがってまた、良いにしろ悪いにしろ、業績は従業員志向、生産性志向、そのどちらかの管理者行動の結果であると考えられていた。しかし、事実はそうではなかった。両者はオハイオ研究の結果と同様、それぞれに「独立」していたのである。

2つの要因が独立しているということは取りも直さず、業績がそれら要因の「相互作用」に依存しているということを意味する。もしそうであるなら、業績を上げるために望ましいのは従業員中心の管理者行動なのか、それとも仕事中心の管理者行動なのかといった、それまでの議論は意味をなさない。2つの要因が同一の次元にではなく、独立した別々の次元にあるという事実に従う限り、そのどちらが欠けてもいけない。双方が共に、しかも別々の次元上に存在するとき、双方がいずれも高いレベルで維持されて初めて、業績は向上する。オハイオ研究とミシガン研究の到達した1つの結論である。

しかし，相手が違えば，その行動が異なるように，「状況」が違えば，必要な行動もまた異なる。状況はそれぞれ，それに見合った行動を要求するのであって，いつ，いかなる状況においても適切な行動というものはあり得ない。もしそうであるなら，「配慮」と「構造づくり」，あるいは「従業員志向」と「生産志向」とが共に望ましいとして行動を特定したとしても十分ではない。むしろ，そうした行動が適切と言えるのはどのような状況においてなのか，「状況」という条件が必要となる。

　ミシガン研究が優れた業績を「従業員志向」と「生産志向」に求めるとき，また，「配慮」と「構造づくり」が共に高くなるときに生産性も高くなるとオハイオ研究が主張するとき，両者は共にこの「条件性」を否定している。実際，そのように主張することは「ワン・ベスト・ウェイ」，すなわち唯一最善の行動が存在するということであって，それは状況に応じた他の望ましい行動を結果的に否定することにほかならない。管理者行動の研究に転機をもたらすと同時に結着をつけたかにみえた2つの先行研究も，このようにしてそれ自身の内に一種のアンチテーゼを抱えていたのである。

苦手な同僚という因子

　この場合，問題は当の最終命題から引き出されている。それだけに解決には困難が予想されたし，事実，簡単ではなかった。この困難に立ち向かい，1つの解を提示したのがフレッド・E. フィードラー（Fred E. Fiedler）である。フィードラーはリーダーの行動について，それまでの研究のように，ワン・ベスト・ウェイを求めることはしなかった。フィードラーはリーダーの管理行動が状況に依存するものであると考え，その検証に努めた。論証に費やされた歳月は実に15年を超えるもので，研究者としてのフィードラーの生涯はこの検証のためであると言ってよいほどである。その成果の1つが『新しい管理者像の探究』であり，そのキー・コンセプトの1つが「最も苦手な同僚」

(least preferred co-worker) である。

フィードラーによると,「最も苦手な同僚」とは, できれば一緒に仕事をしたくない, どうにもこうにもやりにくい相手を意味する。フィードラーは「質問紙法」を使って, この最も苦手と思われる同僚を特定するように求める。その上で, その人の特徴を1〜8の尺度で採点させ, その結果にもとづいて, すでに確認されている2つの要因, すなわち「関係動機型」(「配慮」あるいは「従業員志向」に対応)の管理者と「課題動機型」(「構造づくり」あるいは「生産志向」に対応)の管理者それぞれとの対応関係を明らかにしようと試みた。

分析結果によると, 関係動機型の管理者, すなわち対人関係を重視し, それゆえ人々の反応に敏感な人は相手に対して, やりにくく, 苦手だと言っているにもかかわらず, 質問紙における特徴の採点結果は必ずしも低くはなかった。というよりも彼らは, 相手が信頼できない, あるいは誠実さに欠けるとしていながら, その一方で, 思いやりがある, 愛想がよいと, 高く評価していた。人々の反応に敏感であるために, 欠点だけでなく, 長所をもできるだけみようとしているからで, まさに「対人関係」によって動機づけられているのである。

これと対照的なのが「課題動機型」, すなわち対人関係はさておき, 何よりもまず課題の達成を重視する管理者である。このタイプに分類された管理者はやりにくい相手を単に低く評価するだけでなく, その人を全面的に否定しようとする。したがって, 一度「苦手な同僚」として評価されてしまうと, その人はたとえば不誠実であるというだけでなく, 愛想もなければ, 思いやりもない人間として徹底的に敬遠されることになる。何よりも課題の達成によって動機づけられているので, 苦手とされた相手を単に苦手というだけでなく, 全面的に課題そのものを妨げる相手にしてしまうのである。

しかし, 管理者とメンバー(部下)との間にどのような精神的な

いし心理的な距離があろうと，管理者に対してもし部下の抵抗を許さぬような権限が与えられているなら，管理者にとって仕事がそれほど苦痛になることはないであろう。同様にして，相手をあまり当てにしなくてもよいなら，それほど気を使わなくても済むだろう。反対に与えられている権限も小さく，相手に依存する度合も大きくなれば，相手に対する配慮が必要になり，管理者としてはやりにくくなる。要するに，「状況」は管理者の仕事をやりやすくもすれば，やりにくくもするのである。

> 状況の好意性

この点においては，課題動機型であろうと，関係動機型であろうと違いはない。このことは，課題動機型と関係動機型は共に，「状況」と結びつけられて初めて意味を持つのであって，管理者の行動は状況が管理者にどれだけ好意的であるかによって大きく左右されることを意味する。そこでフィードラーは状況のこうした側面を「状況の好意性」(situational favorableness) として概念化する。そして，その主要な次元として，(1)管理者とメンバー（部下）との関係，(2)職務の構造，そして(3)公式的権限としての地位に伴う管理者のパワー，をあげるのである。

(1) 管理者とメンバーとの関係

　これはメンバーが管理者を信頼すると共に，管理者に対して好意を持っているか，また進んで従おうとするか否かということであって，この関係が良好であれば管理者の影響は大きい。

(2) 職務の構造

　職務がどれだけ明確に規定されているかの度合で，内容が曖昧な仕事に比べて，何をすべきかということがはっきりしている仕事は，管理者の行動に自由度を与える。

(3) 公式的権限としての地位に伴う管理者のパワー

　管理者の個人的特性としての能力ではなく，公式的な地位上の

図4-3 各オクタントごとに示したリーダーのLPC（苦手な同僚）スコアとグループ業績との相関

（グラフ：縦軸は対人関係志向（高LPC, 1.00）から仕事志向（低LPC, -1.00）。横軸はオクタントⅠ〜Ⅷ。各オクタントの中位数：Ⅰ=-0.52, Ⅱ=-0.58, Ⅲ=-0.33, Ⅳ=0.47, Ⅴ=0.42, Ⅵ（値表示なし）, Ⅶ=0.05, Ⅷ=-0.43。Ⅳ～Ⅶの範囲に「各オクタントにおける（LPC〔or ASo〕と業績との）相関係数の中位数を結んだ線」の注記。）

横軸下：
より好意的 高 ←── リーダーにとっての状況の好意性 ──→ 低 より非好意的

	Ⅰ	Ⅱ	Ⅲ	Ⅳ	Ⅴ	Ⅵ	Ⅶ	Ⅷ
リーダーと成員の関係	良い	良い	良い	良い	適度に悪い	適度に悪い	適度に悪い	適度に悪い
課題の構造化の程度	定型的	定型的	非定型的	非定型的	定型的	定型的	非定型的	非定型的
リーダーの順位にもとづくパワー	強い	弱い	強い	弱い	強い	弱い	強い	弱い

*　←──→の範囲内では，LPC（ASo）と業績とが負の相関，すなわち低LPC（課題動機型）のリーダーの業績が高く，←----→の範囲内では，LPC（ASo）と業績とが正の相関，すなわち高LPC（関係動機型）のリーダーの業績が高い。

（出所）　Fiedler［1967］（フィードラー［1970］）。

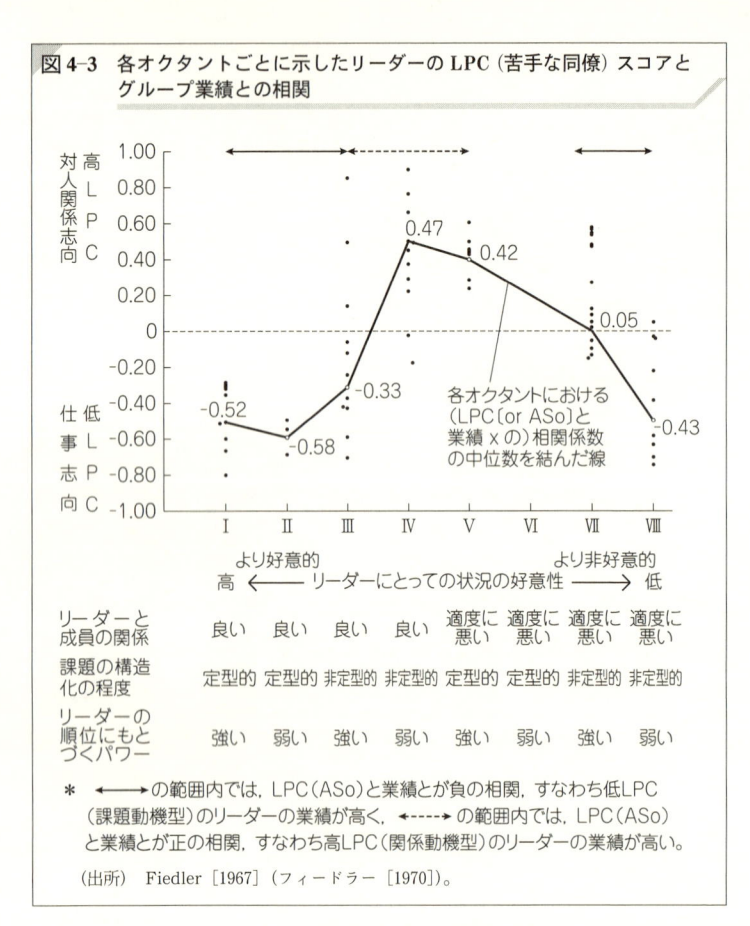

力のことで，公式上，何の権限もない管理者に比べて，たとえば報酬や昇進について決定権を持っている管理者は，その権限ゆえにつねに有利な立場にいる。

「状況の好意性」をこの3つの次元で分類し，それぞれさらに好意的であるか，そうでないかのいずれかに分類すると，そこに8つの等級（彼はこれをオクタントと呼ぶ）ができあがる（**図4-3**）。これが状況の好意性，すなわち管理者のやりやすさ（やりにくさ）の尺

度である。フィードラーによれば、管理者にとって最も好意的なのは、図が示しているようにオクタントⅠである。なぜなら、メンバーとの関係が良好なだけでなく、大幅な権限が与えられているからである。のみならず、職務内容が、明確に規定されていて、曖昧性がないために、管理者が部下に手を焼くといった事態になりにくいのである。

しかし、管理者がもともと敬遠されていたり、遂行すべき仕事が相互にはっきりしていないとそうはいかない。ましてや管理者に対して地位上の公式的な権限が与えられていないとなれば、なおさらである。そのような場合、管理者がその任務を果たすのは非常に難しくなる。したがって、管理者にとって最も好ましくないのは、オクタントⅧということになる。

問題となる、残された課題は管理者の行動スタイルとの関係である。フィードラーはこの点について、状況の好意性に関する結果を課題動機型と関係動機型という、2つの行動スタイルと対応させる(図の縦軸)。それによると、課題動機型のリーダーが優れているのは、状況がきわめて好意的な場合か、それとはまったく反対に敵対的なとき、そのどちらかの場合である。それに対して、関係動機型の管理者が優れた業績をあげるとすれば、状況が好意性という点で、管理者にとって中位、すなわち適度に好意的な(あるいは敵対的な)場合である。

このようにして課題動機型であれ、関係動機型であれ、どのような管理者が望ましいかは、単に管理者の行動スタイルだけでなく、「状況の好意性」に依存して決まる。したがって、管理者がどのような状況に置かれているかを考慮しないで、どのような行動が管理者として望ましいかについて議論してもほとんど意味はない。大事なのはあくまでもそれぞれのスタイルと状況の対応、ないしマッチングであって、その効果は管理者の行動スタイル、あるいはリーダ

ーシップの状況，そのいずれかを変えることによって得られる。フィードラーはそのように主張する。そして管理者のスタイルは個人的性格と結びついているためにその変更が難しいことから，職務の構造を明確にしたり，権限を拡大することによる，好意的な状況の創造に期待するのである。

参考文献

Argyris, C. [1957] *Personality and Organization: The Conflict between System and the Individual*, New York: Harper. (アージリス, C. 〔伊吹山太郎・中村実訳〕[1970]『組織とパーソナリティー——システムと個人との葛藤 新訳』日本能率協会)

Argyris, C. [1964] *Integrating the Individual and the Organization*, New York: J. Wiley. (アージリス, C. 〔三隅二不二・黒川正流訳〕[1969]『新しい管理社会の探求——組織における人間疎外の克服』産業能率短期大学出版部)

Blake, R. R. and J. S. Mouton [1980] *The Versatile Manager: A Grid Profile*, Homewood: Dow Jones-Irwin.

Blake, R. R. and J. S. Mouton [1985] *The Managerial Grid III: A New Look at the Classic That Has Boosted Productivity and Profits for Thousands of Corporations Worldwide*, Houston; Tokyo: Gulf Publishing Co., Book Division.

Davis, K. [1957] *Human Relations in Business*, New York: McGraw-Hill.

Fiedler, F. E. [1967] *A Theory of Leadership Effectiveness*, New York: McGraw-Hill. (フィードラー, F. E. 〔山田雄一監訳〕[1970]『新しい管理者像の探究』産業能率短期大学出版部)

Fiedler, F. E. and M. M. Chemers [1974] *Leadership and Effective Management*, Glenview: Scott, Foresman.

Herzberg, F. [1966] *Work and the Nature of Man*, Cleveland: World Publishing Co. (ハーズバーグ, F. 〔北野利信訳〕[1968]『仕事と人間性——動機づけ-衛生理論の新展開』東洋経済新報社)

Herzberg, F. [1968] "One More Time: How Do You Motivate Employees?," *Harvard Business Review*, vol. 46, no. 1, pp. 53-62. (ハーズバーグ, F. 〔北野利信訳〕[1977]「再び問う——どうすれば従業員を動機づけられるか」『Diamond ハーバード・ビジネス』第2巻第2号, 82-96頁)

Herzberg, F. [1976] *The Managerial Choice: To Be Efficient and To Be Human*, Homewood: Dow Jones-Irwin. (ハーズバーグ, F. 〔北野利信訳〕[1978]『能率と人間性——絶望の時代における経営』東洋経済新報社)

金井壽宏 [2005]『リーダーシップ入門』日本経済新聞社。

Likert, R. [1961] *New Patterns of Management*, New York: McGraw-Hill. (リッカート, R. 〔三隅二不二訳〕[1964]『経営の行動科学——新しいマネジメントの探求』ダイヤモンド社)

Likert, R. [1967] *The Human Organization: Its Management and Value*, New York: McGraw-Hill. (リッカート, R. 〔三隅二不二訳〕[1968]『組織の行動科学——ヒューマン・オーガニゼーションの管理と価値』ダイヤモンド社)

Mayo, E. [1933] *The Human Problems of an Industrial Civilization*, New York: Macmillan. (メイヨー, E. 〔村本栄一訳〕[1967]『新訳 産業文明における人間問題』日本能率協会, 原著第4版〔1960年刊〕の訳)

Mayo, E. [1949] *The Social Problems of an Industrial Civilization, with an Appendix on the Political Problem*, London: Routledge and Kegan Paul. (メイヨー, E. 〔藤田敬三・名和統一訳〕[1951]『アメリカ文明と労働』大阪商科大学経済研究会)

McGregor, D. [1960] *The Human Side of Enterprise*, New York: McGraw-Hill. (マグレガー, D. 〔高橋達男訳〕[1966]『企業の人間的側面』産業能率短期大学)

Roethlisberger, F. J. [1941] *Management and Morale*, Cambridge, Mass: Harvard University Press. (レスリスバーガー, F. J. 〔野田一夫・川村欣也訳〕[1954]『経営と勤労意欲』ダイヤモンド社)

Roethlisberger, F. J. and W. J. Dickson (with the assistance and collaboration of H. A. Wright) [1939] *Management and the Worker: An Account of a Research Program Conducted by the Western Electric Company, Hawthorne Works, Chicago*, Cambridge, Mass: Harvard University Press.

Wren, D. A. [1979] *The Evolution of Management Thought, 2nd ed.*, New York: Wiley & Sons. (レン, D. A. 〔車戸実監訳〕[1983]『現代経営管理思想——その進化の系譜』マグロウヒルブック)

第5章 協働体系としての組織

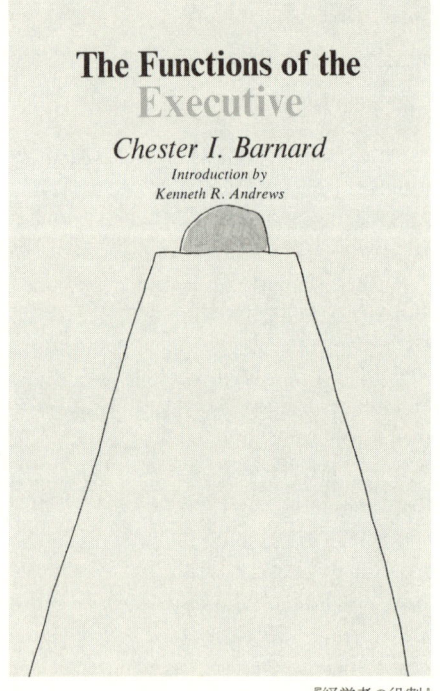

『経営者の役割』

『経営者の役割』は，1938年に刊行された（写真は，刊行30年を機に出版された記念版）。著者のバーナードは，組織の存在意義を示すために，その本質を理論的な体系のもとに明らかにしようとした。今尚，最も影響力の強い経営学の古典の1つである。

1 統合的統一体としての組織

● フォレット

建設的対立

企業の出現以来,おもに規模の拡大とそれに伴う複雑さに対処するための努力を通して,個々の管理技法や人間集団に関する知見についてみれば,企業組織の理解は急速な進歩を示していたが,企業組織全体の「統合」に目を向ける人々は少なかった。その中にあって,理論的発展のごく初期に「統合」という観点から経営を考えた数少ない人物の1人がメリー・P.フォレット(Mary P. Follett, 1868-1933)である。フォレットは,「全体は部分の総計以上のものである」というゲシュタルト心理学の命題を片手に,部分を越えた「統合的統一体」(unity) としての組織を創り出すことこそ,経営の目指すべきものであるという主張を説得的に展開している (Follett [1918, 1937])。

フォレットによれば,経営者と従業員との間,あるいは幹部同士,そしてまたその他の同僚間と,企業組織には至るところに,あらゆるレベルで「対立」が存在する。そしてそれは通常,「悪」として非難され,回避されるべきものとされている。しかし,対立はつねに悪である訳ではない。動力をベルトで伝えるためにはベルトと回転軸との間に「摩擦」が必要であるように,あるいは駆動輪とレールとの間に摩擦があって初めて列車の運行が可能であるように,フォレットによれば,対立は本来,組織を動かす力である。だから,対立を悪と決めつけてはいけない。そうではなく,組織にあって対立は「正常な過程であって,社会的に価値のある相違点の表面化は,関係者すべての利益」と考えるべきである。

そのようにみたとき,そうした対立の解決には「支配」「妥協」そして「統合」という3つの方法がある。フォレットによれば,

「支配」は対立の解決法として最も単純であるが，一方的な制圧ないし抑圧を伴うために，長期的にみると成功しない。「妥協」は日常的に最も多用されている方法であり，それだけにそれなりの有効性は否定できないが，だからといって必ずしも望ましい訳ではない。なぜなら，妥協は双方が折合いをつけるためにその主張の一部，しかも重要な一部を放棄することで成立しているために，充足されない部分が双方に残ることになるからである。したがって，解決策としてはつねに「次善」でしかないというだけでなく，「火種」を後に残すかたちになるのである。

そこでフォレットは，「異なる欲求がそれぞれ充足され，どちらも何ひとつ犠牲にする必要のない」解決法として，「統合」(integration) を提案する。そしてその例示として，部屋の窓を開けたいという人と閉めたままにしておきたいという人との対立を取り上げ，「誰もいない隣の」部屋の窓を開けるという解決策に注意を促す。フォレットによれば，これは妥協ではない。なぜなら，双方の欲求は放棄されることなく，「共に」充足されているからである。この場合，締め切っておきたいという人は「密閉された部屋」を望んだのではなく，「風」が直接当たるのを避けたかったのである。開けたいという人も「特定の」部屋の窓でなければならないというのではなく，「外気」を入れるために開けようとしていたのである。

もちろん，現実はこの事例にみられるほど簡単ではないが，しかしこの単純化された例において，対立は破壊的というより，「建設的」になっている。そうなったのは逆説的ではあるが，双方が妥協しなかったからである。フォレットによれば，妥協は何も生み出さない。妥協は「すでに存在しているもの」を互いに分け合う，しかも一部不満を残したままで分け合うに過ぎない。これに対して「統合」は，隣の部屋を開けるという対策が出てきたように，互いの主張を通すために，それまでになかった「何か新しい方法を生み出

す」のである。

　言い換えると，統合は当面の対立をなくすだけでなく，対立の火種を残さない。しかもより重要なことに，「新しい可能性を生み出す」のである。フォレットによれば，組織の将来はこの統合という連続的過程の中にある。したがって，対立をはじめから悪と決めつけて回避しようとしてはいけない。回避しようとすれば，本質的な相違点はわからず，わからなければ，そこにまた新しい可能性も生まれない。大事なのは相違点を明確にし，対立の本質を明らかにすること，そうすることによって，対立を建設的なものへと絶えずつくり変えていくことである。フォレットはそのように言うのである。

状況の法則

　しかし，相違点が明確になったからといって，それだけで対立が「自然に」収束する訳ではない。ましてや統合が直ちに実現される訳ではない。なぜなら，対立が起こるのはもともと相違があるからであって，その対立は一般に相違点がはっきりとし，大きくなるにつれて激しくなるからである。もしそうであるなら，本質的な相違点を明らかにするだけでは足りない。相違点を新しい可能性へと統合していくためには，対立を単なる対立に終わらせないための「調整の仕組み」が必要になる。それではどのようにして調整するというのか。

　従来の研究者たちはこの役割をウェーバー（●第3章第1節）以来の「権限」に求めてきた。ウェーバーによれば，権限とは「他者の反対や抵抗にもかかわらず自己の意思を実現することのできる力」であって，組織にあっては，階層的に構成されている「職務上の地位」に固有のものである。したがって権限は階層を上から下へと流れ，つねに階層の「上位」にあり，調整は通常，地位にもとづいて，「指令」ないし「指示」というかたちでなされる。ウェーバーはそのように述べ，多くの研究者はそれに従ってきた。

　しかしフォレットによれば，権限はこれまで主張されてきたよう

に「職務上の地位」に固有のものではない。したがってまた，その地位に応じて，階層の上位にあるものではない。そうではなくて，それは職務それ自体，より正確に言えば，職務「状況」の中にあって，その中から生まれてくるものである。彼女の言葉を借用すれば，「生命過程のすべてが自らの生命力に従っているのと同じように，権限は統一体化の過程から現れ，過程それ自体によって発展させられる」のである。そして人々はそうした自己統一的な過程を構成しているのである。

この統一体化の過程から切り離されたとき，人々は1個の歯車となり，その過程に新しい意味を与えることができなくなる。自ら意味を与えることができないとき，人間に創造性を期待することはできない。もしそうであるとすればどうであろうか。「統合」という観点から人々が従うべきものがあるとすれば，それは地位に伴う上位者の権限ではなくて，職務状況であり，その要請である。大事なのはそうした「状況の論理」に委ねること，すなわち状況が自分たちに何を期待し，何を要求しているかを見出すことであり，それを互いのやりとりの中で確認することである。そうすることによって初めて，「支配」や「妥協」とは異なる「統合」を実現することができ，新しい可能性が開けてくる。

フォレットはそのように主張し，その主張を「状況の法則」(the law of the situation) として定式化するのである。したがってフォレットによれば，調整を状況の論理（職位上の権限ではなく）に委ねるというのは，人々からその人間性を奪い取ってしまうことではない。また，そのような意味でフォレットは状況の法則を定式化したのではない。そうではなく，フォレットは職位上の権限によって人々を「受動的な立場」に押し込める代わりに，状況という「客観的な事実」の前に人々を立たせることによって，人々に本来の能動性を与え，その人間性を回復させようとしているのである。そして

そこに,「統一体としての組織」の可能性をみているのである。

統合の原則

対立を調整し,統合を実現するのはこのようにして,職位上の「権限」ではない。支配するものがあるとすれば,それは「状況の示す論理」あるいは「事実の論理」であって,新しい可能性はその中から生まれてくる。このいわば自己調整的な過程において,上位者による指令や指示はその重要性を失う。したがって,何が適切かということは,「上から課せられる管理」によって決まるのではない。そうではなくて,それは状況の示す論理ないし事実と,その状況に存在している人々の相互作用によって決まるのである。

そのように考えたとき,フォレットにとって対立は経営者や管理者を中心にした関係においてではなく,可能な限り「当事者間の」,できるだけ直接的な話合いで解決すべきものであった。また,その場合でも,できるだけ「早い段階」で実行することが望ましい。方針なり,対策を決めた上で,互いに持ち寄るというかたちになると,一般に結着がつきにくくなるからである。たとえ結着がついたとしても,「強制」や「妥協」に終わることが多くなってしまうからである。しかし,方針をつくり上げつつある過程で,しかも初期の段階であれば,調整はつきやすいのである。

また,状況を構成している要因の相互作用によって状況自体が変化してしまうように,つくり出された新しい状況もまた,構成要因の性格を変える。したがって状況は部分の「加算的全体」ではない。そうではなく,それはゲシュタルト心理学が教えているように,部分間の互酬的な活動の中で一方において「統一体を創り上げながら,同時にまた部分を変える」という「関係的全体」であり,また,「継続的な過程」として扱わなければならないものである。そうでない限り,職位にもとづく「専断的な指令」を排除することはできないし,したがってまた,新しい可能性を生み出す統合を達成する

ことはできない。

フォレットはそのように考え，そしてその考えを具体化するものとして以下を原則として示すのである。
(1) 責任ある当事者間の直接的な接触にもとづく調整
(2) 初期段階での調整
(3) 特定の状況に存在する要因のすべてを，互酬的に関係づけるような調整
(4) 継続的な過程としての調整

2 活動と諸力の体系としての組織

●バーナード

<必要とされた理論武装>　1938年，注目すべき1冊の経営学書がアメリカで出版された。タイトルは『経営者の役割』(Barnard [1938]) で，著者はチェスター・I. バーナード (Chester I. Barnard, 1886-1961) である。バーナードは社会学者チャールズ・B. ペロー (Charles B. Perrow, 1925-) によれば，「組織論の分野は互いに異なるモデルを提示したマックス・ウェーバーとチェスター・バーナードによって支配されていると言っても過言ではなく，数の上ではバーナードの門下生が多いと言っても言い過ぎではないだろう」とされた人物である。そして『経営者の役割』は「恐らくは経営学の分野で影響力の最も大きい」著作とされたものであり，その評価は今日においてもなお変わっていない。

『経営者の役割』が出版された1930年代は，いわゆる世界恐慌が終息に向かいつつあったとはいえ，その荒波の中で生み出された社会不安がさまざまなかたちで噴出し続けた時代である。すなわち，労使間の不信は根強く，紛争は半ば常態化していた。また，急進的なイデオロギーが広まり，知識人たちはあらゆる制度に懐疑の目を

向け，批判を始めていた。中でもそうした懐疑の目と批判にまともにさらされたのが既成の企業「組織」で，企業組織は存在の「正当性」，あるいは「存在意義」さえ問題にされた。経営者はこの事態に対応せざるを得なく，そのための「理論武装」を必要としていた。

しかし，当時のアメリカには理論武装に必要な著作（組織についての）はほとんどなかった。あるのは格言的記述の寄せ集めか，テクニカルな管理に関するもので，その多くは「体系性」を欠いていた。のみならず，そのほとんどは企業組織を単純に利潤獲得の手段としてきた経営者の見方を半ば自明視しており，大恐慌を背景に高まってきた企業組織に対する懐疑や批判に耐えられるものではなかった。とくに正当性や存在意義という問題には，到底，応えられるものではなかった。

当時のアメリカを代表する企業，AT&Tの子会社，ニュージャージー・ベル電話会社の最高経営者として，バーナードが直面したのはこうした事態である。「すべての思想が今日の不安に注目しているけれども，社会的行為が主に遂行される具体的な社会過程としての公式組織に言及しているものは，事実上，まったくと言ってよい位見当たらない」という状況下で，バーナードは組織について，経営者としての経験をもとに，自ら筆を執ったのである。それが『経営者の役割』にほかならない。したがってバーナード理論において，たとえば作業効率や生産性，あるいは監督方法等，それ以前の研究で盛んに論じられた問題は，ほとんど議論の対象とはされない。同様にして，分業の体制や管理体制といった「機構」はそれ自体として，「直接的には」主題とはならないし，また，されてもいない。

組織の存在意義や正当性についての理論武装上，バーナードの関心は当然のことながら，「組織というものの本質」を明らかにすることにあり，それゆえ『ヒューマン・グループ』で著名な社会学者ジョージ・C. ホーマンズ（George C. Homans）が言及しているのと

まったく同じ意味において、「組織の機構よりも、むしろその機構をつくり出している力」にあった。バーナードはこうした関心のもとに、「個々の人間のように『生きた』社会的創造物」と彼が呼ぶ組織の本質を明らかにし、「組織として知られているものの中で専門化された職能である経営者の役割」を示そうとする。そしてそのために、組織の内部で「働いている諸力の種類と性質、そしてそれらの作用の仕方についての知識」の理論的体系化を試みたのである。それではいったいバーナードは組織をどのようなものとみたのか。

> 必要にして十分な3要素

バーナードは、組織を、人間が生物学的制約を克服するためにつくり出した協働の体系 (cooperative system) としてとらえる。人間は1人では自己の目的を達成できないとき他の人々と「協働」関係に入るが、その結果つくり出される協働体系は少なくとも1つ以上の明確な目的を達成するために、秩序立った特定の関係のもとに置かれている、物的、個人的、社会的構成要素の複合体である。組織はそうした協働体系の1つであり、バーナードの有名な定義によると、それは「2人以上の意識的に統合された活動と諸力の体系」である。

この定義において、統合されているのは個々の「人々」ではなく、「活動と諸力」である。バーナード理論において人々は組織の構成要素ではなく、厳密に言えば、組織に活動やエネルギーを提供する存在なのである。したがって組織を維持するためには単にその目的を達成するだけでなく（バーナードの「有効性」, effectiveness）、同時に人々の個人的な願望を充足すること（バーナードの「能率」, efficiency）が必要になる。なぜなら、人々からエネルギーや活動を引き出さなければならないからであり、「協働は個人的な動機を満足させるためにだけ生まれるからである」。したがって、組織は自らの提供する「誘因」(inducement) と活動として人々から引き出さ

れる「貢献」(contribution) との間のバランスを維持しなければならない。そのように考えたとき，バーナードにとって，組織を確立し，維持するためには(1)貢献意欲，(2)共通目的，そして(3)伝達はなくてはならないものであった。この3つの要素は協働体系としての組織の，いわば「礎石」であって，そのいずれを欠いても組織は成立し得ない。たとえ成立したとしても，それらの支えがなければ，崩壊する。そこでその各々についてみると，

(1) 貢献意欲

「貢献意欲」とは人々が他の機会を断念して，組織の目的を達成するために組織に参加することを意味する。これは自分の自由になる行動の一部を組織に委ねることにほかならず，人々にとっては放棄に見合う見返りなしに，それほど簡単に受け容れられるものではない。バーナードによれば，積極的に貢献するか否かは，人々がそれぞれ個人的に獲得する満足（不満）の関数である。したがって，組織の提供する「誘因」が自分の「貢献」に見合うものでないなら，人々は努力することを止めるか，組織を去る。この意味で組織は「誘因と貢献とのバランス」の上に成り立っている。

(2) 共通目的

もしそうであるとすれば，その当然の帰結として，貢献意欲は自動的に引き出されてくる訳ではない。それでは何が貢献を促すのか。バーナードによると，貢献すべきか，それとも退くべきか，それを決めているのは「共通の目的」である。人々は自分たちの満足がこの共通目的の実現から引き出されていると思うから協働という行為に加わるのであって，したがって目的が共有されることなしに，組織というものは成立しない。「意識的に調整された活動と諸力の体系」として組織を規定したとき，バーナードは共通目的に対して，このような役割を与えているのである。

(3) 伝　　達

そして最後に，伝達である。伝達は共有されている目的を実際の活動に「変換」するためのものであるがゆえに，組織の成長，とくに規模を制約する。したがって，伝達の経路はできるだけ明確でなければならないし，公式の権限にはそれに応じた伝達の経路が必要になる。また，そうした変換活動において発生するバイアスを抑制しようとすれば，伝達のラインはできるだけ短くしなければならない。経営者としての自らの経験をも踏まえて，バーナードはそのように説く。

公式組織はこのようにして貢献意欲，共通目的，そして伝達を共通の要素として成立するが，バーナードはそのようにして成立している組織に不可欠なものとして，さらに「公式組織の一部でもなく，それによって支配されることもない」，「非公式組織」をあげる。非公式組織は一定の構造のもとで，つねに意識的にものごとを押し進めようとする公式組織と違って，構造を持たず，また共通の目的を意識することなく，日常の接触から生じ，態度，慣習，そして規範等々を確立するとバーナードは言う。バーナードによれば，非公式組織は，①コミュニケーションと②凝集性を強化するだけでなく，③人々の全人格性や自尊心の感覚を維持するのである。

したがってバーナードによれば，非公式組織は古典的理論家の主張するように，組織の「攪乱要因」ではなく，それゆえ統制という観点から排除し，克服すべき対象ではない。むしろ生かすべきものである。「一方の存在なくして，他方もまた存在することができない」，あるいは「もしも一方が挫折してしまえば，他方は崩壊してしまう」と，公式組織と非公式組織との関係について言及するとき，バーナード理論において両者は同一現象の裏表をなしているのであって，バーナードはそこに非公式組織の「機能的側面」をみているのである。

権限の受容

しかし，協働活動が進むにつれて人々相互の関係も変わり，同様にして人々の動機もまた，変化する。人々はその中で現在の協働関係が果たして自分の動機を充足するに足るものかどうかを考えるであろうし，もし充足しないようであれば，協働関係から離脱する。すなわち組織を去る。そして別の協働関係に入ることによって，その動機を充足しようとする。したがって一度成立したからといって，それで協働体系が変わらないわけではなく，また体系としての組織が維持されるわけではない。

もし組織を維持しようとすれば，体系の変化に応じた目配りがつねに必要になる。管理機構がつくり出されるのはこのためである。組織はこの管理機構を通じて影響力を駆使したり，統制力を行使する。報酬や権限，そして決定への参加等々は，そのための誘因ないし手段である。中でも「権限」は協働の確保という観点から欠くことのできないものとされ，一般的に「統制」の手段として使われる。そのため権限は長い間，つねに指令を発する側，つまり，職位上の上司にあるものとされてきた。

しかし，上司がどのような指令を出そうと，それを部下が受け容れないとすればどうであろうか。そのとき指令は事実上，力を持たず，したがって上司の期待する結果は得られない。もしそうであるなら，権限は指令を出す上司の側にあるのではない。そうではなくて，指令に権威があるかどうかは，部下がその指令を受け容れるかどうかにかかっている。その意味で受け取る部下の側にあるということになる。バーナード理論の性格をよく示す，いわゆる「権限の受容説」(acceptance theory) である。

受容説によれば，権限はこのように指令を出す側にあるのではない。そうではなく，上司は部下が受け容れてくれるという期待にもとづいて決定を下し，部下に伝える。部下は上司の下す決定が，受

容可能であると期待している。上司と部下との間にそのような行動が現実に起きなければ、そこに権威があるとは言えない。受容されるとき、そしてそのときにのみ、権威が存在する。この意味において権限は初めて、影響力の形態の1つとして、「他人の行為を左右することのできる力」となるのである。

権限が指令を受け取る側の同意に依存しているとする受容説は、明らかにそれほど受け入れやすい考え方ではなかった。とくに権限とは統制のためにあり、行動を促すことのできる地位にもとづく権利であるとする伝統的な権威観からすれば、この考え方はほかならぬ協働行為を維持し、促進するものではなく、むしろその崩壊をもたらすものと映る。権限が上司にではなく部下にあるということ、それはアナーキー以外の何者でもないということになる。たしかに指令を出しても受容されるかどうかがわからないとすれば、協働は難しい事態に直面することになろう。

しかし、この問題に対して、バーナードは注意深かった。彼によると、協働の目的と明確に矛盾する指令や部下が精神的、肉体的に従い得ない指令は、通常の行為としてはあまり存在しない。指令は一般に「受容可能な条件」を備えている。さらに各人には出された指令を詮索せずに受容しうる一定の許容範囲、彼の言う「無関心圏」(indifference zone) があり、バーナードによれば、それは協働行為に入る時点で、すでに「予期されている」のである。したがって、権限が指令を受け取る側の同意に依存していることが、直ちにアナーキーを意味するわけではない。受容説の、これが大事なポイントであり、バーナードの理論と他の理論、とくに古典的な経営理論との決定的な違いの1つである。

3　心理的環境を前提にした組織

●サイモン

経営人 対 経済人

社会科学には人間について，2つの異なるモデルがある。その一方によると，人間は意思決定をするに当たって，一度目標が決まれば，合理的に計算をし，決定できるとされる。すなわち，すべての代替案をリストアップできるだけでなく，それぞれの代替案に対してその予測される結果を割り当て，首尾一貫した選好体系をもとに，その中から目標を達成するのに最適な代替案を選び出すことができるとされる。

そのような人間，すなわち「共通の技能，共通の目標と価値，共通の知識と方向性が与えられると，2人の人間は共通した行為の過程を合理的に決定できる」とされる存在，それがこのモデルの一方，「経済人」(economic man) である。経営学に限らず，古典的な経済学や統計的決定理論において，「人間」と言うとき，そのほとんどはこの意味での経済人にほかならなかった。

しかし，それがどのような決定であるにしろ，人間は意思決定行為の過程について，完全な知識を持っておらず，利用可能な代替案のすべてをリストアップできない。代替案の結果，したがって行為の結果については，それが将来に属することを考えると尚更で，代替案にはつねに予測とは異なる結果がつきまとっている。また，たとえ代替案間での比較段階に漕ぎ着けたとしても，そこに選択の基準として，一貫した選好の体系がある訳ではない。代替案の比較決定を可能にする選好体系は「決定の結果として」確定されることが多く，それ以前にはたとえあったとしても，不明瞭で，曖昧である。それが現実である。

要するに，人間は「経済人」で想定されていたような，「合理性

の世界」には生きていない。現実世界の複雑さに比べれば，情報を集め，処理する人間の能力はあまりにも乏しい。人間は何とかして目的を達成しようとし，そのために合理的であろうとするが，その能力はつねに限られている。社会科学におけるもう一方の人間，それはこのようにして「合理性において制約された」(bounded rationality) 存在である。サイモンはこのいわば「生身」に近い人間を経済人に対して「経営人」(administrative man) と名付けた。サイモン理論に限らず，経営学で今日人間というとき，それはこの「経営人」のことである。

ハーバート・A. サイモン (Herbert A. Simon, 1916-2001) によれば，こうした能力の制約から，経営人は複雑で錯綜した現実をそのままに扱うことはできないし，また，扱おうともしない。そうではなく，処理可能なものとするために，人々は現実の状況を自己の能力に合わせて「単純化」する。当の決定に直接関連するもの，重要と思われるごく少数の要因にだけ注意を向け，その他の側面を思い切って切り捨ててしまうのである。そしてこの単純化された現実に対して行動を起こすのである。この点において，「経営人」は直面している現実が単純化されていることを，はじめから認めているのである。

経営人はしたがって，経済人のように最適とされるものではなく，どうにか満足できる選択肢，これで十分といった実行案を探し出そうとする。「極大化」(optimizing) を図ろうとする経済人に対して，「満足化」(satisfying) を狙うのである。ジェームズ・G. マーチ (James G. March, 1928-) とサイモンの共著『オーガニゼーションズ』(March and Simon [1958]) における有名な表現を借りると，「干草の中から，先の一番尖った針を探し出すのではなく，縫えればよい程度の鋭さを持った針を探し出そうとするのである」。

経営人はこのように単純化された世界を扱い，満足化を基準とし

て行動する。彼らはそのためにあらゆる選択肢を調べることなく行動を起こすことができ、混乱することなく、錯綜した現実世界に対処することができるのである。あらゆることがらを吟味した上で行動しようとし、錯綜した現実をそのままに扱おうとする経済人と比べれば、その違いは大きく、その差異は言うまでもなく、モデルを構築しようとする際、決定的な意味を持つことになるのである。

意思決定の前提としての心理的環境

しかし、たとえそうした満足化によって個人行動が可能になるとしても、「組織行動」という観点から、その行動が信頼できるものであるという保証はない。なぜなら、「単一の、孤立した個人は、高度の合理性を達成することができない。明らかにしなければならない代替案の数はあまりにも多く、評価の必要な情報はきわめて広範囲に及ぶため、客観的な合理性への接近を想定することさえ難しい」からである。サイモンによれば、人間は合理的に行動しようとするけれども、「意図において合理的であるに過ぎない」。人間の能力は合理性に関して、つねに制約されているのである。

この意図において合理的であるに過ぎず、それゆえ合理的な行動をとることのきわめて難しい人間、すなわち「経営人」を前提にしたとき、サイモンにとって組織の重要な役割の1つは、「正しい意思決定のために必要な情報を提供することのできる心理的な環境」を確立して、その環境の中に人々を置くことであった。なぜなら、人々の決定は「所与の」環境、すなわち意思決定主体としての人々によって「意思決定の基礎として受け容れられている諸前提」のもとで起こるからである。その行動はそれゆえ、この「所与のもの」によって設定された範囲内においてのみ、適応的なものとなるからである。

したがってサイモンによると、人々がそれぞれに合理的な決定をし、合理的に行動することができるかどうか、それは個々人の能力

の問題ではない。問題は意思決定の前提としての心理的環境であり，大事なのは「達成すべき組織目標の観点からみて」，その環境が望ましい行動を生み出すように規定されているかということ、そしてもしそのようになっていないなら、どのように規定するかということである。この意味において、人々を変えるのではなく、その意思決定の前提を組織目標に照らして変えることである。サイモンは心理的環境としての意思決定前提の重要性をこのように主張するのである。

たしかに、それが意識されているにしろ、そうでないにせよ、意思決定がなされている限り、そこには間違いなく何らかの前提が存在する。そして決定がどのような結果となるかは、どのような意思決定の前提が与えられているかに大きく依存している。もしそれが組織目標の観点から正しく規定されているなら、人々の行動は限りなく組織目標と適合的な、したがって「組織的に」合理的な行動となるであろう。そうでなければ、人々の行動はたとえ個人の行動としては合理的ではあっても、組織からみて必ずしも合理的な行動とはならない。心理的な環境が適切であって初めて、組織の合理性は達成されるのである。

「5つの組織変数」 それでは組織はそのような心理的環境をどのようにして確保しているのか。そのメカニズムとはいったいどのようなものなのか。サイモンはこの点に関して5つの方法をあげる。

(1) 分業（の体系化）
(2) 標準的運営手続きの確立
(3) 権限体系の整備と階層組織の使用
(4) コミュニケーション経路の特定
(5) 訓練

サイモンによると、従来の理論において、「分業」は一般に効率

性の観点から仕事の専門分化として,「標準的な運営手続き」は,秩序を維持するために従うべき,行動ルールとして述べられてきた。同様にして,「権限の体系」は誰が指示し,誰が従うのかという権限の所在を,また,「階層組織」はその連鎖の体系であるとされた。「コミュニケーションの経路」は文字通り,情報の流れるチャネルを,そして仕事を教え込む,それが「訓練」の主要な課題であるとされていた。しかし,それだけではない。

そうではなくて,サイモンによるとこれらは基本的に組織目標の観点から「何に目を向けるべきか」,人々の「注意」を限定し,組織的にみて合理的な行動を確実に実行するための仕組みである。実際,仕事が組織目標の観点から分割され,果たすべき「課業」として割り当てられているなら,人々の注意は基本的には特定された課業に,したがってその課業に要求されているものに向けられる。また,標準的運営手続きは文字通り運営の仕方を規定することによって,人々の考慮すべき内容を手続きとして限定する。そして体系化されている権限と階層組織,あるいは限定されたコミュニケーションの経路は,そのようにして組織目標の観点から限定された決定を確実に伝え,訓練はさらに組織の意思を直接的にメンバーに注入する機会となる。

そのように考えたとき,サイモンにとって,これらは社会学者ペローが指摘しているように,単に「官僚制的組織の付属物」ではなかった。とくに単なる「調整」のための手段ではない。このすべてはサイモン理論において,組織が合理的な行動に必要な意思決定前提としての心理的環境を確保するための,重要な「組織上の変数」であって,人々の目標と組織目標はこうした変数によって初めて適合し,人々の行動は組織目標に照らして合理的なものとなる。サイモンによると,組織はその結果として目標を達成しているのである。

このようにして,人々の行動は組織が規定する心理的環境の中で

初めて合理性を獲得する。したがって、組織の行動が合理的であるからといって、そのことが直ちに人々が「個々人として」合理的な人間であるとか、あるいは以前に比べて優れた人間になるということではない。サイモン理論において、「組織上の変数」によって確保されるのはあくまでも「組織の」合理性であって、「個々人の」合理性ではない。組織が合理的になることはあっても、個人が合理的になることはないのである。サイモンにとって、人々は、組織が目標を達成するための「手段ないし道具」なのである。ペローによると、そこに組織を通して合理性を達成しようとする人間を仮定し、個人目標と組織目標の一致の中に、「協働体系」としての組織をみているバーナードとの根本的な違いがある。

4 連合体としての組織

●サイアート=マーチ

現実からの乖離　　フォレット、バーナード、そしてサイモンを経て展開されてきた近代経営の理論には、それまでの理論にはみられない特徴がいくつか存在する。その1つは「システム論的」組織観である。この組織観が明確に示されたのは、いわゆる「バーナード革命」と呼ばれるバーナード理論においてである。それはサイモン、マーチ=サイモンによってさらに「意思決定の」システム論として、洗練された理論を生み出すことになったが、その一方で組織としての統一性が強調され過ぎ、人々の複合的な集合体として成立し、機能している組織の実態と次第に乖離する原因ともなった。その乖離を埋めているのが、リチャード・M. サイアート（Richard M. Cyert, 1921-98）とジェームズ・G. マーチの行動理論（Cyert and March [1963]）である。

サイアート=マーチによると、企業組織はそれまでの意思決定論

で強調されてきたような,「価値を共有している」人々の統一的な集合体ではないし,また,現実にはそのように作動してもいない。組織はむしろ,それぞれに自己の利益を追求している,経営者をはじめとした,従業員,供給業者,顧客からなる1つの「連合体」(coalition) といったほうが現実的で,それゆえその目標もメンバーの利害構成に応じて複数存在する。したがって,たとえ決定がなされたり,問題が解決されているとしても,それは意思決定理論の想定とは異なるやり方で決まったり,解決されている。

それでは企業はどのようにして意思決定をし,問題をいかにして解決しているのか。サイアート＝マーチは,価値や目標を共有している「統一的な組織体」としてではなく,それぞれに自己の利益を追求しようとするメンバーからなる1つの「連合体」としての企業行動の現実を,それまでとはまったく異なる以下の概念を使って体系化してみせている。

(1) コンフリクトの疑似的な解決 (quasi resolution of conflict)
(2) 不確実性の回避 (uncertainty avoidance)
(3) 問題志向の探索 (problemistic search)
(4) 組織学習 (organizational learning)

コンフリクトの疑似的な解決

組織がそれぞれに自己の目標を持つ構成員の「連合体」であるとすれば,そこに意見の完全な一致を期待することは現実的ではない。事実,きわめて抽象的な場合を除き,目標は実際に追求すべきものとして具体的になればなるほど,構成員の要求を色濃く反映するようになる。それと共に,組織目標は体系としての一貫性を失っていく。それに応じて目標は構成員によって組織に課される,一定の要求水準,ないしは欲求水準を持つ,そしてしばしば矛盾し,対立する,独立した「制約条件」となり,その制約条件をどのようにして充足するかが,組織にとって重要となる。

サイアート = マーチによると、企業組織は構成員のこうした要求を反映するがゆえに、互いに矛盾、対立する目標をそのまま扱うことができない。そこで組織は多数の簡単な問題に分解し、解決可能な問題とすることで対処しようとする。そしてより重要なことに、特定の一時点において、一度にその解決を図るのではなく、まず1つの問題（分解された）を片づけてから次の問題にとりかかる。異なる時点では異なる目標に注意を向ける。要するに、時間的なずれ（time buffer）を利用し、「逐次的に」注意を向けることで、両立しがたい目的を完全にではなく、深刻な対立を引き起こさない程度に解決するのである。サイアート = マーチの言う、「コンフリクトの疑似的な解決」である。

　その際、「組織スラック」、すなわち「連合体にとって利用可能な資源と連合体を維持するために必要な資源との差」が、一種のクッションの役割を果たすことになる。すなわち経営が思わしくなくなったときに、余裕資源を使ってその場を切り抜けるように、組織はスラックによってコンフリクトを抑え、互いに矛盾し、対立する目標を追求している。伝統的理論の想定とは違い、サイアート = マーチによれば、連合体がゼロ（均衡状態）になっていないからである。

不確実性の回避

　組織が意思決定をする上で、どうしても避けることのできないのが「不確実性」である。市場の変化、原材料の供給者の行動、さらには競争者の行動等々、ありとあらゆることが企業に不確実性をもたらす。存続しようとする限り、企業はこの不確実性に対応せざるを得ず、その対応いかんによって勝者ともなれば、また、敗者ともなる。そのため多くの経営理論が不確実性（とリスク）下における意思決定の問題を取り扱っている。そしてその解決策を「期待値」の発見や、あるいは「不確実性と共に生存するためのルールの発見」（たとえばゲームの理論）に求めてきた。

しかし,現実の企業はそのような戦略をとらない。サイアート＝マーチによれば,組織は差し迫った問題にその都度対応し,「それから次の問題へと」移る。すなわち組織は,予測に依存するよりも,①たとえば在庫量の変動や売上高の動向を睨んで,問題をできるだけ「短期化」することによって対処可能なものとし,予測の必要性をできるだけ避けようとする。さらにそのような対応で不十分であるなら,そして必要とあらば,組織は②不確実性を生み出している,たとえば取引先や場合によっては顧客そのものにさえ働きかける。そうすることによって,組織は複雑性を縮減し,できる限り,自己の計画を維持し,実現しようとする。

　要するに,組織は意思決定理論が伝統的に想定しているように,将来の不確実なできごとを予測し,対処しようとはしない。不確実性に真正面から立ち向かうというよりも,むしろ「回避」しようとするのである。このような行動は,まさに「消防署」的であり,「場当たり的」であるようにみえるかもしれないが,サイアート＝マーチによれば,必ずしもそうではない。それは,ときに矛盾し,互いに対立する目標を制約条件として充足せざるを得ない連合体としての組織が,それぞれの利害を追求している構成メンバーの要求を充足するために「学習」した行動であって,それなりの合理性を持っているのである。

問題志向の探索

　問題が先に触れた意味で対症療法的に解決されると仮定されるなら,組織の探索活動は「問題志向的」にならざるを得ない。ここで問題志向の探索とは,特定の問題によって誘発されるとともに,誘発した当の問題の解をみつけ出そうとする探索活動のことであって,たとえば販売目標を達成できなかったり,あるいは実際に失敗の可能性が見込まれるときのように,問題の認知によって,始動する。そして満足のいく解を発見するか,もしくは目標(水準)を修正し,修正された問題に

ついて発見した解を採用することで終わる。

その活動は、「予測される」問題ではなく、実際に「発生した」問題の解決を志向するという意味で、問題によって動機づけられている。したがって、意思決定理論で想定されている複雑な手続きや探索ルールが使用されることは、ほとんどない。サイアート＝マーチによると、探索活動を支配しているルールがあるとすれば、それは①原因は結果と「隣合わせに」、そして②新しい解は古い解と「隣合わせに」存在するという、２つの単純な因果関係のルールである。

そこで、たとえば問題が販売目標を達成できないということであるなら、探索はこの単純なルールにもとづいて、販売計画上の問題として、販売部門において始まり、販売部門を中心に進められる。もし失敗すれば、そうした活動において解として提示されているものの周辺、たとえば販売価格やサービスあるいは品質、さらには生産コスト等々が、同様のルールのもとで探索される。

組織学習　探索がこのようにして問題志向的であるとき、その過程は当然のことながら、どのような問題が出てくるかによって大きく左右される。そして、その問題に対してどのような解決策が提示されるのか、そのいかんによって、探索は収束することもあれば、さらに続くことにもなる。特定の問題によって刺激され、刺激された当の問題の解決策を見出そうとする問題志向的な探索、それはいったいどのようにして終息するのか。そこにはどのような行動がみられるのか。

しばしば観察されるのは、探索過程において発見された解を当初の目標水準に合わせるのではなく、発見された解に合わせて目標水準自体を変更するという行動である。サイアート＝マーチによれば、目標水準は当該組織の経験、あるいは競合他社や類似組織の経験によって、時間の経過と共に変化する。したがって、特定期間におけ

る目標水準は以下の簡単な一次関数にみられるように，前期間における①当該組織の目標水準と，②当該組織の経験，そして③競合他社や類似組織の経験の関数である。

$$G_t = \alpha_1 G_{t-1} + \alpha_2 E_{t-1} + \alpha_3 C_{t-1}$$

> * ここで G は組織目標，E は前期間における当該組織の経験であり，C は同じ期間での競合他社や類似組織の経験である。また，$\alpha_1 + \alpha_2 + \alpha_3 = 1$ である。目標関数のパラメータは，当該組織の重要な属性であり，α_3 は競合他社や類似組織の業績に対する「感受性」，そして α_1 と α_2 は目標修正の早さである。

このように組織は目標を探索過程において発見した解に合わせ，「経験の関数として」，試行錯誤的に修正していく。もしそうした行動を「組織学習」と呼ぶことができるとすれば，組織はその業績を測定するに当たってもまた，どのような基準が適切なのか，試行錯誤的に学習する。同様にして，「競合」しているのはどの企業であって，「類似」しているのはどのような組織なのか。あるいはどのような属性が重要なのか。組織は比較を通して学習する。そして，その過程において，ほかならぬ「探索のためのルール」をも修正する。

要するに，組織は経験の関数として，目標（水準）を変更する。どの基準を用い，どの基準を放棄するのか。どの組織のどのような属性と比較するのか，「注意」を転換し，そしてまた，探索のルールないし手続きを修正する。組織はそうした試行錯誤的な行動を通して存続しているのである。**図 5-1** は，こうした「学習」を含め，連合体としての組織による，「コンフリクトの疑似的な解決」「不確実性の回避」そして「問題志向の探索」にもとづいた問題の解決プロセスを示したものである。

図5-1　意思決定プロセス（連合体としての組織における）の抽象的型態

コンフリクトの疑似的な解決	不確実性の回避	問題志向の探索	組織学習
独立制約条件としての目標	フィードバック反応決定手続き	動機づけられた探索	目標の適応化
局部的合理性	協定された環境	単純思考の探索	注意ルールにおける適応化
許容水準決定ルール		探索におけるバイアス	探索ルールにおける適応化
目標に対する逐次的注意			

```
                    ┌─────────────┐
                    │環境からのフィ│
                    │ードバックを │
                    │観察する     │
                    └──────┬──────┘
                           ↓
            no      ┌─────────────┐
         ┌──────────│不確実性があ │←─┐
         │          │るか？       │  │
         │          └──────┬──────┘  │
         ↓                 │yes      │
   ┌──────────┐     ┌─────────────┐  │
   │目標1は達成│     │環境について │──┘
   │されつつあ│     │協定する     │
   │るか？    │     └─────────────┘
   └──────────┘            
                    ┌─────────────┐   yes
                    │局部的に探索 │─────────┐
                    │するそれは成 │         │
                    │功したか？   │         ↓
                    └──────┬──────┘   ┌─────────┐
                           │no        │探索ルール│
                    ┌─────────────┐   │を評価する│
    yes             │探索を拡大す │   └────┬────┘
         ┌──────────│る           │        │
         ↓          └─────────────┘        ↓
   ┌──────────┐                      ┌─────────┐
   │標準意思決定│←─────────────────── │決定ルール│
   │ルールを用い│                    │を評価する│
   │てフィードバ│                    └────┬────┘
   │ックに適応さ│                         │
   │せる        │                         ↓
   └──────────┘                    ┌─────────┐
   ┌──────────┐                    │目標および│
   │目標2および│←─────────────────── │注意ルール│
   │決定2も同様│                    │を評価する│
   │に考察する │                    └─────────┘
   └─────┬────┘
         ↓
        etc.
```

（出所）　Cyert and March［1963］（サイアート＝マーチ［1967］）。

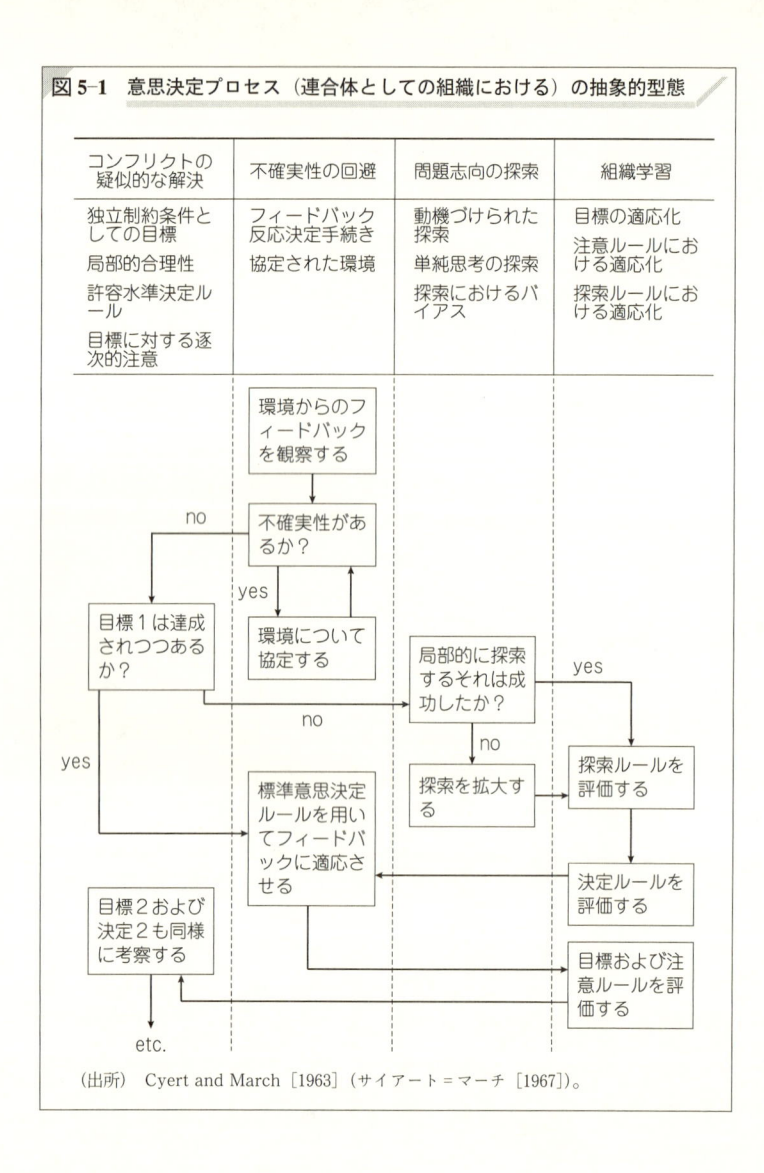

参考文献

Barnard, C. I. [1938] *The Functions of the Executive*, Cambridge, Mass: Harvard University Press. (バーナード, C. I.〔山本安次郎・田杉競・飯野春樹訳〕[1968]『経営者の役割 新訳版』ダイヤモンド社)

Barnard, C. I. [1948] *Organization and Management: Selected Papers*, Cambridge, Mass: Harvard University Press. (バーナード, C. I.〔関口操監修, 遠藤蔦美・関口和雄訳〕[1972]『組織と管理』慶應通信)

Cyert, R. M. and J. G. March (with contributions by G. P. E. Clarkson et al.) [1963] *A Behavioral Theory of the Firm*, Englewood Cliffs: Prentice-Hall. (サイアート, R. M. = J. G. マーチ〔松田武彦監訳〕[1967]『企業の行動理論』ダイヤモンド社)

Follett, M. P. [1918] *The New State: Group Organization the Solution of Popular Government*, New York; London: Longmans, Green. (フォレット, M. P.〔三戸公監訳, 榎本世彦・高澤十四久・上田鷲訳〕[1993]『新しい国家——民主的政治の解決としての集団組織論』文眞堂)

Follett, M. P. [1937] "The Process of Control," in L. Gulick and L. Urwick eds., *Papers on the Science of Administration*, New York: Institute of Public Administration, Columbia University.

Fox, E. M. [1968] "Mary Parker Follett: The Enduring Contribution," *Public Administration Review*, vol. 28, no. 6, pp. 520-529.

March, J. G. and J. P. Olsen [1976] "Organizational Learning and the Ambiguity of the Past," in J. G. March and J. P. Olsen, *Ambiguity and Choice in Organizations*, Bergen: Universitetsforlaget. (マーチ, J. G. = J. P. オルセン [1986]「組織の学習と過去のあいまいさ」J. G. マーチ = J. P. オルセン〔遠田雄志 = アリソン・ユング訳〕『組織におけるあいまいさと決定』有斐閣, 所収)

March, J. G. and H. A. Simon (with the collaboration of H. Guetzkow) [1958] *Organizations*, New York: Wiley. (マーチ, J. G. = H. A. サイモン〔土屋守章訳〕[1977]『オーガニゼーションズ』ダイヤモンド社)

Metcalf, H. C. and L. Urwick eds. [1940] *Dynamic Administration: The Collected Papers of Mary Parker Follett*, New York; London: Harper & Brothers Publishers. (フォレット, M. P.〔米田清貴・三戸公訳〕[1972]『組織行動の原理——動態的管理』未来社)

Perrow, C. [1972] *Complex Organizations: A Critical Essay*, Glenview: Scott, Foresman. (ペロー, C.〔佐藤慶幸監訳〕[1978]『現代組織論批判』早稲田大学出版部)

Rosenfeld, J. M. and M. J. Smith [1966] "Mary Parker Follett: The Transition to Modern Management Thought," *Advanced Management Journal*, vol. 31, no. 4, pp. 33-37.

Simon, H. A. [1960] *The New Science of Management Decision*, New York: Harper.（サイモン，H. A.〔稲葉元吉・倉井武夫訳〕[1979]『意思決定の科学』産業能率大学出版部，原著第3版〔1977年刊〕の訳）

Simon, H. A. [1961] *Administrative Behavior: A Study of Decision-making Processes in Administrative Organization, 2nd ed.*, New York: Macmillan.（サイモン，H. A.〔松田武彦・高柳暁・二村敏子訳〕[1965]『経営行動』ダイヤモンド社）

Wolf, W. B. [1974] *The Basic Barnard: An Introduction to Chester I. Barnard and His Theories of Organization and Management*, Ithaca: New York State School of Industrial and Labor Relations, Cornell University.（ウォルフ，W. B.〔日本バーナード協会訳〕[1975]『バーナード経営学入門──その人と学説』ダイヤモンド社）

Column ③ 市場 対 組織──コースとウィリアムソン

1. 市場という大海の中の権限の島々

今日，仕事をしている人は少なくとも1日の3分の1の時間をたとえば「会社」という，あるいは「役所」という名の組織の中で過ごしている。同様にして，子供たちの生活は「学校」という組織と切り離すことはできず，「病院」という組織は人々の生活にとって欠くことができない，等々。その名称や形態，あるいは設立目的の違いこそあれ，組織は人々の生活と密接に結びついており，その重要性は疑う余地がない。とくに経済活動についてみれば，組織の重要性は圧倒的であって，組織の存在を抜きにその活動を考えることなどできないほどである。

しかし，経済活動における組織の重要性とは裏腹に，なぜ組織というものが存在するのかということについては，つい最近まで，問われることはほとんどなかった。いったい何が組織の成功と失敗とを左右しているのか。その成否はどのような要因に依存しており，いかなる条件が揃えば，組織は目的を実現できるのか。経営学の関心はもっぱら，組織の成否，ないし存続であって，経済活動になぜ組織が必要になるのかということそれ自体が問題にされることはなかった。およそ経営学において，組織の存在は「自明」なものとされていたのである。意外にもこの問題が表面化したのは経営学ではなく，経済学においてであった。

完全競争を前提にした経済理論（新古典派）によれば，経済活動に必要な種々の生産要素は，それぞれの市場のその時々の価格で調達できる。同様にしてその生産物も市場で販売でき，また，投入と産出の関係は「生産関数」として技術的に決まる。それゆえ経済理論では少なくとも分析概念としての組織は必要とされない。経済理論において組織は，経営学の理論においてとは違い，空間的な広がりを持たない，いわば「質量」だけの，市場条件と技術条件によって規定される投入と産出の単なる変換器に過ぎないのである。そこに，内部関係に関する議論は必要ない。組織は生産関数や費用関数に還元されてしまい，経済理論としては組織を「質点」として扱えばよいのである。

しかし，たとえばアルフレッド・マーシャル（Alfred Marshall, 1842-1924）が組織を第4の生産要素とし，フランク・H. ナイト（Frank H. Knight, 1885-1972）が経営者の役割に言及するとき，経済学は「価格メカニズムを調整の手段としながらも，その一方において

『企業家』の調整機能」を，したがって組織というものの存在を，すでに認めている。それでは経済活動が想定しているように，もし市場メカニズムがすべての経済活動を調整し，方向づけるとすれば，なぜそのような組織や機能が必要になるのか。市場という「凝固しつつあるバターの固まりにも似た協働作業という無意識の大海の中に」，いったいなぜ組織という「意識的な権限の島々」が存在することになるのか。その経済的な役割とは何なのか。どのような取引が市場メカニズムによって遂行され，組織に持ち込まれるのはどのような取引なのか。それを分けているのはいったい何なのか。このように問い，「取引費用」(transaction cost) をキー・コンセプトにその解答を提示したのが，寡作なノーベル賞学者，ロナルド・H. コース（Ronald H. Coase, 1910- ）である。

2. 市場を利用するための費用

コースによると，価格メカニズムを通じて経済活動を「組織する」には費用がかかる。その1つは「関係のある価格を見つけ出すための費用である」。この費用は情報を扱う専門家が出てくれば減少するであろうが，だからといって，完全になくなってしまう訳ではない。2つ目は市場で生ずる交換取引において，それぞれの取引について「交渉」をし，「契約」を結ぶための費用である。この場合にも費用を最小にするための方策が考えられるであろうが，しかし，その費用が完全になくなる訳ではない。

これに対して企業組織が存在する場合，契約がなくなってしまう訳ではないが，その費用は大幅に減少する。なぜなら，同じ組織の中で協働する場合には，同一組織内の他の生産要素との間に，市場での価格メカニズムを利用するときに必要となる一連の契約を結ぶ必要がないからである。必要があるとすれば，それは生産要素（人々）が一定の範囲内で企業家の指示に従うという，「協働にかかわる契約」である。取引に伴う一連の契約は協働という1つの契約に置き換えられることになり，力点は本質的に権限の範囲を明確にするという側面に移る。

さらに価格メカニズムを利用するための費用は，「将来を予測することが困難である」という理由でも生じる。契約を結ぶごとに発生する費用が短期の契約を何度も結ぶ代わりに，契約を長期にすることによってある程度抑制することができることは事実である。しかし一般に契約の期間が長くなるにつれて，それが約束通りに実行されるかどうかについ

て，不確実性が増大する。とくに労働（サービス）の場合がそうである。

　労働の場合，契約といっても，それは一定の範囲内での提供者に対する買い手側の「期待」に過ぎない。しかもその細目は契約時点において契約に記述されていないし，また，記述することもできない。どのようなサービスがどのように用いられることになるか，正確な詳細は「買い手によって後日，決定される」からである。そして「資源配分の方向がこのように買い手に依存するようになるとき（契約の範囲内で）」，そこに「企業と呼ぶ関係が成立する」。したがってコースによると，企業組織は「短期の契約が不十分であるとき」（たとえば不確実性の増大によって）出現する傾向がある。

　要するにコースによると，市場が機能するための費用は伝統的経済理論が仮定してきたように「ゼロ」ではない。情報の提供，交渉，契約の実施，そしてさらには監視等々，市場を利用するためには費用が発生する。この費用は資源の配分に関する一定の権限を特定の人（企業家）に与えることによって節約できる。そこに企業組織が生まれる。したがって存続しようとすれば，組織はつねに市場取引におけるよりも低い費用で，その機能を果たさねばならない。言うまでもなく，企業家がこれに失敗するときにはいつでも，価格メカニズムが組織に取って代わることになるからである。コースはそのように主張するのである。

3. 取引費用アプローチの戦略

　こうしたコースの理論は今日から振り返ってみるときわめて画期的なものであるが，それでは発表当時からそのような評価を受けたかと言えば，必ずしもそうではなかった。むしろコース自身が語っているように「頻繁に言及されはするが，利用されることはほとんどない」という状況にあった。その重要性を再発見し，積極的に展開したのはオリバー・E. ウィリアムソン（Oliver E. Williamson, 1932-　）である。事実，コースの理論はウィリアムソンを抜きに考えられるものではない。このことは「取引費用アプローチ」の歴史に明らかで，ウィリアムソンはコースの主張の「条件化」を図ると共に，いっそう発展させている。とくに経営学の観点から興味深いのは，彼が不確実性や外部性といった環境条件だけでなく，「人間の諸要素」との組合せによってみていることである。

　サイモンの「制約された合理性」（→第5章第3節）と「機会主義」

(opportunism, アダム・スミスの言う意味での単なる利己心の追求を超えて, 狡猾にその実現を目指す）とは, そうしたウィリアムソンの議論におけるキー・コンセプトである。ウィリアムソンによれば, 取引費用は対になっている2つの条件, すなわち①制約された合理性によって規定されている個人が不確実性（と複雑性）に直面する場合, そして②機会主義が代替的な取引相手のいない状態に結びつく場合, の関数として増大する。このような場合, 経済活動は市場から組織に移る。あるいはすでに組織に移っている場合には, 組織はさらに費用節約的な統制方法をつくり出す。可能性としてはそのいずれかになる。そして両者の比較から市場か組織かが選択されると, 主張するのである。

組織の場合, 費用は一般に規模の拡大とともに増大し, 費用節約のための統制方法もまた, それに応じて変わる。単純な階層組織（U形態と呼ばれる）から多数事業部制組織（M形態）への移行は, そうした統制方法の変更に応じた組織形態の変化にほかならない。ウィリアムソンはそのように主張し, 多様な「統治システム」（governance systems）の考察へと進む。そうすることによって, 単にコースの理論を精緻化するだけではなく, 「統治のための代替的な一般的形態——市場形態, 混合形態, 階層形態——にかかわる取引費用の節約効果の比較」に関する分析に論点を絞るのである。

このようにウィリアムソンは「制約された合理性」と「機会主義」を行動仮説として取引費用アプローチを展開する。分析戦略としてみると, それは以下の特徴を持っている。そして構造的にみると, 3層構造を示している（図 ③-1）。

(1) 分析の基本単位は取引である。
(2) 取引に相違がみられるときに決定的となる属性は（取引費用の観点から), 頻度, 不確実性, そしてとくに資源特殊性（移転可能性の尺度）である。
(3) 統治の様式（市場, 混合組織, 民間組織, 公共組織）はそれぞれ一連の属性によって定義され, それぞれの費用と能力について別々の構造的な違いを示す。
(4) 統治の様式はそれぞれ特有の契約慣行形態によって支えられている。
(5) 予測の内容は費用と能力とに, すなわち異なる統治構造（主として費用という点で）には属性の異なる取引が結びつくとする議論に

図③-1　取引費用経済学の用いる3層構造

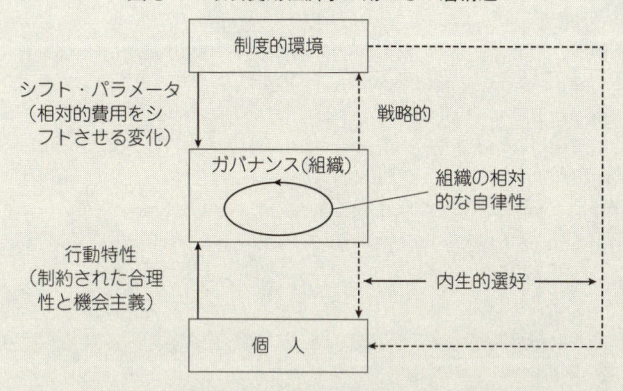

```
            制度的環境
               │
シフト・パラメータ      │
(相対的費用をシ       │ 戦略的
フトさせる変化)       │
            ガバナンス(組織)
              ( 〇 ) ← 組織の相対
                       的な自律性
行動特性           │
(制約された合理    │ ← 内生的選好 →
性と機会主義)      │
              個　人
```

＊　実線の矢印は主要な効果，点線の矢印は二次的な効果を表す。

（出所）　Williamson［1997］（ウィリアムソン［2002］）より一部加筆修正。

依存する。

(6) 予測の内容は制度的環境（政治，司法制度，法，慣習，規範）をシフト・パラメータの軌跡として，すなわち統治の費用（とくに相対費用）に変動をもたらす変化として扱うことでより実りあるものとなる。

(7) 取引費用経済学が行うのは，つねに比較制度分析である。比較として適切なのは，実現可能な選択肢間での比較である。それゆえに仮説的な理想を持ち込むのは，操作上，不適切である。そして非効率であるかそうでないかに関する検証は，矯正できるか否かの観点からなされる。

参考文献

Coase, R. H.［1937］"The Nature of the Firm," *Economica*, vol. 4, no. 16, pp. 386-405.

Coase, R. H.［1988］*The Firm, the Market, and the Law*, Chicago: University of Chicago Press.（コース，R. H.〔宮沢健一・後藤晃・藤垣芳文訳〕［1992］『企業・市場・法』東洋経済新報社）

North, D. C.［1990］*Institutions, Institutional Change and Economic Performance*, Cambridge; New York: Cambridge University Press.

(ノース, D. C.〔竹下公視訳〕[1994]『制度・制度変化・経済成果』晃洋書房)

Simon, H. A. [1951] "A Formal Theory of the Employment Relationship," *Econometrica*, vol. 19, no. 3, pp. 293-305.

Simon, H. A. [1986] "Rationality in Psychology and Economics," *The Journal of Business*, vol. 59, no. 4, part 2: The Behavioral Foundations of Economic Theory, pp. 209-224.

Williamson, O. E. [1970] *Corporate Control and Business Behavior*, Englewood Cliffs: Prentice-Hall. (ウィリアムソン, O. E.〔岡本康雄・高宮誠訳〕[1975]『現代企業の組織革新と企業行動』丸善)

Williamson, O. E. [1975] *Markets and Hierarchies, Analysis and Antitrust Implications: A Study in the Economics of Internal Organization*, New York: Free Press. (ウィリアムソン, O. E.〔浅沼萬里・岩崎晃訳〕[1980]『市場と企業組織』日本評論社)

Williamson, O. E. [1986] *Economic Organization: Firms, Markets and Policy Control*, New York; Tokyo: Harvester Wheatsheaf. (ウィリアムソン, O. E.〔井上薫・中田善啓監訳〕[1989]『エコノミック・オーガニゼーション——取引コストパラダイムの展開』晃洋書房)

Williamson, O. E. [1997] "Hierarchies, Markets and Power in the Economy: An Economic Perspective," in C. Menard ed., *Transaction Cost Economics: Recent Developments*, Cheltenham; Brookfield: Edward Elgar. (ウィリアムソン, O. E. [2002]「経済におけるヒエラルキー, 市場, および権力——ある経済学的見方」C. メナード編著〔中島正人・谷口洋志・長谷川啓之監訳〕『取引費用経済学——最新の展開』文眞堂, 所収)

第6章 認識された制度の役割

アメリカ・テネシー州にあるノリス・ダム（写真提供：PANA）

ノリス・ダムは、ルーズベルト大統領のニューディール政策の一環として、TVA（テネシー河流域開発公社）によって建設された。この開発過程で、関係者の対立がいかに調整されていったかを観察したセルズニックは、そこに社会と組織のダイナミックな関係を見出した。

1　組織から制度へ

●セルズニック

適応反応の意図せざる結果

フィリップ・セルズニック (Philip Selznick, 1919-) は，社会の中で機能している組織の実態ないしダイナミズムを明らかにする上で多大の成果をあげてきた，いわゆる「制度学派」の紛れもなく代表的研究者の1人である。そのセルズニックの主要な著作をみてすぐ目につくのは，「官僚制」や「官僚化」をはじめとして，組織についての広範な主張を展開した，師であると同時に，コロンビア学派の総帥でもあった社会学者，ロバート・K. マートン (Robert K. Merton, 1910-2003) の強い影響である（→第3章第2節）。とくに「逆機能」(disfunction)，すなわち行動の信頼性を確保するための「規則の遵守という第一義的な関心が，組織目的の達成を当初の意図に反して妨げてしまうほどに」，人々の行為を規則中心的なものへと変質させてしまう「組織内プロセス」に関する議論の影響くらい強いものはなく，それはセルズニックの学説の中をあたかも「通奏低音」のように流れている（**図 6-1**）。

しかし，組織は「社会によって」構造的に制約されており，組織は社会の要求ないし圧力に対応できて初めて存続することができる。セルズニックによれば，マートンの言う「逆機能」をもたらす組織内プロセスは，そうした要求ないし圧力に対する組織の反応に過ぎない。したがってセルズニックは，議論の対象を組織内プロセスにとどめようとはしない。そうではなく，そのようなプロセスが組織内に存在するというとき，そこにはいったい社会のどのような諸力が働いているのかを明らかにし，「合理的な行為の構造的表現」としての組織と社会との関係を明らかにしようとするのである。そう

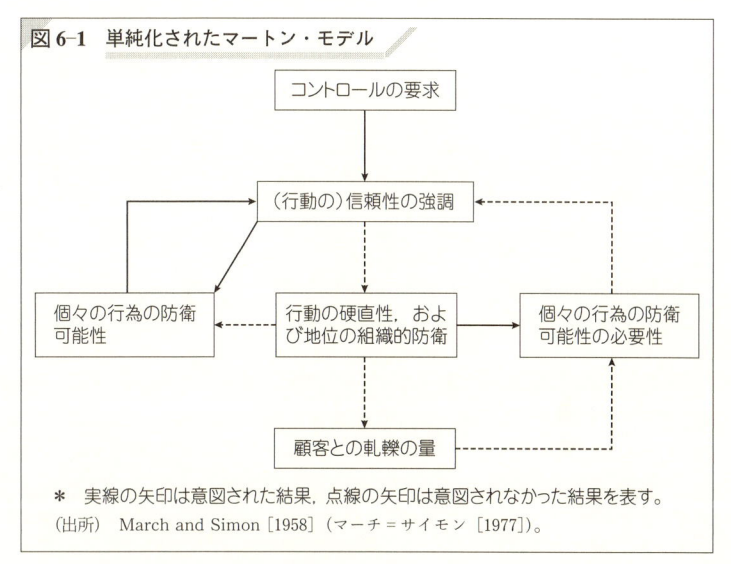

図6-1 単純化されたマートン・モデル

```
          ┌──────────────────┐
          │ コントロールの要求 │
          └────────┬─────────┘
                   ↓
        ┌─────────────────────┐
    ┌──→│ （行動の）信頼性の強調 │←┄┄┄┄┄┄┄┐
    │   └──┬──────────┬───────┘         ┊
    │      │          │                  ┊
┌───┴────┐ │ ┌────────┴─────────┐ ┌─────┴────────┐
│個々の行為│ │ │行動の硬直性，およ │ │個々の行為の防衛│
│の防衛   │←┄│び地位の組織的防衛 │→│可能性の必要性 │
│可能性   │ │ └────────┬─────────┘ └──────────────┘
└────────┘ │          │
            │  ┌───────┴────────┐
            └──│ 顧客との軋轢の量 │┄┄┄┄┄┄┄┄┄┐
               └────────────────┘
```

＊ 実線の矢印は意図された結果，点線の矢印は意図されなかった結果を表す。
(出所) March and Simon [1958] (マーチ＝サイモン [1977])。

することによって，両者の関係の中で自らの「生命」を獲得し，関係の変化の中で変容していく組織のダイナミックな姿に迫ろうとする。そうした試みの1つの結実が，「TVA」についての研究，『TVAと草の根』(Selznick [1949]) であり，また，『組織とリーダーシップ』(Selznick [1957]) である。

よく知られているように TVA (テネシー河流域開発公社) は，電力の供給だけでなく，土壌改良や洪水の制御等を目的に，フランクリン・D. ルーズベルトのもとに，アメリカの国家プロジェクトとして設立された。その活動は森林の保護や農業の支援育成をはじめ多様な分野に渡り，その中で関係者はそれぞれに自己の利害を主張した。そのため TVA にはさまざまの問題が立ちはだかることになるのであるが，TVA は「草の根」運動を展開し，また，関係する機関や団体，人々を意思決定プロセスの中に巻き込むことによってその問題を切り抜けている。いわば反対者を「取り込む」(co-opt)ことでプロジェクトの崩壊を食い止めた訳である。

しかし,そうした「取り込むという方策」(co-optation) の成功は,TVA に大きな影響を与えることになる。とくに,「制約するような圧力に束縛されず,農業計画を自由に達成しようとする」TVA の能力は重大な影響を受け,その結果,当初の目標は大きく修正された。その典型が,ダム周辺の土地を一般市民に開放し,レクリエーションや自然保護のために確保するという目標であり,この目標は対立の調整過程において大幅な修正を余儀なくされている。またこの点に関連した目標について言えば,貧農を救うという当初の目的に反して,貧農は保護されず,富農が利益を手にした。さらに,自然は保護されるというより,企業によって,むしろ破壊的な開発が進められた。

　こうした修正や変化は明らかに,TVA が意図していたものではない。TVA にとってみれば,それは「目的を有する社会的行為の予測しなかった結果」であって,外部圧力に対する適応反応の組織内プロセスとして生じている。とくに錯綜して生じてくる多様な利害関係の中で,当初目標の阻害要因を排除する手段としての「取り込むという方策」の採用,そしてその成功の結果として変化している。そのようにみたとき,セルズニックにとって,組織の活動は根本的に社会的文脈の中に組み込まれているのであって,その文脈から切り離すことはできない。切り離すことは組織を真空状態においてとらえるに等しく,組織の真のダイナミズムをとらえるにはどうしても社会との関係の中でみなければならない。そこにこそ「制度分析」の意味が存在するのである。

制度化

　組織は人々のエネルギーを動員し,一定の目的を実現するための手段として,できるだけ効率的であるように,「能率の論理」にもとづいて設計されている。目的を達成するための「合理的行為の構造的表現」と呼ばれるように,組織におけるそれぞれの活動は全体として,「技術工学

的な」観点から判断され，調整される。したがって，もし今以上に優れたものがあれば，それはより優れたものに取って替えられることになるという意味で，つねに他と取替え可能な存在である。セルズニックの表現によると，「使い捨ての可能な道具」(expendable tool) に過ぎない。

しかし，組織は社会から遮断されてはおらず，むしろつねに社会の要求にさらされている。そうである限り，組織はその要求に対応せざるを得ず，人々はその要求を組織活動に反映させるために，要求に具体化されている社会的価値を組織に持ち込む。そしてそうした社会の価値を中心として，そこに独自の価値，ないし組織の「性格」をつくり出す。その結果，設立当初において組織が持っていた「純粋に技術的な意味合いは弱まる」。

セルズニックによると，「道具として出発した組織は，付加的な意味をそれが果たす心理的・社会的機能から引き出す。そうする中に，それ自体が価値を持つようになる」のである。組織は「自己保存」への関心を急速に発展させ，自己の価値ないし性格を維持するために，いわば「自己回転」を始める。本来，手段，あるいは道具に過ぎなかったはずの組織が，それ自体の「生命」を持ち始めたのである。そのとき組織は，「能率の論理からの」，単純な使い捨てを許さない。

それどころか，自己の存在を主張して，修正や変更にさえ，激しく抵抗するようになる。なぜなら，組織の「独自性」が侵されたように感じられるからである。たとえ経済的，あるいは技術的な理由の前に屈伏することがあるとしても，そこにはつねに遺憾の念がつきまとう。とくに組織がシンボライズされている場合，独自性に抵触するような施策は，つねに抵抗を受ける。「海兵隊」を海軍の警察部隊に過ぎないと書簡の中で罵り，「世間」の猛烈な抗議によって陳謝せざるを得なかった，トルーマン・アメリカ大統領の海兵隊

の位置づけをめぐる抗争がその好例である。

　独自性を持ち，象徴的意味を帯びるようになった組織は，セルズニックによると，「純粋に技術的，あるいは経済的な根拠にもとづく解体や改造の回避を，社会に求めるようになる」。自らの存在意義をその「社会性」に求め，その危機を乗り越えようとする。したがって，社会に対して訴えるものが多くなればなるほど，その組織は技術的，あるいは経済的理由からの解体や改造の主張から，自己を守ることができる。この意味で，海兵隊は他の軍隊組織よりもはるかにこの種の輝かしい「栄光」に包まれていた訳である。

　セルズニックによれば，こうした制度化は，以下の段階を経る。
(1)　技術的・合理的・非人格的・課業志向的フォーマルな体系（いわゆる組織）は，個々人や集団間で起こる反応的相互作用によって条件づけられている。
(2)　時間が経つにつれて，この反応的相互作用が型にはまってくる。この型は当該組織の特殊な経験を反映している。またそれは新しい活動勢力，ことに特定の職務，あるいは政策と関係している人々からなる利害集団を組織に生み出す。
(3)　価値が注入されると，組織は単なる手段としてだけでなく，人々の要求を充足するための源泉として，また，集団の一貫性を象徴する媒体として重要視される制度となる。この注入によって組織の独自性が明確になり，組織はフォーマルな調整や指令だけでは不可能な行動の統合を社会的に達成する。

> ステーツマンへ

　こうした制度化が進展する度合は，言うまでもなく，個人的，あるいは集団的な相互作用の結果を受け容れる余地が組織にどれだけあるかに大きく依存している。そして一般的に言えば，その余地は目標が明確になるほど，相対的に少なくなる。なぜなら，目的合理的な存在である限り，組織の活動はすべて，技術工学的基準にもとづいて，客観的になさ

れるからである。そのような場合，組織の設計と維持は，しばしば純然たる「工学的命題」となる。

したがって，セルズニックによると，もし組織が目的達成の手段として目的合理的な存在であるとしたなら，いわゆる「リーダーシップ」というものは必要ない。そこにリーダーシップの入り込む余地はほとんどない。あったとしても，それは補完的なものでしかない。厳密に企画された青写真に従ってブロックを組み立てるように，人々に対して一定の，明確に定められた役割をあてがい，それを規則に従って忠実に実行させることで済む。また，人々の間の，いわゆる「人間関係」をスムーズにし，士気を高めればよい。「準備されている手段を既知の技法で，既知の目的と結合させること」，それが課題である。そこでもしそのような任務を果たすに当たって適切な人を問うとすれば，必要なのは指導者ではない。組織の目標がはっきりしており，大部分の選択が既知の技術工学的基準にもとづいて行われるとき，必要になるのは指導者よりも，むしろ「組織技師」である。

たしかに達成すべき目標を明確に定義することができるなら，組織を目的合理的に設計することができるであろう。したがって，そのリーダーとしてふさわしいとすれば，それは「与えられた」目標をできるだけ効率的に実現すべく，資源を動員し，また，人々の意欲を引き出すことのできる人であろう。しかし，すでに触れたように，組織には多様な利害の錯綜する制度化の過程において，それぞれの要求の背後に存在する社会の価値が入り込む。当初の目標はその中で変質してしまい，目的合理性が貫徹しなくなってしまう。

もしそうであるとすれば，制度化の過程を誘導し，組織に組み込まれた価値に一貫性を持たせることが必要になる。そうでないと，人々は安定性を失い，その行動は一貫性のない，場当たり的なものとなる。また，互いにその利害を主張する傾向が助長される。その

結果,組織体としての統一性,したがって組織としての「性格」,ないし「アイデンティティ」を維持できない。組織は自らが取り入れた多様な社会の価値に翻弄され,ついには,絶えず移り変わる社会という大海の中で漂流することになってしまう。セルズニックはそのように主張し,そうした事態に対処すべき役割をトップ・リーダーに求めるのである。

　セルズニックによると,トップ・リーダーの役割とは,「制度への移行を誘導し,その最終結果の上に,望ましい目標と基準を効果的に体現すること」にほかならない。そこでの問題は日常活動の中から制度的変化がどのようにして生まれるかをみるとともに,いかにして統一体としての日常の相互作用をかたちづくるか,組織内外の諸力に対する反応の中から具体的に何を「使命」としていくかということである。「人間的素材と技術的素材を用いて,1つの有機体をつくり出し,新しい価値を体現させること」である。

　そのような「制度づくり」に必要なのは,能率の論理からみた,単なる技術的能力ではない。組織の基本的な使命を設定し,その使命を果たそうとするとき,あるいは価値を体現した社会的な有機体をつくり上げようとするとき,リーダーの役割は能率を超えた新しい領域に入る。そのとき,すなわち目的合理的な「管理を扱う経営から制度へ移行するとき」,トップ・リーダーはリーダーシップ論にいうリーダーではなく,「ステーツマン」になる。セルズニックはそのように主張し,トップ・リーダーの役割として,「ステーツマンシップ」を求めるのである。

2 正当性という制度の要求

●マイヤー゠ローワン

> 管理の実態

およそ組織というものが固有の研究対象となって以来,「官僚制的」組織ほど,議論の俎上にのぼったものはあるまいと思われる。そして多くの場合,官僚制的組織はダーティ・ワードであって,その特徴である規則と階層はつねにスケープゴートにされてきた。にもかかわらず,官僚制的組織は存続している。それどころか,ますます増殖を続けており,近い将来においても,それが消滅する可能性はきわめて少ない。いったいなぜなのか。組織というもの,とくにその「長期的な存続」ということを考えるとき,ほとんど必然的とでも言える問題である。この問題に真正面から取り組み,「組織と制度との関係」という観点から,新しい展望を切り開いたのがジョン・W. マイヤー (John W. Meyer) とブライアン・ローワン (Brian Rowan) である (Meyer and Rowan [1977])。

官僚制的組織の「公式構造」は,部門や職位,あるいはプログラム等々を含む諸活動の青写真である。そして部門や職位をはじめとしたこれらの要素は,通常,目標や政策によって相互に結びつけられている。マイヤー゠ローワンによれば,近代的な官僚制的組織の本質は,こうした構造要素とそれらを結びつける目標や政策の,「合理化された,そして非人格的な性格」の中に存在する。したがって組織理論の中心的な問題の1つは,合理化された公式構造の原因となる条件を特定することである。

組織理論では伝統的に,合理化された公式構造が,近代的な技術活動,あるいは作業活動に伴う複雑な「関係のネットワーク」を調整し,統制するための最も有効な方法であると仮定している。この

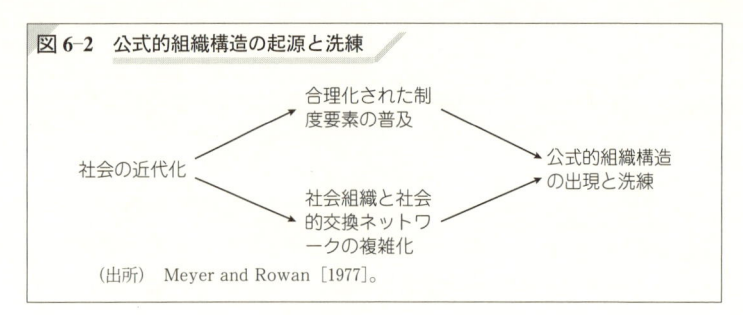

図 6-2 公式的組織構造の起源と洗練

```
                    合理化された制
                  ↗ 度要素の普及     ↘
社会の近代化                           公式的組織構造
                  ↘ 社会組織と社会   ↗ の出現と洗練
                    的交換ネットワ
                    ークの複雑化
```

(出所) Meyer and Rowan [1977]。

仮定はマイヤー＝ローワンによると，経済市場の発達と集権国家の成立の結果としての「官僚制」の出現に関する，ウェーバーの主張にもとづいている（→第3章第1節）。

それによると，第1に経済市場が発達するにつれて，経済活動に必要な「関係」はより「分化」し，「ネットワーク」はますます「複雑」になっていく。そしてその可能性は一般的に，組織の規模が拡大するだけでなく，技術が発達し，分業が進むにつれて増大し，それと共に対内的・対外的管理を要求するようになる。組織が合理的な公式の構造を発展させるのはこのためで，それは市場経済の発達に伴って調整や統制といった「管理」の必要性が増大するからであり，また公式的に調整された作業が競争上の優位性を持っているためである（図6-2）。マイヤー＝ローワンの言葉を借用すると，「経済市場は合理性と調整にプレミアムを与える」のである。

第2に，集権国家の形成（とそれに応じた社会の成立）もまた，合理化された公式組織の台頭と普及に寄与する。経済交換と政治的な関係のネットワークが複雑になってくると，下位単位（政府からみた）を標準化し，統制するために，官僚制的な構造が最も有効で，合理的な手段であると考えられるようになる。官僚制的な統制は，とくに政府が政治的に強調したい点を拡大するのに有用であるし，また，標準化はその中心となっている単位組織とその周辺部にある単位組織の双方からも必要とされる。国家は何とかして伝統的活動

に一致させようとしたり、反対に変えようとしている官庁機構を、社会を通じて、組織化するのである。

そこには、意図した効果が管理によって、意図した通りに実現されるという仮定がある。すなわち、ルールや手続きは遵守されるだけでなく、活動は互いに密接に調整されており、したがって組織というものが公式構造によって規定されている通りに作動しているとみなされている。しかし、調査研究の多くが示しているように、現実の構造要素は必ずしも互いに緊密に結びついてはいない。想定とは違って、「タイトに」というよりは、むしろ「ルースに」結びついている。また、ルールはしばしば破られるし、決定は時に実行されない。たとえ実行されたとしても、決定と実施結果との関係は明確であるよりも、不明瞭であることが多い。

要するに、想定されている組織と現実の組織との間には大きなギャップがあり、「管理」は必ずしも想定通りに機能してはいない。そうであるとすれば、「管理」の優位性だけで組織の成功と存続とを論じる訳にはいかない。それではその他にどのような要因が組織の成功と存続を規定しているというのか。もし管理がその主要な次元でないとすれば、いったい何にそれを求めることができるのか。マイヤー＝ローワンは、管理を強調するあまり、組織理論家たちが見落としたウェーバーのもう1つのメッセージ、すなわち合理化された公式構造の「正当性」(legitimacy) に注目する。

正当性の要求

組織理論は一般に官僚制的組織の構造化を考える上で、その根拠として合理性という規範の存在をごく自明のものと仮定してきた。すなわち、合理性は「一般的な価値」として社会や人々のパーソナリティに深く刻み込まれており、規範として合理的な組織の構造を促すと考えられてきた。この意味において、マイヤー＝ローワンによると、組織構造の「正当性」それ自体が問題とされることはほとんどなかった。しか

し，合理性は単純な一般的価値ではない。マイヤー＝ローワンによると，それは「より具体的で，強力なかたちで，ルールや理解，そして意味の中に存在し，そして社会構造と結びついている」。

近代社会において合理化された公式構造の諸要素は，広範囲に及ぶ社会的現実の理解に根づいており，また，それを反映している。近代組織にみられる職位，政策，プログラム，そして手続き等々は，世論や重要な構成員の見解によって，あるいは教育システムを通して「正当化された」知識や社会的威信によって，さらには法律や裁判所の判決によって強化される。マイヤー＝ローワンによると，そのような公式組織の要素は，「個々の組織をつなぎ合わせている，高度に合理化された『神話』としての役割を果たしている強力な制度的ルールの具体化したもの」であって，2つの重要な特性を持っている。

(1) それは一般的な社会目的を技術的な目的として特定し，その技術的な目的を合理的に追求するための適切な手段を手続きのかたちで具体化する。

(2) それは高度に制度化され，ある意味で，個々の組織メンバー，あるいは組織の裁量を超えているために，仕事の成果に及ぼす影響の評価とは関係なく，当然のごとく正当なものとされる。

組織の諸要素がこのように規定されているとき，組織は「効率性」の観点とは関係なく，外部的に正当化されている諸要素を取り込み，また，そうした要素の価値を規定するために，外部的な，あるいは儀礼的な評価基準を採用しようとする。言うまでもなく，それら諸要素は社会的に「適切で，合理的，そして必然的なものとして」正当化され，合理化されているからであって，そのような要素を積極的に取り込むことによって，組織は合理性に欠ける，あるいは正当性がないという批判を回避できるだけでなく，活動に必要な資源を獲得することが容易になるからである（**図 6-3**）。

図 6-3　組織の存続

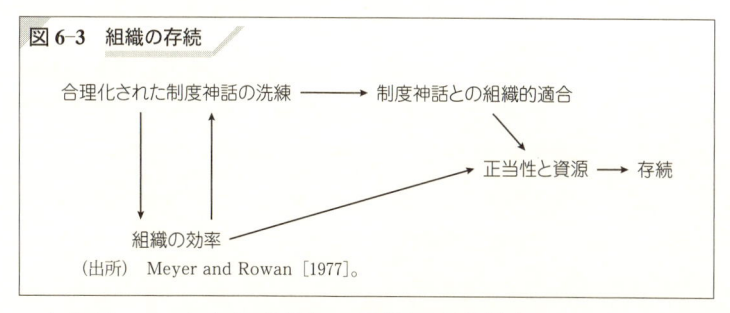

合理化された制度神話の洗練 ──→ 制度神話との組織的適合
　　　　│　　　　　　　　　　　　　　　　　　↓
　　　　↓　　　　　　　　　　　　　　　正当性と資源 ──→ 存続
　　組織の効率 ──────────────↗

（出所）　Meyer and Rowan [1977]。

したがって，たとえば病院では医師や看護師をはじめとして，制度的に認められた「資格」を持つスタッフを雇おうとするだけでなく，それが有効であるかどうかにかかわらず，社会的に正当であるとされる治療方法を提供しようとする。また大学は他と異なるというよりは，むしろすでに確立されているカリキュラムを採用するし，内実はともかくとして，「学位」を授与しようとする。正当化され，合理化された制度的諸要素に組み込まれている「神話」は，このようにして組織を合理的に組織化する必然性や機会，そして影響をつくり出す。マイヤー＝ローワンが注目しているのは，経済市場の発達と集権国家の成立に伴って生じる，関係とその関係からなるネットワークからの理由とは異なる，「神話」のこうした機能にほかならない。

組織の構造にはこうした神話の機能とそれに対する組織努力が反映されている。したがって，制度化が進み，専門的能力ないし専門家に対する信仰が強くなるにつれて，組織もまた，それに応じて専門的に構造化されやすくなる。また，そうした構造化が社会的に正当化され，合理化されている限り，同様の構造が他の組織へと拡散していく。その結果，組織は互いに異なるというよりも，現実にそうであるように，むしろ類似したものとなっていく。マイヤー＝ローワンはそのように主張するのである。

分離，信頼そして誠実

　組織の長期的な成功と存続とはこのようにして，管理の有効性，したがって効率性というよりも，むしろそれ以外の制度的要因に依存している。高度に発達した制度的環境に存在し，この環境で正当化され，合理化されている要素を組み込むことに成功した組織は，正当性を極大化することによって，資源と存続能力とを増大させるのである。マイヤー＝ローワンによると，これは一方において，制度が発達するとともに組織がその発達に応じたプロセスをつくり上げることができるかに，そして他方においては，その制度的環境に適合し，正当化されるようになり得るかという，組織の能力に依存している。

　しかし，正当性はもともと「一般的な範疇規則」において意味を持つものであって，必ずしも具体的な個別の効果とは関連してはいない。そのために正当性の確保を意識して採用された構造は，必ずしも業績と関連している訳ではなく，組織にとっては純然たるコストとなってしまうことが多くなる。その結果，組織活動に必要な効率性との間で不適合を生じ，しばしばコンフリクトを招来する。しかも社会的に正当化されている諸要素はそれぞれ社会の別々の部分から，また，統一的にというよりは，必要に応じて組織に組み込まれている。そのためにともすれば，互いに矛盾を生じやすい。

　実際，経済市場や技術の発達につれて，組織内，組織外の「関係」と，その「ネットワーク」は急速に進展し，それは組織に対してその「効率的な管理」を迫る。その一方で，制度が発達するほど，正当性に対する要求も強くなる。効率的な管理と社会的に規定されている正当性との間に生まれる一種のジレンマである。いったいどのようにして組織はこのジレンマに対処すればいいのか。マイヤー＝ローワンは相互に関連した，2つの基本的な解決策を提示する。すなわち，「分離」および「信頼と誠実」である。

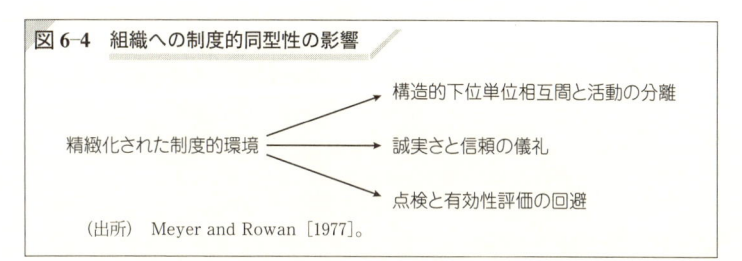

図6-4 組織への制度的同型性の影響

精緻化された制度的環境 → 構造的下位単位相互間と活動の分離
　　　　　　　　　　　→ 誠実さと信頼の儀礼
　　　　　　　　　　　→ 点検と有効性評価の回避

(出所) Meyer and Rowan [1977]。

(1) 分離 (decoupling)

効率性を中心に構築されている組織は，構造と活動を密接に関係づけ，その関係を維持しようとする。しかし，制度化されている組織においては，そのようなやり方自体が，組織の非効率性とコンフリクトを人々の目に明らかにしてしまう。したがって，制度化された組織はそのようにはしない。むしろ，公式の構造を技術的な業績基準にもとづく評価から遮断しようとする。すなわち，人々の目に触れる活動の点検や評価そして統制はできるだけ少なくされ，活動単位間の調整，相互依存，そして相互調整はインフォーマルに処理される。

「分離」によって，公式構造が実際に作動しているという仮定は，技術活動に伴う矛盾や不合理から守られる。また，全体としての統一性が「意識的」に回避されているから，論争やコンフリクトは最小化され，組織は外部からの幅広い支持を動員することができる。組織は分離という方策によって，個々の活動が実際の必要性に応じて変わるにもかかわらず，標準化され，正当化された公式構造を維持できるのである。産業界で公式構造が似ているにもかかわらず，実際の活動が企業ごとに多様であるのはこのためである (**図6-4**)。

(2) 信頼と誠実

しかし，たとえ「分離」によって，公式構造を技術活動に伴う矛盾や不合理から守ることに成功したとしても，分離は日常活動が混乱せずに進行することをも保証している訳ではない。むしろ組織の

「アナーキー」を予想させる。言うまでもなく，分離によって「全体としての」調整や統制が限りなく抑制されているからである。マイヤー＝ローワンによれば，そのような事態に対処できるものがあるとすれば，すなわち「技術的な妥当性がないにもかかわらず，制度化された組織に正当性を与え，有用なものにする」ものがあるとすれば，それは「内部参加者と外部参加者の信頼と誠実さである」。そしてそれは「委譲」「専門化」といったメカニズムによって維持されている。

それらは組織内外の信頼の雰囲気の一因である。すなわち，管理の抑制によって広まる不確実性を吸収し，安定性を維持するためには，誰もが誠実にやっているという仮定が必要になる。事実は現実にみた通りであって，マネジャーや従業員はその役割を適切に遂行しているという仮定によって，組織は日常活動を「分離された」構造の中で進めることができる。この意味でたとえば「専門化」は，管理者と部下とが誠実に行動するように双方を結びつけるのであり，分離と専門化は人々がそれぞれの専門分野で誠実にやっている仮定を維持するためのメカニズムとなるのである。

言い換えると，人々は組織の外見だけを支えるのにかかずらっているのではない。そうではなくて，マイヤー＝ローワンによると，「舞台裏で，ものごとを解決するのに懸命になっている」のである。「フォーマルにはしばしば適切でないかもしれないが，技術活動を円滑にし，公衆の当惑を回避」しているのである。この意味で，マイヤー＝ローワンによると，儀礼的な行為によってつくり出される信頼と誠実とは，決して詐欺的行為ではない。むしろ技術的な要請と互いに矛盾する制度化された神話によって解決し難くなっている状況で，参加者が最善の努力を尽くすための，最も妥当な方策でさえある。W. リチャード・スコット（W. Richard Scott, 1932-　）によって「新しい制度理論の到来を明確に告げる」こととなったとさ

れる，マイヤー＝ローワンの組織と制度との関係に関する1つの結論である。

3 制度の中で同型化する組織
●ディマジオ＝パウエル

同型化のエンジン　「いったいなぜ，これほど多様な組織が存在するのか」(Hannan and Freeman [1977])。マイケル・T. ハナン (Michael T. Hannan) とジョン・フリーマン (John Freeman) のこうした問いかけがその典型であるように，これまでの組織理論の多くは，分化した多種多様な組織世界をごく当然のこととして，組織間に組織ごとの違いを見出そうとしてきた。たしかにその形態や実務慣行，あるいはアプローチの方法等，組織の間にはかなりの多様性がみられる。とくに当該組織の属しているフィールド自体がライフ・サイクルの初期段階にあるときはそうで，それは一般に業種ないし業界と呼ばれる組織のフィールドが違っても同じである。

しかし，その一方において，当初の多様性の時期から大規模な官僚主義的ゼネラリスト組織と小規模なスペシャリスト組織という，2つのタイプへと収斂している出版社，違いというよりも類似性の目立つ病院組織，さらには支配的ないし画一的とでも言える形態の顕著な放送業界等々，組織は活動領域の確立とともに同質性を示す。そしてそこには同質性への避け難い圧力が働いているようにみえる。しかも，それは，競争が求められ，したがって多様性が一般的になりそうな競争状況下で起こっているのである。そのようにみたとき，ポール・J. ディマジオ (Paul J. DiMaggio) とウォルター・W. パウエル (Walter W. Powell) にとって，問うべきは組織間の相違ではなく，「いったいなぜ，そのように驚くほどの組織形態や実務の同

型性が存在するのか」ということでなければならなかった (DiMaggio and Powell [1983])。それでは組織を同質的にする力とは何か。ディマジオ＝パウエルはまずウェーバーの官僚制の議論に注目する（→第3章第1節）。

ウェーバーはこの解答を合理主義の精神に求めた。よく知られているように，ウェーバーによると，合理主義の精神はプロテスタンティズムの禁欲的な倫理のもとで，それ自身の弾みを獲得する。その合理的精神を組織的に体現しているのが，資本主義のもとでは官僚制組織であり，官僚制組織は人々をコントロールするのにきわめて効率的で，強力である。したがって，一度確立するとそれほど簡単には逆転することができない。それはつねに収斂を求めて進み，ウェーバーの言葉を借用すると最終的に「恐らく，最後の化石燃料が燃え尽きるまで，人間性を拘束する『鉄の檻』になるであろう」。

この官僚制化はウェーバーによると，3つの互いに関連する原因から生じる。すなわち，①市場における資本家企業間の競争，②職員や市民をコントロールする支配者の必要性を増大させている国家間の競争，そして③法のもとでの平等な保護を求めるブルジョアの要求である。ディマジオ＝パウエルによると，中でもウェーバーが重要であるとしたのは，①における「管理」という公式の職業によって，「正確に，明確に，継続的に，そしてできるだけ速いスピードで履行されることを要求する資本家の市場経済」すなわち資本家企業であって，ウェーバーはそれを「それ自体厳格な官僚制組織の比類ないモデル」とみなしている。

ディマジオ＝パウエルによると，この「鉄の檻」(iron cage) というウェーバーの見解は，官僚制化の進展と共に急速に広まった。以来，官僚制化と合理主義は組織の問題を考える上で不可欠というより，むしろ積極的に「座標軸」の役割を担うことになる。とくに組織間の類似性ないし同質性という問題にとって，それは本来多様

性を持っている組織を同質的なものへと収斂させるものとされ，研究者の多くは官僚制化と合理主義とを同質化を推し進める「エンジン」とみなしているのである。

たしかに組織はますます同質的になっており，官僚制は基本的に共通の組織形態であり続けている。したがって合理主義と官僚制化とを同質化のエンジンとみなす見解は，「自由で，オープンな競争が存在するフィールド」，とくにその初期の学習段階には当てはまるかもしれない。競争やその結果としての学習が，「環境特性との適合性を増大させる方向へと組織特性を修正」するからである。その結果，組織は合理性や効率の観点からみて，限りなく類似した特性を持つようになるのである。

しかし，組織は単に効率性という観点から資源や顧客だけを巡って競争しているのではない。組織は「経済的な適合性」だけでなく，政治的な力や制度上の「正当性」を巡って，すなわち「社会的な適合性」を巡って競争している（⊃第6章第2節）。この場合，個々の組織にとって合理的な戦略を他の組織も同様に採用すると，それは一見，採用することの積極的意義ないし合理性を失い，したがってその採用が抑制されることになると考えられるが，決してそうではない。そうではなくそれとはまったく反対に，それらが「まさに規範的に正当化されるという事実が，採用の可能性を増大させる」のである。しかも組織は時の経過と共に，目的達成の道具ないし手段ではなく，それ自体「価値」を帯び始める。そしてその価値を主張することができる限りにおいて存続することができる（⊃第6章第1節）。

そのようにみたとき，同質化へと駆動しているのは競争や効率性といった経済的適合性だけではない。そうではなく，官僚制化にみられる組織形態の同質化は，たとえば「正当性」の確保のように，「組織を必ずしも効率的なものとすることなく，類似したものにす

るプロセスの結果」であって，それは組織が活動する領域である「組織フィールドの構造化」に大きく依存するものである。ディマジオ＝パウエルはそのように主張し，「異種同型性」（isomorphism）の観点から，同質化を推し進める3つのメカニズムをあげるのである。

同型的変化の3つのメカニズム

この同型性をアモス・H.ホーレイ（Amos H. Hawley）に従って「ある個体群の単位に対して，同一の環境条件の集合と直面している他の単位と類似するようにする強制力」と定義し，ディマジオらは同型的変化の原因として，そこに3つのメカニズムを確認している。すなわち，①政治的な影響と正当性の問題から生じる「強制的」な同型性，②不確実性への標準的な反応から生じる「模倣的」な同型性，そして③専門化と結びつく「規範的」な同型性である。ディマジオ＝パウエルによると，この類型化は分析上のものである。したがって現実の経験的状況では入り混じっているけれども，それらは以下にみられるように異なる条件に由来し，異なる結果につながる。

(1) 強制的な同型性

強制的な同型性は「組織が依存したり，活動している他の組織や社会の文化的期待が組織に及ぼす，公式，非公式双方の圧力」から出てくる。このような圧力は強制として，また説得のかたちで，あるいは談合への参加の勧誘として自覚されているかもしれない。ある場合には，組織の変化は政府の命令に対する直接的な反応である。したがって，たとえば生産者は規則と合致する公害のコントロール技術を採用するかもしれない。また差別問題が争点になれば，差別の申立てから組織を守るためにその専門家を雇ったり，特別児童を特別な級ではなく，普通の級に入れようとする。そうすることによって類似性を強める。

こうした同型性の圧力は何も公的な領域に限らない。企業がその規模や範囲を拡大するにつれ、一般に関連会社の数も増える。その際、関連する会社は必ずしも親会社の直接的なコントロールにではなく、親会社によって標準化された報告システムに従い、親会社の会社実務、業績評価、そして予算プランを採用する。その採用は各子会社に「共通の圧力」を及ぼす。このようにして、資本の集中、博愛主義の協調関係もまた、本来異なる多様な組織の同質化を推し進めることになるのである。

(2) 模倣的な同型化

組織が社会生活領域へと進出を拡大するにつれ、その構造はますます社会で制度化され、正当化されたルールを反映するようになる。その結果として、フィールドの中で組織の同型性は強まり、組織は同質化されていくが、だからといって、同型化がすべて強制的な権威からのみ出てくる訳ではない。「不確実性」もまた、「模倣」を促すことによって、同型化を強力に推し進める。

今現在起こっていることがいったい何を意味するのか、不確実性が高まるにつれて、その解釈は難しくなる。そうした解釈の難しさは組織目標を曖昧にするだけでなく、いったい何をすべきで、何から手を引くべきなのか、どのような行動が組織として望ましいのか、取り得べき行動の決定を困難にする。そのようなとき、組織は必ずしも自らの判断だけで行動しようとはしない。ディマジオ＝パウエルによると、組織は他の組織の行動をみてからその行動を決めようとする。そのほうがリスクも少なく、また、探索の費用もかからないからである。

組織はこのようにして、成功している、あるいは正当であるとみなされている他の組織に倣って自らをモデル化する傾向がある。その可能性は一般的に、環境が不確実になればなるほど高くなる。必ずしも効率的とは言えない組織形態の遍在性は、こうした模倣プロ

セスの存在を示すものである。したがって，たとえ新しく出現する「政府」についてそれほど詳しくなくても，その形態について予測することはそれほど難しくはない。なぜなら，その形態はこの模倣プロセスの存在によって，一般的に他の政府の形態と同型的である可能性が高いからである。

(3) 規範的な圧力

同型的な変化の第3の源は，「専門化」から生じる。ディマジオ＝パウエルはランドル・コリンズに従って，専門化を「仕事の条件や方法を規定して，生産者の生産をコントロールし，職業上の自律性の認知ベースや正当性を確立するためのメンバーの集団的な努力」と解釈する。彼らはその上で，専門職は組織がそうであるように，強制的圧力と模倣的圧力に従っているということ，さらにはその専門職間に違いはあるけれども，専門家として他の組織の専門家と著しい類似性を示すだけでなく，そのパワーは専門職としての活動と同じくらい，国家によって与えられていると主張する。

大学や専門的な訓練機関はそうした専門職間にみられる規範習得の1つの重要な源泉であり，専門職の団体は規範的ルール普及のもう1つの源泉である。ディマジオ＝パウエルによると，これらは共に志向性と傾向の類似性という点で，「互換可能な人々のプールをつくり出すための」メカニズムであって，日常的に参入とキャリア昇進という2つのレベルにおける人員の「選抜」を通じて作用する。したがって，主要な「社会化」が同一フィールドの職務上で生じる限り，その社会化は同型化の力として働き，組織の同質化を強めることになるのである。

同型化の予測

このようにして，「合理化と官僚制化のエンジン」は競争市場から地位や専門職業（専門職）へと移行する。一度組織のフィールドが出現すると，「合理的な」行為者は自らを適応的に維持しようとするがゆえに，組織

をますます互いに類似したものとしてしまう。このパラドクスは強制的, 模倣的, そして規範的という, 3つの同型プロセスの結果である。このことは構造, プロセス, そして行動の点で, どの組織フィールドが最も同質的であるかを予測できる可能性を示している。ディマジオ゠パウエルはそうした観点から, 組織レベルとフィールド・レベルでの仮説を提示している。

(1) 組織レベルの予測

圧力にいち早く反応する組織がある一方, 同型化に長い時間を必要とする組織が他方にある。同一のフィールドに属している組織が他の組織と類似したものとなる際の変化のしやすさや流動性には違いがあるが, それはいったいどのようにして決まるのか。最初の2つの仮説は「強制的な同型性」と制約に関連している。

仮説(1)-1 他の組織に対する依存性が強くなればなるほど, 構造, 雰囲気, そして行動の点で, 組織の類似性は強くなる。

仮説(1)-2 資源の供給が集中的になればなるほど, その組織は資源を依存している組織と類似したものとなるように, 同型的に変化する程度が増大する。

以下の仮説(1)-3と(1)-4は「模倣的同型, モデリング, そして不確実性」に関する議論から出てくる。

仮説(1)-3 手段と目的の間の関係の不確実性が大きくなればなるほど, 成功していると思われる組織に倣ってモデル化する程度が大きくなる。

仮説(1)-4 組織目標が曖昧になればなるほど, 成功していると考えている組織に倣ってモデル化する程度が大きくなる。

仮説(1)-5, (1)-6の仮説は専門組織にみられる「規範的な」プロセスの議論にもとづいている。

仮説(1)-5 管理者やスタッフ要員を選抜する際,「資格」に依存するようになるほど, 同一フィールドの, 他の組織と類

　　　　　似する程度は増大する。

仮説(1)-6　管理者が業界団体や専門団体へ参加するようになればなるほど、その組織は他の組織と類似してくる。

(2)　フィールド・レベルの予測

以下の仮説は、特定のフィールドにおける同型性の程度に対して組織フィールド（の特性）が与える影響である。

仮説(2)-1　ある組織フィールドが重要な資源について、単一の（あるいは類似の）支持源泉に依存するようになればなるほど、同型性のレベルは高くなる。

仮説(2)-2　あるフィールドの組織が国家機関と取引する度合が大きくなればなるほど、全体としてのフィールドの同型性は大きくなる。

この仮説は単に先の仮説からではなく、国家／民間セクター間の、とくに政府機関の制度上のルールの重視から出てくる。それに対して以下、仮説(2)-3と(2)-4は不確実性やモデリングの議論から出てくる。

仮説(2)-3　あるフィールドでの目にみえる代替的な組織モデルの数が少なくなると、そのフィールドにおける同型化は速く進む。

仮説(2)-4　フィールド内の技術が不確実になり、目標が曖昧になると、同型的変化の割合は大きくなる。

最後の2つの仮説は、専門家の選抜、社会化、そして構造化に関する議論から出てくる。

仮説(2)-5　フィールド内の専門化の度合が大きくなればなるほど、制度上の同型化変化の割合は大きくなる。

仮説(2)-6　フィールドの構造化が進めば進むほど、同型化の程度は大きくなる。

参考文献

Collins, R. [1979] *The Credential Society: An Historical Sociology of Education and Stratification*, New York: Academic Press. (コリンズ, R. 〔新堀通也監訳〕[1984]『資格社会――教育と階層の歴史社会学』有信堂高文社)

DiMaggio, P. J. and W. W. Powell [1983] "The Iron Cage Revisited: Institutional Isomorphism and Collective Rationality in Organizational Fields," *American Sociological Review*, vol. 48, no. 2, pp. 147-160.

Hannan, M. T. and J. Freeman [1977] "The Population Ecology of Organizations," *The American Journal of Sociology*, vol. 82, no. 5, pp. 929-964.

Hawley, A. H. [1968] "Human Ecology," in D. L. Sills ed., *International Encyclopedia of the Social Sciences*, New York: Macmillan.

Hawley, A. H. [1986] *Human Ecology: A Theoretical Essay*, Chicago: University of Chicago Press.

北野利信 [1996]『経営学原論――新しい価値体系の創造』東洋経済新報社。

March, J. G. and H. A. Simon (with the collaboration of H. Guetzkow) [1958] *Organizations*, New York: Wiley. (マーチ, J. G. = H. A. サイモン〔土屋守章訳〕[1977]『オーガニゼーションズ』ダイヤモンド社)

Merton, R. K. [1949] *Social Theory and Social Structure: Toward the Codification of Theory and Research*, Glencoe: Free Press of Glencoe. (マートン, R. K. 〔森東吾・森好夫・金沢実・中島竜太郎訳〕[1961]『社会理論と社会構造』みすず書房, 原著改訂増補版〔1957年刊〕の訳)

Meyer, J. W. and B. Rowan [1977] "Institutionalized Organizations: Formal Structure as Myth and Ceremony," *The American Journal of Sociology*, vol. 83, no. 2, pp. 340-363.

Meyer, J. W. and B. Rowan [1983] "Conclusion: Institutionalization and the Rationality of Formal Organizational Structure," in J. W. Meyer and W. R. Scott (with the assistance of B. Rowan and T. E. Deal), *Organizational Environments: Ritual and Rationality*, Beverly Hills: Sage.

Meyer, J. W. and W. R. Scott [1992] *Organizational Environments: Ritual and Rationality, updated ed.*, Newbury Park: Sage Publications.

Perrow, C. (academic consultants: A. J. Reiss Jr. and H. L. Wilensky) [1986] *Complex Organizations: A Critical Essay, 3rd ed.*, New York: Random House.

Scott, W. R. [1995] *Institutions and Organizations*, Thousand Oaks: Sage Publications. (スコット, W. R. 〔河野昭三・板橋慶明訳〕[1998]『制度

と組織』税務経理協会)

Selznick, P. [1948] "Foundations of the Theory of Organization," *American Sociological Review*, vol. 13, no. 1, pp. 25-35.

Selznick, P. [1949] *TVA and the Grass Roots: A Study in the Sociology of Formal Organization*, Berkeley: University of California Press.

Selznick, P. [1957] *Leadership in Administration: A Sociological Interpretation*, New York: Harper & Row. (セルズニック, P.〔北野利信訳〕[1975]『組織とリーダーシップ 新版』ダイヤモンド社)

田中政光 [1981]「ルース・カップリングの理論」『組織科学』第15巻第2号, 59-75頁。

田中政光 [1990]『イノベーションと組織選択――マネジメントからフォーラムへ』東洋経済新報社。

Weber, M. (A. M. Henderson and T. Parsons trans.; edited with an introduction by T. Parsons) [1947] *The Theory of Social and Economic Organization*, New York: Free Press of Glencoe.

Weber, M. (edited by G. Roth and C. Wittich) [1968] *Economy and Society: An Outline of Interpretive Sociology*, 3 vols, New York: Bedminster Press.

Weick, K. E. [1976] "Educational Organizations as Loosely Coupled Systems," *Administrative Science Quarterly*, vol. 21, no. 1, pp. 1-19.

第 III 部

適応的デザイン学派

第7章　*技術と組織構造*
第8章　*課業環境と組織プロセス*
第9章　*課業と組織デザイン*

ここまでは，人間と組織の問題に焦点を当てて，経営の諸問題が論じられた。第Ⅰ部では，合理性を達成するための技術的側面が強調され，最適な組織構造が問題とされた。第Ⅱ部では，人間の側面が強調され，人間の動機づけ（人間行動）と環境からの要求が，組織内部で均衡化されるプロセスが論じられた。両者とも，組織内部に焦点が当てられたという意味で，環境との関連を十全に扱ったものではなかった。

　第Ⅲ部では，明確に組織と環境の関連に焦点を当て，環境適応のための組織のあり方を分析した経営学説を取り上げる。すなわち，オープン・システム・アプローチにもとづき，環境の不確実性に対処するための組織デザインを追求した学説を論じる。これらは一般に「状況適合理論」と総称されてきた。組織と環境の適合が高業績をもたらすというのが，ここでの基本的主張である。

　ただし，環境にはいくつかのレベルがあり，そのレベルの差異によって，組織に影響を与える状況要因（環境）は異なる。第1は，内部環境（コンテクスト）である。技術と規模がその代表である。技術と組織構造の関係を論じたのが，ウッドワードとペローである。また，実証研究を通して規模の影響を強調したのが，アストン・グループである。これらは，官僚制が，さまざまな特色を持っているという現実に直面して，そうした種々の官僚制を生み出す原因を探ろうとして誕生した議論である。

　第2は，外部環境の1つである課業環境と組織プロセスの関係を明らかにしたローレンス＝ローシュである。状況適合理論という命名は彼らによる。ここでは，課業環境に対処するために，分化と統合という組織プロセスを，その課業環境の不確実性に適合させなければならないと主張された。

　第3は，技術と課業環境の2つの状況要因がもたらす不確実性を，課業の遂行を通じて処理するために，効果的な組織デザインの必要性を主張する，トンプソンとガルブレイスである。彼らは，技術の複雑性と環境の不確実性の増大に対して，階層の上に，相互依存性を処理するための，水平的関係による相互調整（タスク・フォースや統合者）を重ね合わせることの必要性を強調した。その最終的な組織形態がマトリックス組織である。

　以上の，状況適合理論では，組織の環境適応が論じられたが，環境から組織への影響が強調されたため，環境決定論という批判がなされた。

第7章 技術と組織構造

←単品・小バッチ生産
(超微細金属チューブを生産する東京・北区の清田製作所, 写真提供：PANA)

大バッチ・大量生産→
(プジョーのシトロエン製造ライン, 写真提供：AFP＝時事)

←装置生産
(千葉・市原市の石油化学コンビナート, 写真提供：PANA＝朝日航洋)

ウッドワードは，生産技術を，単品・小バッチ生産，大バッチ・大量生産，装置生産の，大きく3つのタイプに分類し，体系的な分析を行った。そこから，生産技術と組織構造の適合が業績に影響を及ぼすことを見出した。

技術の発展は，社会の生産力のあり方を決定する重要な要因と考えられてきた。とくに産業革命以後の，近代化あるいは工業社会においては，技術は文字通り社会の駆動力であった。今日，近代技術の無制限な適用が環境問題の根源であると指摘されているが，現代の情報化（IT化）や国際化においても，技術の役割は増大こそすれ，減退することはない。

　アダム・スミス（Adam Smith, 1723-90）にとって，分業（弁護士や医師などの社会的分業，およびピン製造における工場内分業）が，資本主義社会における，一国の年々の生産力（GNP）の源泉であった。カール・H. マルクス（Karl H. Marx, 1818-83）は，産業革命のもたらした技術の高度化（工場制機械工業）が，資本主義社会における社会的分業——資本家と労働者の階級対立——を生み出すと主張した。ウェーバーにとって，近代資本主義の合理的精神（目的合理性という技術的合理性）の組織への浸透が，官僚制であった（⊃第3章第1節）。ここに，スミスはヨコの分業，マルクスはタテの分業，ウェーバーは階層というタテの分業および官僚（スタッフ）というヨコの分業を提唱しているとみることができる。

　テーラーは，生産現場における技術的効率を追求した（⊃第1章第1節）。すなわち，作業の科学化という名のもとに，作業の最大効率を目指して，時間・動作研究，計画と実施の分離，差別出来高賃金制，職能的職長制が追求された。その後，こうした単調作業がもたらす労働疎外の現実を目の当たりにして，作業の人間性と動機づけの重要性，すなわち社会システムとしての組織が，人間関係論として展開された。

　組織レベルでの技術のあり方が再び問題となったのは，*Column* ②で論じた社会—技術システム論においてであり，次節で論じるウッドワードは，生産技術と組織構造の関係を体系的に分析した。

1 生産技術と組織構造

● ウッドワード

　ジョン・ウッドワード (Joan Woodward, 1916-71) は，1953〜63年に，当時のイギリスの新興工業地帯であったサウス・エセックスで，100人以上の従業員を持つ製造企業100社の実態調査を行った。調査項目は，①歴史とその背景および企業目的，②製造工程や製造方法の種類，③企業の組織と管理の形態と慣行，④企業の業績評価に利用できる事実や数値，であった。

技術の定義と分類

　ウッドワードは，技術の歴史的発展順序とその複雑性（生産プロセスが統制可能でその結果が予測可能である程度）が一致すると考えた。ここで，技術の発展とともに，技術自体が次第に複雑になり，それにつれて，生産プロセスを支配する因果関係はより明瞭になり，何がどれだけ生産されるかが前もって予測できるようになる。これは，生産プロセスが一義的で固定的な機械の法則に支配され，人間の仕事の遂行にまつわる不安定で不確実な要素が削除されることを意味する。すなわち，ウッドワードの技術および技術の発展とは，人間によって仕事の水準が変わりうる技能（人間の問題解決能力）ではなく，機械の中に体化された，機械自体が持つ問題解決能力の発展を意味する。

　生産技術は3つのタイプに大分類される。第1は，最も古く最も単純な生産形態である単品・小バッチ生産である。ここには，顧客の求めに応じて作られる単品生産，プロトタイプの生産，段階ごとに分けて行われる巨大設備の組立て，顧客の注文に応じて製造される小規模なバッチ生産，が含まれる。第2は，単純で反復的な作業を通じて単一の製品を大量に生産する大バッチ・大量生産である。ここには，大規模なバッチ生産，流れ作業による大規模なバッチ生

産，大量生産が含まれる。第3は，最も新しい複雑な生産方法で，多量の製品を絶え間なく流れるように生産する装置生産である。ここには，多目的プラントによる化学製品の断続的生産，液化装置による液体，気体，結晶体の連続生産が含まれる。

技術のタイプと組織構造の関係

以上の3つの生産技術のタイプと組織との間には，体系的な関連があった。この関係には2種類のパターンがあり，1つは生産技術の複雑さが増大するにつれて，組織の構造特性がいわば直線的に比例して変化するものである。もう1つは技術尺度の両端，すなわち単品・小バッチ生産と装置生産で，組織の構造特性が類似しているものである。

(1) 比例的関係

生産技術が複雑になるほど，命令系統・権限階層は長くなり，最高執行責任者の統制範囲は大きくなり，生産部門における大学卒監督者の割合，従業員に対する管理者の割合は高くなる。

装置生産では，命令系統が非常に長く，最高執行責任者が管理する員数は多く，しかも経営委員会や重役会議が普及しており，最高執行責任者は，権限を集中しているというより，意思決定システムの議長として機能していた。さらに装置生産では，管理者や監督者の数が多く，ライン管理に多くの大卒者を採用していた。しかも，装置生産では管理技能や監督技能に対する需要がきわめて高かった。

逆に，中間管理職の統制範囲，総売上高に占める労務関連コスト，総従業員に対する管理者の割合，事務管理スタッフ1人当たりの作業労働者の数，間接労働者に対する直接労働者の割合は，技術が複雑になるほど低くなる。

装置生産において，中間管理者の統制範囲が小さく，階層ごとのミドルの管理者の人数が少ないことは，命令系統が長いこととを考え合わせると，高くて底の狭いピラミッドであることを意味する。

表 7-1 構造特性は技術の複雑性に従って変わる

構造特性	単品・小バッチ	大バッチ・大量	装 置
命令系統の長さ，権限階層（中位数）	3	4	6
最高執行責任者の統制範囲（中位数）	4（3～7）人	7（4～13）人	10（5～19）人
労務関連コスト（平均）	35％	32％	15％
大学卒監督者の割合	少数（非生産部門）	まれ	多数（生産・非生産部門）
中間管理層の統制範囲	最高		最低
管理者の割合（平均）	1：23	1：16	1：8
事務管理スタッフ1人当たりの作業労働者数（平均）	8人	5.5人	2人
間接労働者・直接労働者の割合（平均）	9	4	1

（出所）Woodward［1965］（ウッドワード［1970］）。

単品生産の労務コストはほとんどが開発費用であり，大バッチ生産のそれは，生産費用がほとんどであった。装置生産の労務コストは格段に低く，費用構成は同質的であった。装置生産では，間接労働者の数が多く，大抵の場合プラントや機械の維持管理に携わっていた（**表 7-1**）。

(2) 両端の類似性

作業現場に近い第一線監督者の統制範囲は，技術尺度の両端（単品・小バッチ生産と装置生産）では狭く，中間（大バッチ・大量生産）では広かった。他方，熟練労働者の割合は，両端で高く，中間では低かった。技術尺度の両端では，ラインとスタッフの区別は明確ではなかった。ただし，単品・小バッチ生産では経験やコツが重視されたのに対し，装置生産では科学的知識が強調された。技術尺度の中間では，命令・決定権限を持つラインと，助言・助力を行うスタッフの区別は明確で，専門スタッフの数は多かった。コミュニケーションの方法も，両端では口頭によるコミュニケーションが，中間では文書によるコミュニケーションが多かった。技術尺度の両端で

表 7-2　構造特性は技術尺度の両端において類似する

構造特性	単品・小バッチ	大バッチ・大量	装　置
第一線監督者の統制範囲（平均）	23	48	13
熟練労働者の割合	高　い	低　い	高　い
組織体制	有機的	機械的	有機的
専門スタッフ	少ない（経験・コツ）	多　い	少ない（科学的知識）
生産統制	少ない	精　密	少ない
コミュニケーション	口　頭	文　書	口　頭

（出所）　Woodward [1965]（ウッドワード [1970]）。

は，意思決定権限と責任が大幅に委譲され，参加的な性質を持った有機的な組織が有効であった。ここでの相互作用とコミュニケーションは水平的であり，命令というより助言や諮問の性格を持つ。これに対して技術尺度の中間では，義務と責任が明確に規定された機械的な組織が一般的であった。ここでは，階層的に構造化され，トップが命令・決定権限を持ち，職能活動の最終的な調整と評価を行う。相互作用およびコミュニケーションは，上司と部下の垂直的な関係が中心的であった（**表 7-2**）。

生産技術，組織構造，業績の関係

調査した企業の業績を，収益性，市場地位，管理者の転職率などの指標にもとづいて，平均より上の企業群と平均より下の企業群に分けると，生産技術，組織構造，業績の間に次のような関係がみられた。

組織構造特性の数値が各カテゴリーの中位（メディアン）にある企業群は業績が良く，そのカテゴリーの中位数から乖離している企業群の業績は悪かった。一般に大バッチ・大量生産の企業では，従来の経営学の教科書にあるような組織，すなわち機械的組織は業績が良かった。単品・小バッチ生産と装置生産の企業群では，有機的組織をとっている場合に業績が良かった。ただし前者では，命令系

統が短く階層の少ないフラットな組織の業績が良く，装置生産では命令系統が長く階層の多い，高くて底の狭い組織の業績が良かった。

製造サイクルと職能部門間のパワー

ここでの組織形態は，基本的に職能部門制組織であって，資金調達，研究開発，生産，マーケティングの4つの部門があった。資金調達を除いて，他の3つの部門はライン部門と呼ばれる。どの職能部門が重要かは，生産技術の複雑性と関連があった。すなわち，生産技術に沿って製造サイクルが決まり，その製造サイクルの真ん中が中核職能であった。

単品・小バッチ生産では，生産計画が企業への注文に基礎を置いているので，製造サイクルは，マーケティング→開発→生産の順序であった。顧客の注文を充たす製品を作るためのアイディアが重要なので，開発部門が中核職能であり，開発技師はエリートであった。大バッチ・大量生産では，計画は長期的・安定的で，販売予測にもとづいて長期計画が立てられていた。したがって製造サイクルは開発→生産→マーケティングであった。中核職能は生産部門であって，これが短期的な生産効率に貢献しており，企業の収益もこの部門にかかっていた。しかし，長期的には開発能力が重視されるので，開発部門と生産部門の間には軋轢があった。装置生産では，開発された製品の事業化とプラントの稼働率の維持（ほとんど24時間操業）のために，市場の確保が重要であった。したがって，ここでの製造サイクルは開発→マーケティング→生産であり，マーケティングが中核職能であった。

業績が良い企業では，それぞれの中核職能が重要であることがはっきり認識されていた。これは，最もパワーを持つ職能部門（製造サイクルの中核）は，かつて重役陣が働いていた部門であること，言い換えれば企業の重役陣がかつてこの中核的職能に携わっていた企業ほど業績が良いことを示すものである。

以上，技術と組織構造の関係の体系的研究の嚆矢をなすウッドワードの研究を説明した。ここには，技術という状況要因（内部環境）と組織構造が適合していれば，企業の業績が良いという状況適合理論の命題が示されている。

2 技術概念の拡張と組織分析の体系化

●ペロー

<u>技術概念の拡張</u>　ウッドワードは，生産技術という概念で，基本的に機械（ハードウェア）の組織構造への影響を論じた。しかし，工学的技術だけではなく，近時の戦略的人的資源管理にみられるような人間の問題解決能力（技能）も広い意味での技術として，重要になってきている。チャールズ・B. ペロー（Charles B. Perrow, 1925- ）は，インプットをアウトプットに変換する，認知や知識にかかわる人間の問題解決過程を技術概念と関連づけている。ペローは技術を広く，「道具を使用するしないにかかわらず，原材料あるいは対象を望ましい方向に変換させるために，個人がその対象に働きかける諸活動あるいは戦略の集合」と定義している。

　人間は，何らかの目的を達成しようとして対象や原材料に働きかけようとするとき，まず自分の持っている「実行プログラム」で処理しうるか否かを判断する。この実行プログラムで処理できない場合，例外として認知される。次にこの例外が既存の実行プログラム内の単純な修正で対応できるか，あるいは新しい実行プログラムが必要なのかが判断される。

　ここでは，技術の発展あるいは複雑性は，二様に解釈されることになる。一方では，複雑で高度な問題解決能力が機械の中に組み込まれ，単純な作業を行う人間には，既存のプログラム内の修正だけ

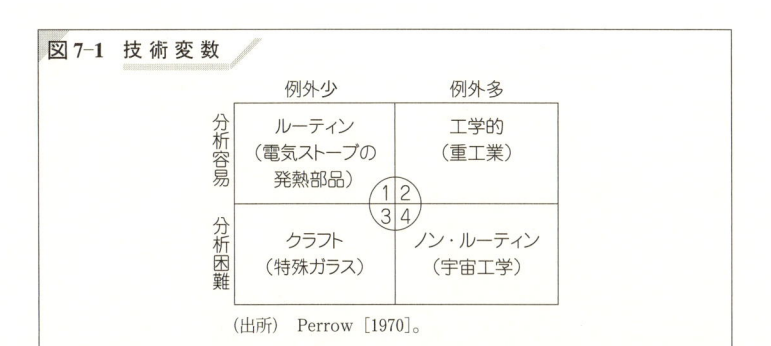

図7-1 技術変数

	例外少	例外多
分析容易	ルーティン（電気ストーブの発熱部品）	工学的（重工業）
分析困難	クラフト（特殊ガラス）	ノン・ルーティン（宇宙工学）

中央に ①② / ③④

（出所）Perrow [1970]。

が可能である。他方では、機械は単純で反復的な作業を行い、人間には絶えず新たな探索プログラムの開発が必要な、複雑で高度な問題解決能力が必要とされる。

前者は例外の多少を表す軸であり、後者は分析の難易を表す軸である。こうして技術は二次元でとらえられ、4つの技術類型が抽出される。第1は例外が少なくて分析が容易なルーティン技術（たとえば、電気ストーブの発熱部品）、第2は例外は多いが分析は容易な工学的技術（たとえば、重工業）、第3は例外は少ないが分析が困難なクラフト技術（たとえば、特殊ガラス）、第4は例外が多くて分析も困難なノン・ルーティン技術（たとえば、宇宙工学）である（**図7-1**）。

技術と組織構造

以上の技術類型と組織構造の間には、体系的な関連がある（**図7-2**）。技術はインプットをアウトプットに変換する過程に関連するが、その周りに人間の相互作用が形成されるからである。

(1) ルーティン・モデル

例外が少なく探索過程も分析が容易なので、問題解決過程は画一的で安定的であり、プログラム化が可能である。したがって、現場の作業は反復的で人々の自由裁量は低い。ミドル・レベルの管理者も、現場の画一的な報告にもとづいて機械的に統制を行う。不確実性が低いので、両者の調整は、前もっての情報にもとづく「計画」

図 7-2 技術と組織構造

	自由裁量	権限	レベル内部の調整	レベル間の相互依存性	自由裁量	権限	レベル内部の調整	レベル間の相互依存性
技術レベル	低	強	計画		高	強	フィードバック	
監督レベル	低	弱	計画	低	低	弱	計画	低
構造特性	フォーマル・集権的				柔軟・集権的			
技術レベル	低	弱	計画		高	強	フィードバック	
監督レベル	高	強	フィードバック	低	高	強	フィードバック	高
構造特性	分権的				柔軟・複数集権的			

中央に ① ② / ③ ④

(出所) Perrow [1970]。

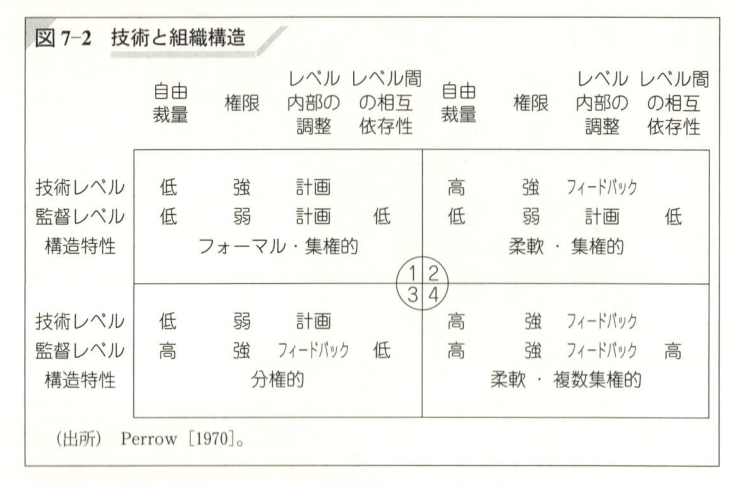

を通じて行われる。ここでの組織は，官僚制的でフォーマル，かつ集権的であるという特徴を持つ。

(2) 工学的モデル

例外は発生するが分析は容易なので，既存のプログラムの修正によって対処できる。この例外の分析はミドル・レベルが行うので，自由裁量は高く権限も大きい。これに対して，現場はミドル・レベルの命令にもとづいてこの例外処理を行うので，現場の裁量は低く権限も小さい。ここではミドルが現場を指揮するので，集権的である。しかし，例外処理のための柔軟性は保持される。

(3) クラフト・モデル

例外の発生は少ないが，いったん発生すると例外処理のための分析は困難である。そのため，専門性を持った現場の作業者が，問題に応じて自由裁量を駆使することが必要になる。これに対してミドル・レベルの管理者は，現場の問題解決能力に依存して，この例外処理を行わなければならない。その意味で，組織は全体として分権的になる。

(4) ノン・ルーティン・モデル

問題解決過程は複雑で、処理すべき例外も多く、分析も困難である。したがって、例外処理のための柔軟性と現場の問題解決能力(技能)の両方が必要とされる。こうして、現場レベルとミドル・レベルの密接な相互作用が必要である。ここでは、集権と分権がミックスされた複数集権的な (poly-centralized) 構造が適切である。

技術の二次元性

ペローによる技術概念の拡張と体系化によって、組織を分析するための視点が与えられる。組織が環境から原材料等のインプットを導入してこれをアウトプットに変換する一連のプロセスが広い意味での技術である。このプロセスを保障するのが構造であり、プロセスと構造の関係を明らかにすることが組織を体系的に分析する1つの方法である。ペローにおいては、問題解決過程が既存の作業遂行プログラムに従って、ルーティン化されうるか否かによって、組織構造に差異が生じる。すなわち、ルーティン化できるなら、この課題を効率的に実施できる公式の集権的な組織が適切である。たとえば、大量生産工場がこれに当たる。これに対して、既存の手続きによっては処理できず、新しい問題が生じるたびに、これを解決するための課業グループを形成することが必要なら、問題解決志向的な組織(たとえば、プロジェクト・チーム)が必要である。前者は機械的組織、後者は有機的組織に相当する。

以上のように考えるなら、ウッドワードのいう技術尺度の両端における組織構造の類似性を説明できる。単品生産では、注文に応じて作業が行われるので、毎回例外に遭遇することになる。しかも、作業者の熟練技能によって作業が遂行される。したがって、ルーティンな問題処理のための効率志向の組織ではなく、問題解決志向の組織が採用される。装置生産では、機械によって生産統制が自動化されるが、例外発生の頻度にかかわらず、例外発生は重大事であり、

したがって、問題解決志向に沿って組織化される必要がある。こうして、ウッドワードの技術尺度の両端における構造の類似性が説明される。両方とも、人間の問題解決能力（技能）に訴える組織化が必要である。逆に、大バッチ・大量生産では、たとえ例外が発生しても、既存のプログラムの修正によって処理されるので、ルーティンな課題を達成するための効率志向型の組織化が向いている。

3 規模と組織構造

●アストン研究Ⅱ

ウェーバー以降の官僚制組織の研究では、1つは、組織構造から組織プロセスへと研究の焦点が移った（→第3章第3節）。こうして、合理的・効率的に設計されたはずの官僚制組織が、人間行動の特性のゆえに、逆機能をもたらすことが明らかにされた。人間行動に由来する組織プロセスと組織構造の乖離である。もう1つは、官僚制組織がうまく機能しない状況（環境）が論じられ、安定的で不確実性の低い環境状況では、官僚制組織はうまく機能するが、不安定で不確実性の高い状況では、効果的に機能しないということが主張されるようになった。その結果、官僚制組織にもさまざまなタイプがあることが見出され、その原因が摘出された。2つの状況要因——規模（size）と技術——が、官僚制組織のタイプの差異をもたらすことが明らかにされた。技術についてはすでに論じた。ここでは、もう1つの状況要因——規模——と組織構造の関係についての議論を取り上げる。規模と組織構造の関係については、2つのタイプの研究がある。1つは規模と管理者比率の関係についての研究であり、もう1つは規模と組織構造の関係について、体系的な実証研究を行ったアストン研究である。

規模と管理者比率　組織の規模が増大すると，専門化の利点が大きくなり，専門職能ごとに下位単位がまとめられる（職能部門化）。この下位単位の調整のために，ルールや手続きを制定して公式化が進められる。こうして統制は，直接的・対人的なものから間接的・非人格的なものへと移行する。さらに，異質な下位単位を調整するために階層が生み出され，管理者が導入される。

規模と管理者比率（管理者要素／全従業員：全従業員）の関係は，従来よりさまざまな研究がなされてきた。ここには正反対の調査結果が導き出されている。たとえば，規模（教職員の数）の増大は，管理者（校長，教頭，助手とスタッフなど）の割合の増大をもたらすという主張が一方にあり，他方，病院（結核病院と総合病院）では，規模（それぞれの病院の1日当たりの患者数の年平均）の増大は，管理者（全般管理に従事する者）の比率の減少をもたらす，と主張される。

また，専門化（複雑性）と管理者比率の関係もさまざまである。一般に規模の増大が専門化の増大をもたらすことは認められている。しかし，規模の増大が規模の経済性をもたらすので，管理者比率が減少するという研究もあれば，規模の増大が専門化の増大をもたらすので，管理者比率が上昇するという研究もある。

最後に，時間の経過に伴って規模が増大すると，組織構造はより複雑に，より官僚制化されるという歴史的傾向はある。しかし，こうした経時的な事象を，現時点で共時的に比較して，大規模組織が小規模組織に比べて，つねにより専門化され，より複雑で，管理者比率も高いとは限らない。

アストン研究　デレック・S. ピュー（Derek S. Pugh）を中心とするアストン・グループは，広範で綿密な実証研究を通じて，構造変数を操作化し，それと状況変数との関係を調べ，とくに規模が組織構造に与える影響が大きいことを強

調した。

　アストン・グループは，まずこれまでの組織研究を整理して64の構造尺度を構成し，ここに多変量因子分析を施して，次の5つの構造次元を抽出した。

　第1は専門化であり，これは活動が上司—部下の階層関係を通じてではなく，職能専門化によって遂行される程度を表す。第2は標準化であり，作業の遂行や統制に際して，どの程度手続きが整備されているかを示す。第3は公式化であり，コミュニケーションが文書化されている程度を指す。第4は集権化と自律性の欠如から構成される権限の集中であり，階層レベルへの権限の集中度と他の組織から統制を受ける程度を指す。第5は，形態であり，統制範囲や事務職の比率などにみられる役割構造の見取り図である。

　さらにこれらの5つの構造次元に主成分分析が適用され，3つの構造次元にまとめられた。専門化，公式化，標準化をまとめて，①「活動の構造化」（従業員の活動に対する公式的な規制の程度）が，集権化と自律性の欠如から，②「権限の集中」（階層の上位レベルへの権限の集中の程度と，他の組織から統制を受ける程度）が摘出され，③前述の「形態」とあわせて，最終的に3つの組織構造次元が識別された。

　次に，組織はオープン・システムであり，それを取り巻くコンテクストからさまざまな影響を受けると考え，コンテクストと組織構造の関係が検討された。ここで取り上げられたコンテクスト変数は，次の7つである。すなわち，起源と歴史，所有と支配，規模，技術，事業目的と理念，立地，依存性である。イギリス・バーミンガム地域の52の企業組織について共時的（クロス・セクショナル）なデータが収集され，相関分析が適用された。組織構造ととくに有意な相関があったのは，規模と技術であった。

　技術には，生産技術，材料技術，知識技術という3つの側面があ

表7-3　生産技術および規模と組織構造の相関

		サービス業を含む46の組織		31の製造業組織			
		作業の統合度	サイズ	作業の統合度	サイズ	生産の連続性	生産の連続性(サイズを固定)
構造次元	権限の集中	−0.30	−0.10	0.00	−0.20	0.11	0.21
	諸活動の構造化	0.34	0.69	0.17	0.78	0.41	0.07
	ライン管理者による作業統制	0.46	0.15	−0.05	0.13	0.17	——
構造変数	職能の専門化	0.38	0.75	0.25	0.83	0.52	0.26
	役割の専門化	0.44	0.67	0.19	0.75	0.34	−0.02
	標準化	0.46	0.56	0.19	0.65	0.35	0.07
	公式化	0.17	0.55	0.04	0.67	0.27	−0.27
	決定の集権化	−0.16	−0.39	−0.05	−0.47	0.00	0.28
	自律性	0.22	0.09	0.02	0.23	0.07	−0.19
役割構造	最高経営者の統制範囲	0.06	0.32	0.09	0.29	0.08	−0.07
	従業員―監督者比率	0.35	0.05	0.02	0.04	0.09	——
	垂直的統制範囲	0.09	0.67	0.15	0.77	0.51	0.26

(出所)　Hickson, Pugh and Pheysey [1969]。

るが，インプットをアウトプットに変換する手段にかかわるのは生産技術だけであるとされ，「作業の統合度」という因子が，設備の自動化の程度，作業順序の固定性，業務評価の明確度，という尺度から構成された。また，ウッドワードの技術尺度（生産の連続性）が操作化された。この2つの技術尺度と組織構造次元との相関は，規模の場合に比べて，格段に低かった。

　こうして，規模が組織構造に影響を与える最も重要なコンテクストであると主張された。第1に，規模が大きくなると，活動の構造化度は高くなる。これは，一般に従業員が増えれば，作業に従事する当事者同士の直接の接触ではなく，文書や手続きによって調整が行われることを意味する。第2に，当該組織が他組織に依存する度合が大きくなるほど，当該組織の権限はトップに集中される。これ

は，独立の中小企業の場合より，親会社―子会社の関係にある子会社は，より集権的になることを示している。第3に，事業目的や理念の変動性が高いほど，ライン管理者による作業の統制はより人格的になる。これは，課業の変動性が高いほど，組織は有機的になることと関連がある。第4に，全体として，生産技術と組織構造の間には，有意な相関はなかった。規模が小さいときに限って，組織構造変数のうちの形態（従業員―監督者比率や業務統制・輸送・製品検査・保全における従業員比率）との間にのみ，技術の影響がみられたに過ぎない。

その後追試が行われ，次のことが確認された。第1に，規模は専門化，公式化，標準化，垂直的統制範囲と高い正の相関があり，集権化とは高い負の相関があった。ただし，形態との関連については，規模より技術のほうが高い相関があった。第2に，以上の相関は，製造業においてより顕著であった。第3に，規模の影響が一番重要であったが，規模と組織構造の間には非線形的な関係があった。すなわち，規模が増大するにつれ，専門化，公式化，垂直的統制範囲，分権化の程度は増加するが，増加率は減少した。

なお，アストン・グループの研究はその後も続けられ，組織行動と組織構造，組織の国際比較，さらにはジョン・チャイルド（John Child）による状況適合理論批判（状況適合理論は環境決定論であり，経営者の戦略選択が重要である）が行われた。ただし，次の世代のレックス・ドナルドソン（Lex Donaldson）は，科学として実証研究の重要性を唱え，状況適合理論がその要件を満たしているとして，再び擁護している。

技術と規模

以上，技術や規模という状況要因と組織との関連を論じる研究を概観した。技術や規模はコンテクスト変数と呼ばれるが，これは内部環境というべき要因である。この意味で（内部）環境と組織（構造）が適合すれば，

業績が良いという主張,すなわち状況適合理論 (contingency theory) が検証されたことになる。

　組織(官僚制組織)を取り巻く状況との関連で,技術と規模という,組織構造に影響を与える重要な変数が識別された。技術と規模のどちらがより重要な要因かについては,今なお結論は出ていない。ハワード・E. オールドリッチ (Howard E. Aldrich, 1943-) は,アストン・グループのデータに因果関係を特定するパス解析を適用して,技術変数が原因変数として中心的であるという,アストン研究とは反対の結果を見出した。ドナルドソンは,広範な文献研究にもとづいて,規模が官僚制と高い相関を持ち,課業の不確実性(技術)は有機的組織と関連が深いが,全体として規模の影響のほうがより包括的で一般的であると,アストン研究を再確認している。

参考文献

Hickson, D. J., D. S. Pugh and D. C. Pheysey [1969] "Operations Technology and Organization Structure: An Empirical Reappraisal," *Administrative Science Quarterly*, vol. 14, no. 3, pp. 378–397.

神山進 [1976] 「経営組織の構造——アストン・グループによる組織分析」『彦根論叢』第 179 号,49–69 頁;第 180 号,59–77 頁。

神山進 [1977] 「経営組織構造とその状況——アストン・グループによる組織分析」『彦根論叢』第 182 号,97–122 頁。

Perrow, C. [1967] "A Framework for the Comparative Analysis of Organizations," *American Sociological Review*, vol. 32, no. 2, pp. 194–208.

Perrow, C. [1970] *Organizational Analysis: A Sociological View*, Belmont: Wadsworth Publishing Co. (ペロー, C. 〔岡田至雄訳〕[1973]『組織の社会学』ダイヤモンド社)

Pugh, D. S. and D. J. Hickson [1976] *Organizational Structure in its Context: The Aston Programme I*, Farnborough: Saxon House.

Pugh, D. S. and D. J. Hickson [1993] *Great Writers on Organizations, omnibus ed.*, Aldershot; Brookfield: Dartmouth.

Pugh, D. S. and C. R. Hinings eds. [1976] *Organizational Structure Exten-*

sions and Replications: The Aston Programme II, Farnborough: Saxon House.

Woodward, J. [1965] *Industrial Organization: Theory and Practice*, London: Oxford University Press. (ウッドワード, J.〔矢島鈞次・中村壽雄訳〕[1970]『新しい企業組織——原点回帰の経営学』日本能率協会)

Woodward, J. ed. [1970] *Industrial Organization: Behaviour and Control*, London: Oxford University Press. (ウッドワード, J. 編〔都筑栄・風間禎三郎・宮城浩祐訳〕[1971]『技術と組織行動——サウス・エセックス研究 その後の展開』日本能率協会)

第8章 課業環境と組織プロセス

『組織の条件適応理論』

環境と組織の適合が好業績と関係するとする議論は、ローレンス＝ローシュの著作『組織の条件適応理論』の中で、「状況適合理論」(Contingency Theory) と総称され、さまざまな面から多くの研究が積み重ねられた。

1 組織と環境

●ローレンス゠ローシュ

1960年代に，環境と組織が適合すれば，業績が良いと主張する研究が現れた。テーラー以来提唱されてきた「唯一最善」(ワン・ベスト・ウェイ)の組織化の方法を否定する研究動向を総称して，ポール・R. ローレンス (Paul R. Lawrence, 1922-) とジェイ・W. ローシュ (Jay W. Lorsch) は，状況適合理論 (Contingency Theory) と呼んだ。ここでは，一般にオープン・システム・アプローチが採用され，環境に適合する組織デザインのあり方が問題にされた (Lawrence and Lorsch [1967])。

彼らは，この状況適合理論の枠組みを，さまざまなレベルに適用した。第1は単一製品の生産・販売を基本とする組織レベルでの研究，第2は多角化された企業における組織デザインの問題，第3は環境と組織の適合した状態における職能部門内の人間行動とその動機づけである。

課業環境の不確実性と分化

組織は課業環境の不確実性に直面してこれに対処しなければならない。この課業環境は科学環境，技術—経済環境，市場環境の3つの下位環境からなり，組織は，それぞれ研究開発部門，生産部門，販売部門という職能部門をつくって，これに対処する。

課業環境の不確実性は，情報の不明瞭性，因果関係の不明確性，結果のフィードバック期間の長さによって測定される。生産部門の不確実性は低く，販売部門の不確実性は中程度で，研究開発部門の不確実性は高い。また，プラスチック産業，食品産業，コンテナ産業を比べると，全体として課業環境の不確実性は，この順番に高い→低い，となる。

課業環境の不確実性に従って,分化の程度が決まる。分化とは,「異なった職能部門間の管理者の間の認知・感情の志向,および公式構造の差異」である。分化の程度は,①目標志向,②時間志向,③対人関係志向,④構造度で測定される。

　①目標志向とは,各部門の成員の目標に対する志向であり,販売部門では顧客や競争業者に関する市場目標の達成に,生産ではコストや品質に,研究開発部門では科学的知識の開発や応用に,注意を集中しなければならない。②時間志向は,明確なフィードバック期間に関連する志向であり,不確実性が高くなれば,時間志向は長かった。研究開発部門では,たとえば最終的に新製品の開発ができた時点で仕事の成果を確認できるという意味で,長期志向である。③対人関係志向は,部門の成員が対人関係においてどのような態度を示すかの指標であり,課業の性質に応じて,各人は異なった対人関係志向を持つ必要がある。課業の不確実性が高い(研究開発部門)か低い(生産部門)ときには,課業中心の志向を身につけることが必要である。課業の不確実性が中程度な場合(販売部門)には,人間関係中心の対人スタイルが必要である。④構造度は,各部門の構造の公式性に関する指標であり,不確実性が高い(研究開発部門)ほど構造度が低く,不確実性が低い(生産部門)ほど構造度が高い。

相互依存性と統合

　課業環境の不確実性が高くなると,それに対処するためには,それだけ高い分化が必要となる。分化が高くなると,そこでの志向はばらばらになるので,全体としてまとめることが必要となる。これが統合であり,「部門間の協働の質」を指す。不確実性が高くなるほど,要求される分化の程度が高くなるが,環境の要求する努力の統一を達成するためには,部門間の複雑な相互依存性を処理しなければならない。この相互依存性には,3つのタイプがある。①共同的(pooled)相互依存性とは,A,B両部門には直接の依存関係はないが,両方が全体を

図 8-1　相互依存性の 3 つのタイプ

共同的相互依存性　　　逐次的相互依存性　　　交互的相互依存性

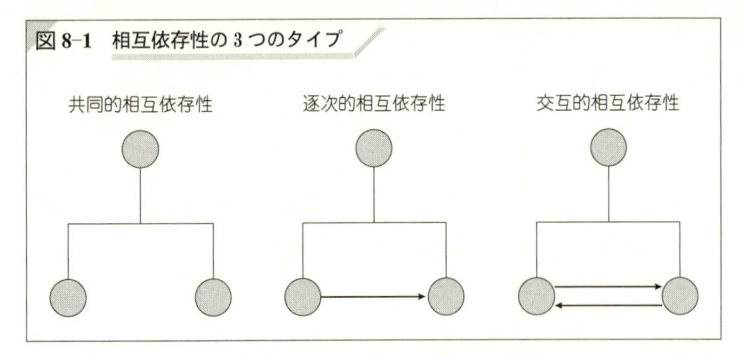

構成する場合である。この場合，AとBは階層によって統合されている。②逐次的（sequential）相互依存性とは，Aのアウトプットが B のインプットになるというように，順番の決まった連続的な相互依存性である。③交互的（reciprocal）相互依存性とは，Aのアウトプットが B のインプットになり，同時に B のアウトプットが A のインプットになる場合である（**図 8-1**）。逐次的相互依存性と交互的相互依存性とは，同じレベルで，いわば対等の関係の中で統合が行われる（水平的関係）。ただし，前者では計画によってスケジュールが決められ，後者では対面的な接触を通じて，情報が相互にフィードバックされる。

各産業には，それぞれ特有の，「競争上最も重要な問題」（競争戦略）がある。プラスチック産業と食品産業では，製品・製造方法の革新であり，それに対処するためには，研究開発部門と生産部門および研究開発部門と販売部門の間に「交互的相互依存性」（フィードバックによる相互調節）が必要であった。これに対して，コンテナ事業において最も重要な競争上の問題は，一定の品質を維持するとともに，いち早く需要に気づいて迅速かつタイムリーに配達することによって顧客にサービスを提供することであった。したがって，販売部門が需要に気づき，生産部門にこれを伝達し（逐次的相互依存性），生産部門は工場別の生産能力を勘案して（共同的相互依存性），

最適な生産を確保することであった。

以上のように，分化が高くなると，職能部門間に統合メカニズムが必要になるが，同時に職能部門間のコンフリクトを解決することも必要になる。

第1は，環境の不確実性に従って変化する要因である。ここでは，職能部門内部および職能部門間の，影響力のパターンのあり方が問題になる。効果的にコンフリクトを解決するためには，職能部門内部では，不確実性の高い部門（研究開発部門）では均等な影響力（分権）が，不確実性の低い部門（生産部門）では集権的な影響力の分布が必要であった。職能部門間のコンフリクトを解決するためには，競争上最も重要な問題を処理する部門が高い影響力を持つことが，効果的であった（→第7章第1節）。たとえば，プラスチック産業では，不確実性が高く，したがって競争上新製品の開発が最も重要な問題であり，研究開発部門および，新製品開発に必要とされる研究開発部門と生産部門，研究開発部門と販売部門の間に存在する交互的相互依存性を処理する統合部門が，高い影響力を持っていた。

第2は，環境に関連なく普遍的に効果的なコンフリクト処理のパターンが存在する場合である。ここには，①コンフリクトの解決様式，②影響力の基盤，③統合者の中立的志向，④業績評価の4つがある。

①コンフリクト解決様式には，他のグループに服従を求める「強制」，対立を表面的に取り繕う「円滑化」，当該の問題に関係する諸個人が自由に意見の対立を表明し，組織全体の目標に最もよく適う解決に達するまで十分に討議する「徹底討議」の3つがある。直面する環境の不確実性に関連なく，どんな状況でも「徹底討議」が，普遍的に有効であった。②影響力の基盤には，地位にもとづくもの（上位権限）と，専門的な知識や技術にもとづくもの（職能権限）の2種類がある。ここでも，環境に関連なく，専門的な知識や技術にも

表 8-1　環境要因と組織の統合

	プラスチック	食品	コンテナ
環境の多様性	高	中	低
おもな相互依存性	交互的	交互的	逐次的・共同的
分化の程度	高	中	低
統合手段	統合部門, チーム 役　割 階　層 プラン, 手続き	役　割 階　層 プラン, 手続き	階　層 プラン, 手続き
専門的な統合人員	22 %	17 %	0 %
相互作用のパターン	チーム	1：1の同僚	1：1の上司・部下
高い影響力を持つ部門	統　合	販売と研究	販　売
階層の影響力	均等に分布	均等に分布	トップ高く 下部低い

(出所)　Lorsch and Lawrence [1972]。

とづく影響力の発揮が有効であった。③統合者がいる場合には，統合者が関連する諸部門の事情を理解し，十分にコミュニケーションを図ることが必要なので，統合者の中立的志向が重要であった。④業績評価基準には，個人業績による評価，人間関係への対処能力による評価，グループ全体の業績による評価，の3つがある。どの環境においても，製品グループ全体の業績に応じて，成員が評価されていると感じた場合に，業績が良かった。

こうして，ローレンス＝ローシュは，課業環境の不確実性に関して分化の程度が決まり，分化の程度に従って統合（統合メカニズムおよびコンフリクト解決）が必要となり，この分化と統合の程度を課業環境の不確実性に適合させた組織が，高業績をあげると主張した。すなわち，環境と組織の適合が組織の高業績を導く。これが状況適合理論の基本命題である。以上の実証結果は，**表 8-1** のようにまとめられる。

2 多角化戦略と事業部制組織

●ローシュ゠アレン

ローレンス゠ローシュの研究は、いわば1種類の製品を生産・販売している企業を対象としていた。現代の大企業は多角化して、複数の事業部のもとで、さまざまな種類の製品を生産・販売している。ローシュとステファン・A. アレン（Stephen A. Allen, Ⅲ）は、ローレンス゠ローシュの枠組みを適用して、多角化を行っているコングロマリット企業と、技術的なつながりを持つ垂直統合企業を比較した（Lorsch and Allen［1973］）。

課業環境とトップの組織選択

コングロマリット企業（以下Cと略す）の製品─市場は多様であり、全体の不確実性も高いが、事業部間（事業環境間）の相互依存性は低い。垂直統合企業（以下Vと略す）の製品─市場は安定的で不確実性も低く多様性も低いが、事業間の相互依存性は高い。

第1に、Cにおける事業部の自律性は高い。本社は政策の設定に専念し、事業部の活動には介入しないからである。したがって本社スタッフの規模は小さい。Vは逆に、本社が事業部の計画に参加するため、事業部の自律性は低く、本社スタッフの規模も大きい。すなわち、Cでは本社が戦略的意思決定を、事業部が業務的意思決定をそれぞれ分担しており、その意味で分権的である。これに対してVでは、本社が戦略的意思決定にも業務的意思決定にも参加しており、集権的である。Vは、職能部門制組織の特徴を持っているといえる。

第2に、Cは環境の多様性が高いので、本社─事業部間の分化は高かったが、事業部間の相互依存性が低いため、統合努力は少なく、複雑な統合メカニズムを持たなくても、必要な統合は確保されてい

表 8-2　環境の多様性・相互依存性と組織のパターン

		コングロマリット	垂直統合
環境の要求	多様性	高	低
	不確実性	高	低
	相互依存性	低	高
	資金の流れの不確実性	高	低
組織選択のパターン	事業部の自律性	高	低
	本社スタッフの規模	小	大
	本社スタッフの職能専門家の数	少	多
	本社の決定事項	政策決定	政策決定・業務決定への干渉
	統合手段の複雑性	低	高
意思決定のパターンと組織の状態	事業部の要求への反応	早	遅
	影響力の分布	均　等	トップ高く下部低い
	業務評価システム		
	基準の明確性	高	低
	結果と報酬の結びつき	直接的	間接的
	ウェイトの高い基準	財務／結果	業務／中間
	分　化	高	低
	統合努力	小	大

(出所)　Lorsch and Allen [1973]。

た。これは分権的な組織を採用していること，本社スタッフの規模が小さいこと，と連動している。これに対してVでは，環境の多様性と不確実性が低いので分化の程度は低かったが，事業部間の相互依存性が高いため，多くの統合努力が必要であった。ここでも，Vが集権的組織を採用していること，本社スタッフの規模が大きいことと密接に関連している。

本社―事業部間の意思決定プロセス

第1に，Cでは事業部の自律性が高く，事業部レベルで必要な情報が集められて政策が形成されるので，事業部の影響力が高かった（分権的）。Vでは，事業部間の相互依存性が高いので，事業部レベルで自律的な政策の決定はできず，上級部門長が事業部間の

業務を調整していたので、高い影響力を持っていた（集権的）。

第2に、業績評価システムについて、Cは環境が多様で相互依存性が低いため、明確な業績基準が必要で、直接のアウトプット（財務／結果）によって業績評価が可能であった。しかし、Vでは不確実性と多様性が低いので、非公式の評価基準で十分であり、しかも事業部間の相互依存性が高いので、明確なアウトプット基準が採用できず、業務的／中間的な業績基準が強調されていた。

こうして、多角化されて複数の事業部門を持った大企業においても、課業環境の不確実性・多様性・相互依存性に見合った分化と統合の程度を採用している企業ほど、業績が高かった。すなわち、課業環境の不確実性と組織の分化―統合が適合している企業は、高い業績をあげていた（**表8-2**）。

3 組織と個人

●ローシュ＝モース

適合と組織成員の有能感

以上の、ローレンス、ローシュ、アレンの研究は、環境と組織が適合すれば、高業績がもたらされるというものであった。しかし、そのような適合状態のもとで、組織目的に向かって協働しようとする組織成員の動機づけや人格特性（personality）がどうなっているかは、議論されなかった。

この問題に、状況適合理論の立場から取り組んだのが、ローシュとジョン・J. モース（John J. Morse）であった（Lorsch and Morse [1974]）。彼らは、不確実性の低い生産部門と不確実性の高い研究開発部門を比較し、そこでの不確実性、組織特性、成員の人格特性と動機づけ、業績の関係を明らかにした。彼らは、高業績の生産部門と研究開発部門とを比較して、次のような事実を発見した（**表8-3**）。

表 8–3　研究所と製造工場の外部環境・成員の特性・内部環境

		研　究	生　産
	外部環境の不確実性	高	低
	部門の業績	高	高
成員の特性	統合の複雑度	高	低
	曖昧さへの許容度	高	低
	個人主義に対する態度	高	低
	権威への従属に対する態度	低	高
	有能感	高	高
内部環境	時間志向	長	短
	目標志向	科　学	技術―経済
影響力と統制	構造の公式性	低	高
	構造度の知覚	低	高
	影響力の分布	均　等	トップ高く下部低い
	発言力	大	小
	監督スタイル	参加的	指示的
作業活動の調整	公式構造による調整	低	高
	調整度の知覚	低	高
	コンフリクト解決	共同決定	共同決定

（出所）　Lorsch and Morse［1974］（ローシュ＝モース［1977］）。

　第 1 に，外部環境の不確実性に適合した部門組織は業績が良かった。すなわち，不確実性の低い生産部門では集権的な組織（高い公式性と構造度，指示的監督スタイル）が，不確実性の高い研究開発部門では分権的な組織（低い公式性と構造度，参加的監督スタイル）が有効であった。これは，環境と組織の適合が組織に高業績をもたらすという，状況適合理論の基本命題を確認するものである。

　第 2 に，業績のいかんにかかわらず，一定の環境下で働く人間は，その環境にふさわしい人格特性を発達させる。すなわち，高い不確実性を持った研究開発部門で働く人々は，①「曖昧さへの許容度」が高く，不確実で変化する状況を好み，②さまざまな情報を収集して種々の角度からこれを評価するという意味で「統合の複雑度」が高く，③権威への従属を嫌い，④個人主義的態度を持っていた。こ

れに対して，不確実性の低い生産部門で働く人々は，①曖昧さへの許容度が低く，②統合の複雑度が低く，③上からの命令に服従しやすいという意味で権威への従属度が高く，④1人で働くより仲間と共に働く，集団主義的態度を好んだ。

第3に，以上のような人格特性を持った人々は，高業績のときにのみ，言い換えれば環境と組織が適合して高業績をあげたときにのみ，そうした人格特性を発達させたことに満足感を覚えていた。すなわち，自分の環境をうまくマスターすることによって得られる満足感＝有能感（sense of competence）が高かった。

こうして外部環境，内部環境（組織），有能感の3者が適合しているとき，高業績が達成されると同時に，働く人々の動機も充足されることになる。環境に適合した組織構造が確保されると，そのもとで人々の行動（組織プロセス）は効果的に促進され，したがって高業績がもたらされる。さらに高業績が達成されると，それに貢献しているという満足感が，人々のやる気をさらに上昇させるのである。人間関係論では働く人々の満足度の上昇が生産性を増大させると主張されたが（●第4章第1節），ここでは，第1に，適合的な組織構造が人々の効果的な行動を保障し，第2に，高業績（生産性の高さ）が，人々の満足度（有能感）を高める可能性のあることが指摘されている。

組織の状況適合理論

以上，ローレンス，ローシュ，アレン，モースのハーバード・グループの状況適合理論の主張を明らかにした。全体を眺めてみると，次の5点が確認できる。

第1に，課業環境の不確実性という観点から組織の環境適応のあり方を問題にし，組織と環境の適合が高業績をもたらすという状況適合理論の命題を提唱した。それをもとに，多角化されて複数の事業部を持った本社の組織，事業部内部の組織，職能部門内部の組織

について，状況適合理論が適用されることがわかった。すなわち，課業環境―本社―組織―事業部―職能部門―個人という多元的なレベルについて，状況適合理論の視点から，体系的な分析が可能になった。

状況適合理論は，第Ⅰ部の静態的構造学派に対しては，同じく組織構造，組織デザインを論じながら，環境状況によって，適切な組織構造が異なることを指摘し，階層による調整ではなく，ヨコの公式の統合・調整が必要なことを強調している。また，第Ⅱ部の均衡学派に対しては，組織プロセスの均衡へと至る動態性ではなく，組織構造の変化を通じての環境適応を論じている。

第2に，状況適合理論は一般に構造論的であると言われるが，ローレンス＝ローシュの議論は，分化における管理者の志向，統合メカニズム，コンフリクト解決などの組織プロセスを中心に扱っている。ただし，ローシュ＝モースの議論にみられるように，あくまでも環境に適合した組織が人間行動の動機づけに影響を与えることを前提にしており，組織構造が人間行動を規定すると考えている。したがって，環境と組織の適合における組織とは，組織構造→組織プロセスを意味している。

第3に，第Ⅰ部の静態的構造学派では，唯一最善の組織構造が求められ，そこにおける分業のあり方と階層による統制（統合）が，論じられた（→第1章第1節）。また第Ⅱ部の均衡学派では，非公式組織による人間活動の調整（→第4章第2節），経営者による動機づけと環境への対応（→第4章第3節）が組織プロセスの問題として論じられた。これに対してローレンス＝ローシュでは，分業だけでなく，公式の統合メカニズムを通じての調整が問題にされた。こうして，効率を求めてますます分化する専門職能と，組織の全体目標に向けての統合・調整の問題を同時に解決することが，現代経営の課題とされた。

第4に，ローレンス＝ローシュは，現時点における環境の差異が種々の組織の現時点における差異をもたらすと述べた。これはいわば共時的かつクロス・セクショナルな分析である。環境の変化に伴って，組織がどのように変化するか，その移行のプロセスは論じられていない。たしかに，環境の不確実性が次第に増大して，組織が複雑になる，すなわち階層による統合から公式の水平的な統合メカニズムによる統合へと変化することが示唆され，その意味で，比較静学による動態分析への道が開かれているものの，移行プロセスの動学分析はなされていない。今後，経時的・時系列的な分析が必要である。統合メカニズムの体系的分析を行うことによって，一定程度この問題に接近しているのが，ガルブレイスである（◯第9章第2節）。

　最後に，ローレンスとローシュは，ウッドワード（◯第7章第1節）やペロー（◯第7章第2節）と同じく，技術や課業環境という状況要因（広い意味での環境）が，組織（構造とプロセス）に影響を与える，という関係を重視している。この意味で状況適合理論は環境決定論であると批判される。ただし，次の点には注意が必要である。状況適合理論は環境に合わせて組織を変えるという意味での，環境適応の問題を論じた。環境適応には，逆に，組織に合わせて環境を操作する（環境操作戦略）という面もあるので，両者の関係を明らかにすることが必要である。ただし，環境決定論的な適応が受動的であり，環境操作が主体的・積極的であるとは言えない。環境操作は，漸進的な組織プロセスの変化を前提にするが，環境変化への組織デザインによる適合は，組織構造の，不連続な大きな変化を伴うことがあるからである。

参考文献

Lawrence, P. R. and J. W. Lorsch (with the research assistance of J. S. Garrison) [1967] *Organization and Environment: Managing Differentiation and Integration,* Boston: Division of Research Graduate School of Business Administration, Harvard University.（ローレンス, P. R. = J. W. ローシュ〔吉田博訳〕[1977]『組織の条件適応理論――コンティンジェンシー・セオリー』産業能率短期大学出版部）

Lorsch, J. W. and S. A. Allen, III [1973] *Managing Diversity and Interdependence: An Organizational Study of Multidivisional Firms,* Boston: Harvard University, Graduate School of Business Administration, Division of Research.

Lorsch, J. W. and P. R. Lawrence eds. [1970] *Studies in Organization Design,* Homewood: R. D. Irwin.（ローシュ, J. W. = P. R. ローレンス編著〔清水勤監訳〕[1973]『変化適応の組織』産業能率短期大学出版部）

Lorsch, J. W. and P. R. Lawrence [1972] "Environmental Factors and Organizational Integration," in J. W. Lorsch and P. R. Lawrence eds., *Organization Planning: Cases and Concepts,* Homewood: R. D. Irwin.

Lorsch, J. W. and J. J. Morse [1974] *Organizations and Their Members: A Contingency Approach,* New York: Harper & Row.（ローシュ, J. W. = J. J. モース〔馬場昌雄・服部正中・上村祐一訳〕[1977]『組織・環境・個人――コンティンジェンシー・アプローチ』東京教学社）

第9章 課業と組織デザイン

アポロ11号の打上げ（写真提供：CNP/PANA）

マトリックス組織は，アポロ計画が進められていた1960年代のアメリカで，ナインゼロ（ゼロが9つ付くほどの高精度）を要する技術力の維持・向上のため，NASAと共に開発に取り組む宇宙航空産業各社に導入されたと言われる。

変化する環境の中で組織に影響を与える要因として，第7章では技術を，第8章では課業環境を取り上げる議論を紹介した。こうした状況要因が課業を通じて組織デザインに影響を与える態様を論じた議論として，トンプソンとガルブレイスを取り上げる。

1 環境・技術と組織デザイン

● トンプソン

ジェームズ・D. トンプソン (James D. Thompson, 1920-73) は，組織を，オープン・システムとして不確実性に直面するものであると同時に，合理性の基準に支配され，したがって確実性を要求する，複合的なシステムと考える。前者が課業環境への対応であり，後者が技術への対応である。トンプソンにとって，この両者から生じる不確実性への対応が組織の中心的問題である。

技術と相互依存性　組織構造を決める重要な要因は，効率を追求するための技術的な中核 (core technology) を担う単位と，組織と環境との相互作用を媒介する対境単位 (boundary spanning unit) とを，どれだけ分離できるかにかかっている。

技術には，媒介的技術（銀行のような資金の媒介），連続的技術（アセンブリ・ラインのような順序の決まった生産），集約的技術（患者の様態によってさまざまな医療サービスが組み合わせられる総合病院の治療）の3種類がある。こうした技術は一定の相互作用を必要とする。媒介的技術を処理するためには，共同的相互依存性が，連続的技術を処理するためには逐次的相互依存性が，集約的技術を処理するためには交互的相互依存性が，それぞれ必要である（◐第8章第1節）。

したがって，ここでの調整様式は，それぞれ標準化，計画，相互調整（フィードバック）である。標準化は，状況が安定的で反復的で

ある場合，内部的に一貫した一連のルールを設定して，A, B両者の行為を互いに他者と一致する方向に向かわせる手段である。計画は，インプットを設定することによってアウトプットを統制する手段であり，一定の目的を達成するために，その手段を限定することを通じて相互作用を調整する。相互調整は，状況がより変動的で予測不可能な場合に，状況の変化に合わせて，相互作用するAとBの双方を調整する手段である。状況の変動に合わせて目的を変更しながら，手段をそのつど限定していく調整である。共同的相互依存性（標準化）→逐次的相互依存性（計画）→交互的相互依存性（相互調整）の順に，調整は次第に複雑になり，調整コストは増大する。

組織は，この調整コストを最小にするよう部門化される。すなわち，第1に交互的に相互依存する活動を1つの単位へと編成する。次に逐次的に相互依存する活動を同じ単位内にまとめる。最後に共同的な相互依存性を持つ活動をまとめて1つの単位を形成する。さらに，すべての要素を，ただ1人の管理者が調整を行う1つの単位にまとめることができないような状況が生じたときには，階層が導入される。

課業環境と戦略

他方，組織は課業環境からの影響を最小にしようとして，さまざまな対環境戦略を駆使する。第1に，たとえば価格を他者より低く設定するという競争戦略によって，課業環境の影響を最小化しようとする。こうして，組織は，自社に固有の能力を伸ばすことによって，課業環境との依存関係を処理しようとする。

第2に，協調戦略を通じて，他者との協力関係を利用することによって，目的の達成をより容易にすることもできる。契約は，将来の成果の交換に関する合意の交渉である。これは，他者からの協力を確保して，将来の不確実性をなくそうとする戦略である。団体交渉を通じて経営者と労働組合の間で，公式に合意に達するような場

合がこれに当たる。契約による合意は，信用に依拠して取り結ばれることもあれば，第三者からの制裁という制度的パターンに依拠して，締結されることもある。

役員の導入（co-opting）は，組織への脅威を取り除くために，政策決定構造の中に，課業環境から新しい要素を「取り込む」戦略である。たとえば，製造企業が銀行から役員を導入することは，財務的資源に接近する可能性を増大させる。また，政府機関からの天下りを受け入れることは，将来何らかの有利な情報を得る可能性をもたらす。

前出のセルズニックのTVAの事例は，まさに「取込み」の典型である（◆第6章第1節）。

連合は，ある組織が，一定期間課業環境の要素と結合して，1つの目的を遂行する戦略である。各組織の最終的な主体性は維持されるが，将来の共同決定に対するかかわりが必要とされるので，各々の行動は制限される。

最後に，以上のような依存性を（回避するのではなく）吸収して課業環境を管理するのが，戦略的工作（たとえば，多角化や合併）である。ここでは参加組織は，それぞれの独自性・主体性をなくし，1つになる。これは，課業環境を管理する最終段階であり，課業環境の重大な要素を吸収する戦略である。

技術・課業環境と組織デザイン

以上の技術・課業環境の影響を考慮に入れて，組織は次のようにデザインされる。

第1に，課業環境が安定的で，計画によって調整すれば中核技術と対境単位とを分離できるなら，組織を研究開発，生産，販売のような職能部門で構成し，本部が基本計画を通じて集権的に統括することが効果的である。典型は職能部門制組織である。たとえば，鉄鋼業のような連続的技術を持った組織がこの状況に直面する。環境の不確実性が増大しても，在庫による調整，

取引活動の平準化,環境変動の予測,あるいは資源割当て制限によって,中核技術を課業環境の影響から隔離できるなら,この組織構造は有効である。

第2に,課業環境が動態的で,中核技術と対境単位とが交互的相互依存性の状態にあって切り離せないなら,これらの単位を,独自の活動領域（製品―市場）を持つ自己充足的な部門に編成することが効果的である。これは一般に,分権化された事業部制組織と呼ばれるものである。多角化された組織はいくつかの事業部を持ち,それぞれの事業部がワンセットの職能部門を持ち,独自の自律的な製品―市場分野に対処する。

第3に,技術変化の速度が速く,課業環境が複雑で動態的になるにつれて,組織はさらに柔軟で適応的になることを要求される。ここでは,最初から適応のための柔軟な組織構造の形成が必要とされる。たとえば,一方では職能部門制組織に基礎を置いて通常業務を効率的に遂行しながら,他方でこの専門化された諸部門から,特別な作業や注文作業のために人員を選抜して,タスク・フォースへと展開する場合がこれに当たる。総合病院は,通常業務のために内科,外科,看護,薬剤などの専門化された部門を持つ。しかし,急患の場合には,特定の患者に対して,外科医と看護師が協力して手術を行う。ここでは外科部長による外科医の任命と看護師長による看護師の割当て,さらには手術中における担当医師の指示とそれに従う看護師のように,権限関係が交錯している。

トンプソンは,以上のように,組織が技術と課業環境に固有の制約と状況要因に直面し,こうした要因からの影響は組織ごとに違うので,組織構造の基礎も異なり,したがって「唯一最善の方法（ワン・ベスト・ウェイ）は存在しない」と述べ,（トンプソン自身は状況適合理論という言葉は使っていないが）状況適合理論に理論的基礎を与えた。

2 課業の不確実性と組織デザイン戦略

● ガルブレイス

組織デザイン戦略　トンプソンの影響を受けて、課業の不確実性の増大に従って変化する代替的な組織デザインを、体系的に展開したのがジェイ・R. ガルブレイス（Jay R. Galbraith）である。ガルブレイスは、組織を、課業の不確実性（課業の遂行に必要な情報量から、組織がすでに持っている情報量を引いたもの）を処理するメカニズムととらえ、この情報処理の必要性の程度が、組織デザインのあり方を決めると考えた。

第1に、課業の不確実性が増大して、前もってプログラム化できないような例外事項が発生する場合には、当該の問題に関連する共通の上司に上申することによって、問題を処理することができる。すなわち、当事者同士では利害が衝突して決定ができないなら、両当事者を含む全体組織の共通利害を代表する階層の上司が、問題を処理することが合理的である。

第2に、画一的・反復的な状況において、相互作用を調整する簡単な方法は、必要な行動を前もって、ルールやプログラムというかたちで明記しておくことである。これにもとづいて各自が必要な行動を行えば、各自の行動が予測できるので、事前に調整が行われることが可能であり、改めてコミュニケーションを行わなくても、組織全体の活動は統合され、一貫性が保持される。

第3に、さらに課業が複雑になり、階層や事前のルールを通じての対応では、問題への対処に時間がかかる場合は、一定の下位目標を設定し、各自の裁量の範囲内で、目標達成に導いてくれる行動を自ら選択することができる。

第1は階層への上申、第2はインプットの統制、第3はアウトプ

ットの統制であり，それぞれトンプソンの共同的相互依存性，逐次的相互依存性，交互的相互依存性に相当する（●第9章第1節）。

さらに課業の不確実性が増大すると，次の2つの組織デザイン戦略によって対応する。第1は，諸活動の調整に必要な情報量を減らす方法である。これには，スラックの捻出と自立的な課業の統括がある。

スラックの捻出とは，在庫，納期の延期，業績水準の引下げなどによって，いわば余裕をつくり出し，相互依存する活動を調整するのに必要な情報量を削減することである。たとえば，在庫は，需要の変動にもかかわらず，最適な生産活動を維持する方策である。

自立的な課業の統括とは，アウトプット（製品やプロジェクト）の周りに多くの職能を集めて，1つの自己完結した単位を設立する方法であり，事業部制組織がその典型である。

以上の2つの方法は，基本的に相互依存性を切断するために，共同的相互依存性をつくり出して処理すべき情報量を減らし，不確実性を回避して，調整コストを削減するものである。

第2の方法は，相互依存する諸活動を調整するために，情報処理能力を増大させるものである。これには，垂直的情報システムの充実と，水平的関係の確立がある。

垂直的情報システムの充実とは，コンピュータなどを使って大量の情報を処理することによって，計画の更新を頻繁に行い，それによって階層に上申される例外事項を減らす方法である。

水平的関係の確立とは，当該の問題に直接関連する人々が対面的なグループを形成して，共同でこの問題解決に当たる方法である。これにはいくつかの形態がある。

最も単純なのは，直接の接触であり，問題によって影響を受ける諸部門の管理者同士で，話し合うものである。次は，こうした関連する部門間のコミュニケーションを専門的に行う連絡役を設定する

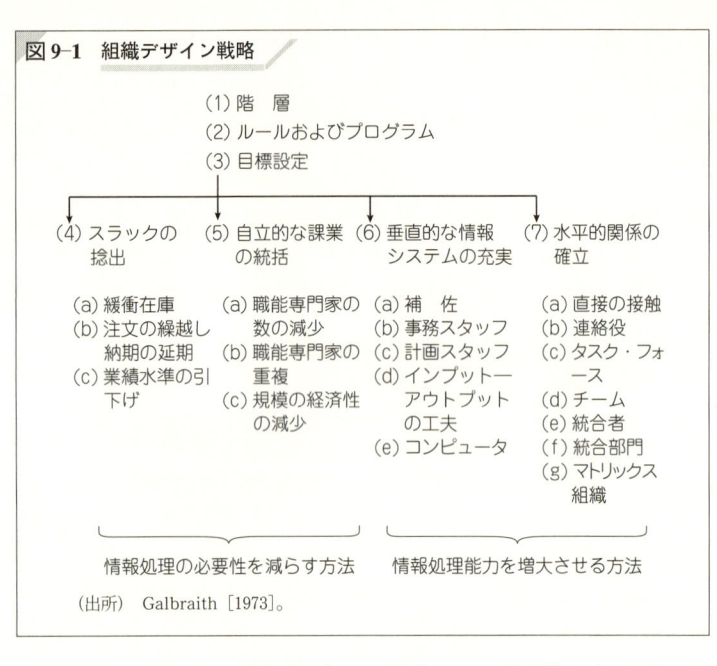

図 9-1　組織デザイン戦略

```
            (1) 階　層
            (2) ルールおよびプログラム
            (3) 目標設定
    ┌─────────┬─────────┬─────────┐
(4) スラックの  (5) 自立的な課業  (6) 垂直的な情報   (7) 水平的関係の
    捻出          の統括        システムの充実      確立

(a) 緩衝在庫   (a) 職能専門家の  (a) 補　佐        (a) 直接の接触
(b) 注文の繰越し    数の減少    (b) 事務スタッフ   (b) 連絡役
    納期の延期  (b) 職能専門家の  (c) 計画スタッフ   (c) タスク・フォ
(c) 業績水準の引     重複       (d) インプット―       ース
    下げ       (c) 規模の経済性      アウトプット   (d) チーム
                   の減少           の工夫       (e) 統合者
                               (e) コンピュータ    (f) 統合部門
                                                (g) マトリックス
                                                    組織
```

情報処理の必要性を減らす方法　　情報処理能力を増大させる方法

(出所)　Galbraith [1973]。

方法である。さらに，問題が生じた場合のみ，諸部門の代表者が集まって当面の問題を解決する方法であり，タスク・フォースと呼ばれる。チーム（プロジェクト・チームやプロダクト・チーム）は，タスク・フォースと同じく，それぞれの部門を代表する人々が集まって問題を解決する方法であるが，タスク・フォースより永続的である。

　直接の接触と連絡役は個人による調整であり，タスク・フォースやチームはグループによる調整である。これに対して，全般管理者の視点から統合するのが，統合者と統合部門である。統合者は，全般管理者的視野を持った技術的に優秀な人物が，たとえば製品管理者として，職能部門間の共同決定プロセスを管理する。最後に統合部門（たとえば，製品管理部門）は，統合者間の調整をするために，複数の製品グループやプロジェクトを管理しながら，技術グループによる革新プロセスの遂行と製品および職能の両方にもとづく情報

システムを維持する方法である。

この第2の方法は、ますます増大する相互作用から生じる交互的相互依存性を処理するために、コストをかけて頻繁な相互調整を行って、課業の不確実性を吸収する方法である。

以上の組織戦略をまとめると、図9-1のように示すことができる。

状況適合理論と組織の発展段階モデル

以上、状況適合理論を、とくに組織デザインという面から論じたトンプソンとガルブレイスの議論を紹介した。環境（ここでは課業の不確実性）と組織が適合するよう組織をデザインすれば業績が良い、というのがここでの基本的主張である。ただし、ここでの「適合」は、アストン・グループ（⊃第7章第3節）、ウッドワード（⊃第7章第1節）、ローレンス＝ローシュ（⊃第8章第1節）で問題とされた「適合」とは、同一ではない。

それぞれの適合概念を仔細に検討すると、3つの適合概念があることがわかる。

第1は、「選択的アプローチ」であり、環境に適応しているから組織は存続し得るという前提に立って、状況要因が組織構造を生じさせると考える立場である。ここでは、組織の業績は生存であり、組織の生存は自然選択の結果とみなされる。したがって、組織の業績の良し悪しは直接問題とされず、生存している現存の組織と状況要因との間に相関があるかないかが焦点となる。アストン研究が、この典型的な例である。規模と組織構造の相関が強調されるが、業績変数は無視される。

第2は、「相互作用的アプローチ」であり、状況要因と組織構造の相互作用が、業績に与える効果が問題にされる。これは、状況要因と組織構造の2変量関係に注目し、両者の相関が高ければ高業績がもたらされるとするアプローチである。したがって適合とは、状況要因と組織構造という2変数間の線形関係の成立であり、不適合

はそこからの乖離を意味し、この乖離が低業績をもたらすとされる。ウッドワードは、技術と組織構造の適合が高業績をもたらすといい、ローレンス＝ローシュは、課業環境と組織プロセスの適合が高業績をもたらすという。両者はここでいう相互作用的アプローチを代表している。

第3は、「システム的アプローチ」であり、状況要因と組織を構成する多元的な要素が全体として体系的形態（Gestalt あるいは configuration）を生み出すようなパターンが、高業績をもたらすと主張する立場である。ここでは状況要因と組織（構造とプロセス）の多元的な関係が問題とされる。トンプソン（◯第9章第1節）とガルブレイスの立場がこれである。

トンプソンは、技術という内部環境要因と課業環境という外部環境要因を同時に考慮し、さらに組織が環境に働きかけるさまざまな戦略を視野に入れている。ガルブレイスは、戦略も状況要因の1つと考え、戦略と組織および組織を構成する諸次元（課業、組織構造、情報および意思決定プロセス、報酬システム、人間）の間の多元的な適合が、組織に高業績をもたらすと主張している（図9-2）。

したがって、組織の成長・発展は連続的・漸進的なものではなく、多元的な適合によってもたらされるパターンや形態の不連続で段階的な発展を意味するものとなる。すなわち、状況適合理論の発展は、多元的適合へと適合概念の拡張をもたらし、その結果、組織の発展段階モデルの主張へと至った。

ガルブレイスは、アルフレッド・D. チャンドラー, Jr. (Alfred D. Chandler, Jr., 1918–2007) 以来の3段階モデル（単一職能組織、職能部門制組織、事業部制組織）を踏まえ、企業の国際化段階を加味して、次のように組織の発展段階を規定している。第1段階は、単純組織から単一職能組織への発展である。第2段階は、単一職能組織から集権的職能部門制組織、事業部制組織、持株会社への発展であ

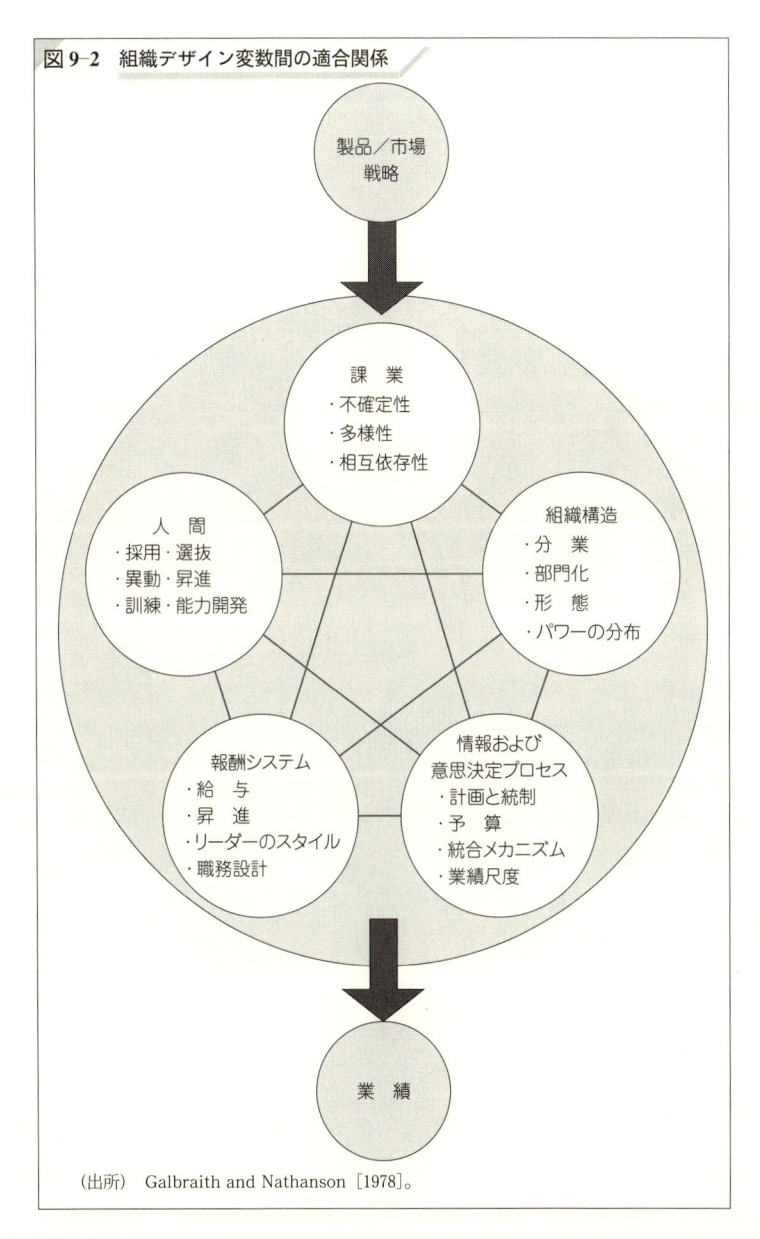

図9-2 組織デザイン変数間の適合関係

- 製品／市場戦略
  - 課業
    - 不確定性
    - 多様性
    - 相互依存性
  - 人間
    - 採用・選抜
    - 異動・昇進
    - 訓練・能力開発
  - 組織構造
    - 分業
    - 部門化
    - 形態
    - パワーの分布
  - 報酬システム
    - 給与
    - 昇進
    - リーダーのスタイル
    - 職務設計
  - 情報および意思決定プロセス
    - 計画と統制
    - 予算
    - 統合メカニズム
    - 業績尺度
- 業績

(出所) Galbraith and Nathanson [1978]。

2 課業の不確実性と組織デザイン戦略 ●ガルブレイス

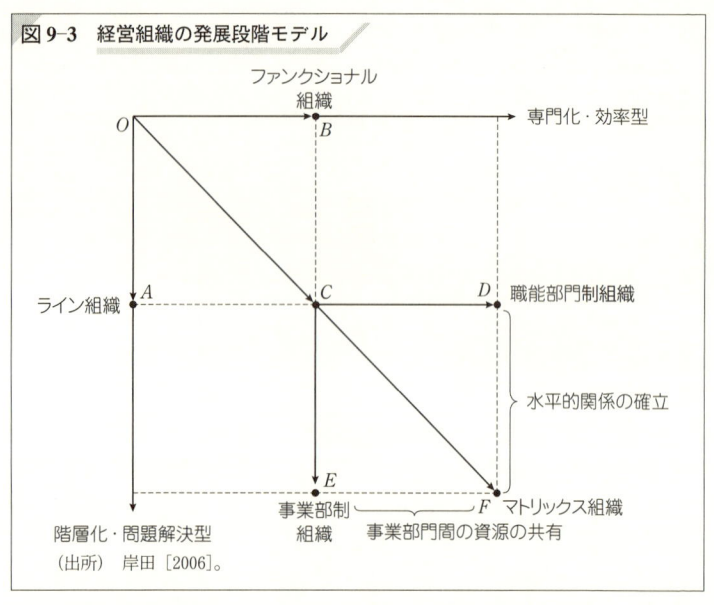

図9-3　経営組織の発展段階モデル

```
                    ファンクショナル
                       組織
    O                    B                      専門化・効率型
                                                          
                                                          
                                                          
    ライン組織 A          C              D   職能部門制組織
                                                          
                                                          ┐
                                                          │水平的関係の確立
                                                          │
                                                          ┘
                         E
                      事業部制              F  マトリックス組織
                       組織     事業部門間の資源の共有
    階層化・問題解決型
```

(出所)　岸田［2006］。

る。この3つの形態への発展は，選択可能で代替的である。第3段階は国際化の段階であり，第2段階の形態から，それぞれ世界的職能部門制組織，世界的事業部制組織，世界的持株会社への発展である。ただしガルブレイスは，単一職能組織→集権的職能部門制組織→事業部制組織→世界的事業部制組織という発展段階が，現実の発展の支配的経路であると述べている。しかし，ここには，単純な組織が何なのか，組織のどの側面が段階的に発展するパターンなのかという側面の検討がない。

　第Ⅰ部で明らかにしたように，テーラー，ファヨール，ウェーバーの議論が，それぞれファンクショナル組織，ライン組織，ライン・アンド・スタッフ組織という発展を意図していると考えるなら，次のように整理することができる。すなわち，技術的な効率の追求は，ヨコの分業＝専門化にもとづくファンクショナル組織，環境への対応としてのタテの分業＝階層化にもとづいて命令の一元化を保

持するライン組織が，組織形態の2つの基本である。この両者の，効率性と安定性という利点を同時に達成しようとしたのがライン・アンド・スタッフ組織である。ライン・アンド・スタッフ組織を基礎にして，大量生産という技術的要請に応えようとしたのが，職能部門制組織である。逆に需要の多様化という環境の要求に応えるべく，自律的な事業部門を本社が緩やかに統制するのが，事業部制組織である。さらに効率という技術的要請と，課業環境への適応に必要な柔軟性への要請を，同時に充たそうとするのがマトリックス組織である（図9-3）。

> マトリックス組織

状況適合理論は，適合概念の発展を通じて，組織の発展段階モデルを提唱したが，現時点における発展段階の到達点として措定された組織形態は，何であろうか。

ローレンス＝ローシュは，静態的構造学派が分業と階層による統合を問題にし，人間関係論が非公式組織による調整を説いているのに対し，公式の水平的な関係（統合メカニズム）が階層の上に重ねられて，統合が確保されることが主張されている。ガルブレイスは，さらにこの点を体系化して，課業の複雑性に応じて，複雑な情報処理を行うために，階層の上に，公式の水平的関係が積み重ねられていく態様を明らかにしている。すなわち，技術的効率だけでなく，新製品開発を同時に行わなければならない状況では，直接の接触，連絡役，タスク・フォース，チーム，統合者，統合部門という水平的関係が，次第に必要になってくる。ここでの特色は，階層によって専門職能分化による効率性の問題を，水平的関係によって新製品開発のための柔軟性を同時に確保することであり，二重の報告・権限関係が内蔵されることである。ローレンス＝ローシュの統合者（たとえば，製品管理者），トンプソンのタスク・フォース，ペローの複数集権的（poly-centralized）な組織など，いずれもこうした二重

図9-4　マトリックス組織

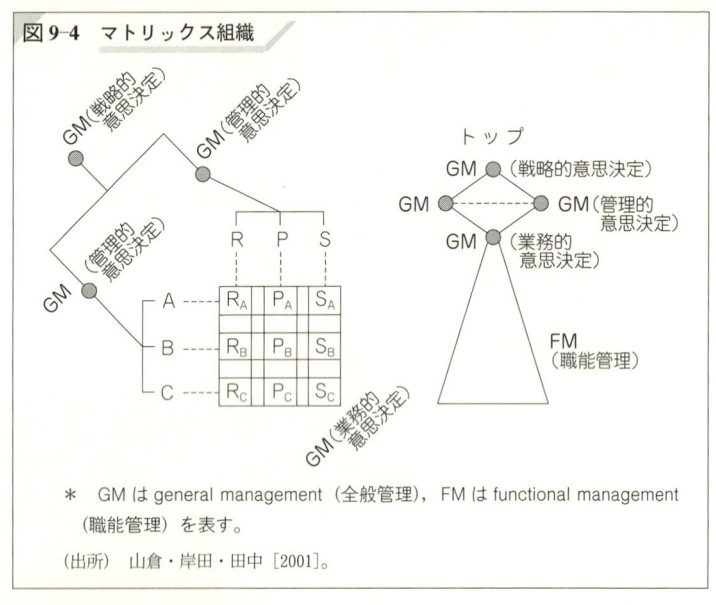

* GM は general management（全般管理），FM は functional management（職能管理）を表す。

（出所）　山倉・岸田・田中［2001］。

の権限関係を示唆している。ガルブレイスは，この最終形態をマトリックス組織と呼んでいる。

マトリックス組織とは，通常の垂直的階層の上に，公式の水平的な影響力，コミュニケーションを重ね合わせたものであり，成員は単一のグループではなく二重の作業グループに属するので，ここには二重の影響力に従う役割が含まれ，部門間にまたがる公式の水平的な関係を通じての調整が強調される。職能部門制組織では，技術的な問題に対処するために職能専門化が優先される。事業部制組織では，需要の多様化に対処するために，製品別，地域別などで編成された事業部の意思決定が，優先される。両者の要求に同じレベルで同時に応えようとしたのが，マトリックス組織である（**図9-4**）。

この組織形態は，1960年代のアメリカ宇宙航空産業で初めて採用されたと言われる。プロジェクトの契約を主張する政府（NASA）の要求と，ナインゼロ（ゼロが9つ続くほどの精度）を要す

る技術力の維持と向上への要求を同時に充たすべく,既存の職能部門制組織の上に,プロジェクト管理を重ね合わせたのである。

マトリックス組織は,階層の上に水平的関係による調整を重ねるので,それだけ管理コストは高い。したがって,次のようなきわめて不確実性の高い条件下においてのみ,有効である。第1は二重の組織編成を要求する外的(環境)圧力,第2に高度の情報処理能力の必要性,第3に情報・資源の重複の回避と,それらの共有の促進の必要性,である。

第1の条件がないなら,重要な問題を階層の上部で,重要でない問題を階層の下部で対応することにより,命令の一元化を保持できる。第2の条件がないなら,二重の組織編成原理に注目する小規模のトップ・マネジメント・チームの創出により,対応できる。第3の条件がないなら,相互依存性を切断するために,分権化(たとえば,事業部制組織の採用)によって,対処することができる。

3 状況適合理論の評価

以上,状況適合理論の展開を,技術と組織構造,課業環境と組織プロセス,課業の不確実性と組織デザインを問題とする,3つの領域に分けて,その特徴を明らかにした。

第1に,状況適合理論は,オープン・システム・アプローチにもとづいて,組織と環境の相互作用を問題としたが,そこではもっぱら環境から組織への影響が中心であった。しかし,同じ環境適応でも,状況適合理論のように環境に合わせて組織を変えるのではなく,組織に合わせて環境を変えるという適合の仕方もあり得る。これは一般に環境操作戦略と呼ばれる。トンプソンが述べているように,競争戦略や協調戦略(契約,役員の導入,連合)によって,課業環境

からの影響を回避したり，課業環境の要素を吸収したりすることができる。こうした環境操作戦略には次の3種類のものがある。1つ目は，緩衝戦略であり，いわば組織内にクッションを設けて，環境の影響を直接受けないようにする場合である。ここには，標準化，スラック，取引の平準化，予測，割当て制限，成長が含まれる。2つ目は，自律的戦略であり，組織自身の資源や手腕に頼って，当該組織の意思決定プロセスの中に環境要素を取り入れずに，自律性を維持して，不確実性を回避する方策である。ここには，競争，PR，自発的対応，制度化がある。3つ目は，協調戦略であり，共同の問題を解決するために，2つあるいはそれ以上の組織の活動を調整して環境の諸要素と明示的・暗示的に協調して，何らかの程度不確実性を吸収する場合である。これは，暗黙の協調，交渉・契約，役員の導入，連合，戦略的工作から構成される。

今後，環境適応を問題にする場合には，この2つの適応（環境に合わせて組織を変える組織デザインと，組織に合わせて環境を変える環境操作戦略）を考慮に入れた枠組みを構築することが必要である。

第2に，状況適合理論は，オープン・システム・アプローチにもとづいて，環境から組織への影響を考慮して，環境と適合する組織デザインのあり方を明らかにした（環境→組織）。さらに，組織構造が人間行動あるいは組織プロセスを規定する（組織→人間）という，第Ⅰ部の静態的構造学派の前提を受け継いでいる。これに対して，環境操作戦略の場合は，組織から環境への影響を重視している（組織→環境）。また，第Ⅱ部の均衡学派は，人間が組織を形成する（人間→組織）という考え方を前提にしている。

静態的構造学派と適応的デザイン学派は，組織構造が人間行動を合理的に規定する，あるいは環境が合理的な組織を決めるという側面を強調する。その意味で，組織（organization）の，構造化（organized）の側面を分析している。これに対して，均衡学派と環境操作

戦略は，人間が組織を形成する，あるいは組織が環境を操作するという側面を強調する。その意味で，組織化（organizing）の側面を分析している。組織（organization）は，組織化（organizing）と構造化（organized）の2つの側面からなる。この両側面を統合することが今後の組織研究に必要である。

第3に，状況適合理論における適合概念の発展により，多元的適合にもとづくパターンや形態の不連続で段階的な発展が指摘され，組織の発展段階モデルが提示された。これに対して第Ⅱ部の均衡学派や第Ⅳ部の進化プロセス学派では，組織の連続的・漸進的発展が問題とされる。前者では段階間の移行のプロセスが，後者では異質な形態への組織の転換が，明らかにされない。やはり今後，両者の組織成長モデルをどう統合するかが問題となる。

以上，この第Ⅲ部では，適応的デザイン学派として，1960年代以降，オープン・システム・アプローチにもとづいて，環境と組織の適合が高業績をもたらすと主張した状況適合理論を紹介し，整理した。

参考文献

Davis, S. M. and P. R. Lawrence (in collaboration with H. Kolodny and M. Beer) [1977] *Matrix*, Reading: Addison-Wesley Publishing Co. (デイビス，S. M. ＝ P. R. ローレンス〔津田達男・梅津祐良訳〕[1980]『マトリックス経営——柔構造組織の設計と運用』ダイヤモンド社)

Galbraith, J. R. [1973] *Designing Complex Organizations*, Reading: Addison-Wesley Publishing Co. (ガルブレイス，J.〔梅津祐良訳〕[1980]『横断組織の設計——マトリックス組織の調整機能と効果的運用』ダイヤモンド社)

Galbraith, J. R. and D. A. Nathanson [1978] *Strategy Implementation: The Role of Structure and Process*, St. Paul: West Publishing Co. (ガルブレイス，J. R. ＝ D. A. ネサンソン〔岸田民樹訳〕[1989]『経営戦略と組織デザイン』白桃書房)

岸田民樹 [2000]「状況適合理論——回顧・現状・展望」『組織科学』第33巻第4号，9-18頁。

岸田民樹 [2006]『経営組織と環境適応』白桃書房。

Thompson, J. D. [1967] *Organizations in Action: Social Science Bases of Administrative Theory*, New York: McGraw-Hill. (トンプソン，J. D.〔高宮晋監訳〕[1987]『オーガニゼーション・イン・アクション——管理理論の社会科学的基礎』同文舘出版)

山倉健嗣・岸田民樹・田中政光 [2001]『現代経営キーワード』有斐閣。

Column ④ 戦略論の展開

アルフレッド・D. チャンドラー, Jr. の *Strategy and Structure* (Chandler [1962]) 以来, 経営学の分野で, 戦略論が論じられるようになった。そこでは,「組織構造は戦略に従う」という有名な命題が提出され, 戦略と組織, とくに多角化戦略と事業部制組織の密接な関係が指摘された。戦略論を, 独立した研究分野として確立したのが H. イゴール・アンゾフ (H. Igor Ansoff, 1918-2002) の *Corporate Strategy* (Ansoff [1965]) である。ここでは, 多角化戦略に関連して, どのような事業ミックスを選択すべきかについて, 戦略策定のプロセスが論じられた。ここで戦略とは, 製品―市場分野の選択であり, こうした戦略論の立場は計画アプローチと呼ばれる。アンゾフは, 戦略を不確実性の高い状況に対処するための非定型的な意思決定(戦略的意思決定)ととらえ, 企業目的を合理的に達成するための手段として概念化した。さらに, 戦略概念をその計画(策定)段階から実施, 統制段階(管理過程の計画―実施―統制に当たる)へと拡張し, 戦略計画から戦略経営へと, 戦略論の射程を拡大した。

チャールズ・W. ホファー (Charles W. Hofer) とダン・シェンデル (Dan Schendel) は, こうしたアンゾフの展開をもとに, 戦略論のレベルを, 全社戦略(企業戦略, 経営戦略), 事業戦略(競争戦略), 職能戦略の3つに分類した (Hofer and Schendel [1978])。こうして, 企業経営のあらゆるレベルで, 戦略が論じられることとなった。

1. ポジショニング・アプローチ

1980年代のアメリカでは, 技術革新の進展や規制緩和による競争の激化にともなって, 既存事業における競争戦略や製品ポートフォリオの構成に関心が高まった。これはポジショニング・アプローチと呼ばれる。

マイケル・E. ポーター (Michael E. Porter, 1947-) は, 産業組織論の SCP (市場構造―市場行動―業績) モデルにもとづいて, 産業構造を識別する5つの要因を明らかにし, そこにおける3つの戦略を識別した。すなわち, 産業構造は, 既存の競争業者, 売り手, 買い手, 新規参入の脅威, 代替品の脅威, によって決まる。この5つの要因に対処するための基本戦略は, コスト・リーダーシップ(同業他社よりも低いコストを実現することによって平均以上の収益を生む), 差別化(自社の製品・サービスを, 業界の中でユニークなものとし, 高価格による高

収益を可能とする），焦点化（同業者よりも狭いターゲットに絞り込むことによって，低コストや差別化を実現する）の3つである。

ポーターが1つの事業における事業戦略（競争戦略）を論じたのに対し，PPM（product portfolio management）は，相対的市場占有率と製品の市場成長率という2つの要因を軸に，4つの事業タイプを明らかにし，企業の事業構成のあり方を分析した。第1は高占有率・低成長率の「金のなる木」，第2は高占有率・高成長率の「花形」，第3は低占有率・高成長率の「問題児」，第4は低占有率・低成長率の「負け犬」である。第1に，従来のROI（投資収益率）にもとづく事業部の評価では，今後の成長が期待できない「金のなる木」への投資しか約束されず，今後高成長が期待される分野への投資の理由づけができない。したがって第2に，「金のなる木」での収入を，「花形」や「問題児」へと振り向けて，全社として最適な事業構成を持つべきである。このPPMの展開が，GE社の「ビジネス・スクリーン」である。

2. 創発的アプローチ

1980年代後半は，日本的経営が喧伝され日本経済が急成長を遂げたのに対し，アメリカの経済が停滞し，アメリカ企業の競争力が失われた時期であった。日本企業の成功を受けて，環境との適合関係の静態的分析ではなく，企業内部において，戦略を実施する人間の，人的資源としての能力，およびその形成プロセスの重要性が指摘されるようになった。こうした状況において，戦略の実施が行われる組織内部の分析を重視する創発的アプローチが提唱された。ヘンリー・ミンツバーグ（Henry Mintzberg, 1939- ）は，戦略がトップ・ダウンで計画的に形成され，実施されるのではなく，組織の自律的な行為の積み重ねによって，下から，当初の意図とは違ったかたちで形成され，それがパターンとして定着していくと論じた（◐第12章第2節）。ここでは戦略は，未来の行動への計画であると同時に，過去の行動の一貫性・パターンでもある。

またジェームズ・B. クイン（James B. Quinn, 1928- ）は，経営トップの戦略経営が，組織を構成する下位システムでなされた意思決定の中にみられるパターンを見出し，これを維持・発展させることであると考え，漸進的な戦略形成プロセスの妥当性を主張した（ロジカル・インクリメンタリズム，◐第12章第3節）。

3. 資源ベース・アプローチ

1990年代に入って，競争優位の源泉を企業の内部資源に求めるという資源ベース理論（RBV）が，ジェイ・B. バーニー（Jey B. Barney）などによって提唱された。

資源ベースの議論の背景には，リチャード・P. ルメルト（Richard P. Rumelt, 1942- ）の多角化戦略，組織構造，業績の関係に関する主張（いわゆるSSPパラダイム）がある。ルメルトは，1949～69年におけるアメリカ大企業を調査して，関連事業への多角化を図った企業の業績は良く，無関連事業への多角化を行った企業は業績が低いと結論した。これが資源内部の重要さを強調する資源ベース理論のアイディアの発端となった。さらに，資源ベース理論は，エディス・T. ペンローズ（Edith T. Penrose, 1914-96）の「企業は資源の束である」という考え方にもとづき，このような資源の模倣，代替，移転の不可能性が，当該企業の持続的な競争優位をもたらすと考えた。

このような資源には，財務資本，物的資本（技術，工場設備），人的資本（経営者・従業員の能力，知識），組織資本（公式の意思決定システム，組織構造）が含まれる。また，この資源は，コンピタンスやケイパビリティとも呼ばれる。

4. 戦略論の統合と戦略変化

以上，1960年代以降の戦略論の展開を跡づけた。ここでは，代表的な4つのアプローチを紹介した。計画アプローチ，ポジショニング・アプローチ，創発的アプローチ，資源ベース・アプローチがそれである。計画アプローチと創発的アプローチは，トップ・ダウンの合理的・計画的戦略か，ボトム・アップの創発的・無意識的戦略かという戦略概念の対立であり，アンゾフ＝ミンツバーグ論争の基本的争点である。前者が戦略の計画的側面を強調し，戦略→組織という因果関係を持つのに対し，後者は組織における戦略の実施の側面を強調するという意味で組織→戦略という因果関係を持つ。さらにポジショニング・アプローチと資源ベース・アプローチは，前者が市場構造への対処のための組織行動を問題にするという意味で外部アプローチであり，環境→戦略という因果関係を持ち，後者が組織内の資源を利用して環境に対処するという意味で内部アプローチであり，戦略→環境という因果関係を持つ。また，計画アプローチとポジショニング・アプローチは，外部アプローチあるいはマ

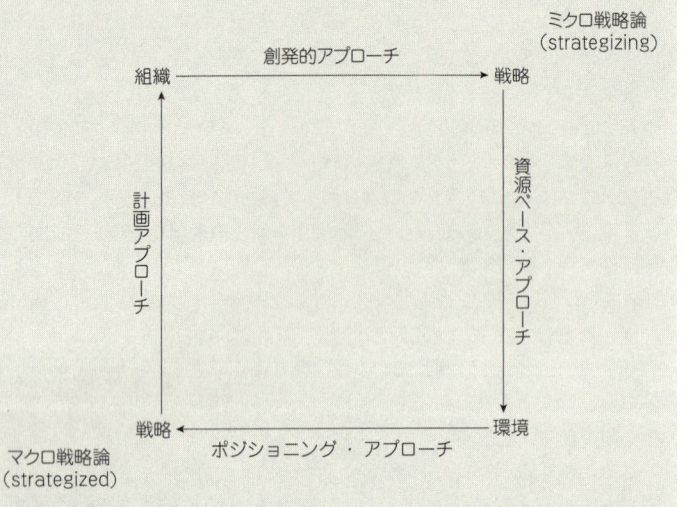

図 ④-1 戦略のサイクル

```
                                          ミクロ戦略論
                                          (strategizing)
                    創発的アプローチ
        組織 ──────────────────→ 戦略
         │                          │
     計画 │                          │ 資源ベース・
     アプ │                          │ アプローチ
     ロー │                          │
      チ  │                          │
         ↑                          ↓
        戦略 ←────────────────── 環境
                ポジショニング・アプローチ
   マクロ戦略論
   (strategized)
```

クロ戦略論であり，戦略（strategy）の構造的側面，すなわち strategized を問題にする。これに対して，創発的アプローチと資源ベース・アプローチは内部アプローチあるいはミクロ戦略論であり，戦略（strategy）の形成的側面（strategizing）を問題にする。

以上より，戦略が組織と環境を媒介する（環境―戦略―組織）と考えて，上述の4つの戦略論を関連づけると，次のようになる。戦略の構造的側面（strategized）は，環境→戦略→組織という因果関係を持つ。戦略の形成的側面（strategizing）は，組織→戦略→環境という因果関係を持つ。両者の因果関係は正反対であり，これを戦略のサイクルとして，図 ④-1 のように経時的に統合することができる。

以上のように，4つの戦略論を経時的なプロセスとして考えると，組織行動（組織における人間行動）が新しい戦略を形成することによって環境に適応し，そうした環境において，合理的な戦略と，それにもとづく組織行動が策定されるという，一連の戦略変化のプロセスが描けることになる。

参考文献

Ansoff, H. I. [1965] *Corporate Strategy: An Analytic Approach to Busi-*

ness Policy for Growth and Expansion, New York: McGraw-Hill. (アンゾフ, H. I.〔広田寿亮訳〕[1969]『企業戦略論』産業能率短期大学出版部)

Barney, J. [2002] *Gaining and Sustaining Competitive Advantage, 2nd ed.*, Upper Saddle River: Prentice-Hall. (バーニー, J. B.〔岡田正大訳〕[2003]『企業戦略論――競争優位の構築と持続』上中下巻, ダイヤモンド社)

Chandler, A. D., Jr. [1962] *Strategy and Structure: Chapters in the History of the Industrial Enterprise*, Cambridge, Mass: MIT Press. (チャンドラー, A. D., Jr.〔有賀裕子訳〕[2004]『組織は戦略に従う』ダイヤモンド社)

蔡展維 [2005]「戦略論の展開とその理論的構図」名古屋大学大学院経済学研究科 2004 年度博士論文。

Hofer, C. W. and D. Schendel [1978] *Strategy Formulation: Analytical Concepts*, St. Paul: West Publishing. (ホファー, C. W.＝D. シェンデル〔奥村昭博・榊原清則・野中郁次郎訳〕[1981]『戦略策定――その理論と手法』千倉書房)

Mintzberg, H., B. Ahlstrand and J. Lampel [1998] *Strategy Safari: A Guided Tour through the Wilds of Strategic Management*, New York: Free Press. (ミンツバーグ, H.＝B. アルストランド＝J. ランペル〔齋藤嘉則監訳〕[1999]『戦略サファリ――戦略マネジメント・ガイドブック』東洋経済新報社)

Porter, M. E. [1980] *Competitive Strategy: Techniques for Analyzing Industries and Competitors*, New York: Free Press. (ポーター, M. E.〔土岐坤・中辻萬治・服部照夫訳〕[1982]『競争の戦略』ダイヤモンド社)

第 IV 部

進化プロセス学派

第 10 章 *問題解決を超えて*
第 11 章 *組織の進化理論*
第 12 章 *創発する戦略行動*

何気なく「現実」と呼んでいるものが，人々の意識や注意のあり方とは関係なく，客観的に具体的に存在するものなのか。それとも人々の意識の産物として存在し，それゆえ意識や注意のあり方によって，その姿や形を変えるものなのか。もし前者であれば，現実と呼ばれている対象（それが何であれ）を構成している要素を明らかにし，その間の関係を特定し，そこに規則性を見出すことが，研究課題となる。

　しかし後者であるなら，事情はすべて変わる。関係を云々する以前に，人々が日々遭遇する，どのできごとや状況に目を向け，それをどのようにみ，いかなる意味を与えるか，注意の向け方や解釈行為自体が問題になり，アプローチの仕方は前者に比べてはるかに難しくなる。とくに組織→人間ではなく，人間→組織という因果関係をベースにした場合，組織現象の解明作業はそれほど容易ではない。組織が環境に対して開かれているとすれば尚更で，研究のあり方は大きな変更を迫られることになる。

　この事態に対応すべく展開されてきたのが第Ⅳ部，すなわち進化プロセス学派の諸学説である。これらの学説は，必ずしも組織の「問題」を具体的で客観的なものとはみない。むしろそれぞれの準拠枠の観点から「主観的に構成されたもの」とし，問題の「抽象性」を強調する。したがって，それまで伝統的にそうであったように，「特定の時点でベストとされる解」を求めようとはしない。

　そうではなく「時の検証に耐え得る解」を重視し，そのような解の発見と追求を可能にする「行動」や「組織」，あるいは「戦略」というものを強調する。行動のレベルで言えば，それはあらかじめ決めた目標を持って先頭に立つというより，人々のその場その場を手探り的に切り抜けていく「マドリング・スルー的」な行動の中に現実的な合理性を認める姿勢であり，組織レベルでみれば，「進化」を前提にしたプロセスの組織化である。そして環境のレベルについてみると，「インクリメンタルな」政策であり，「創発的」な戦略の形成である。

第10章 問題解決を超えて

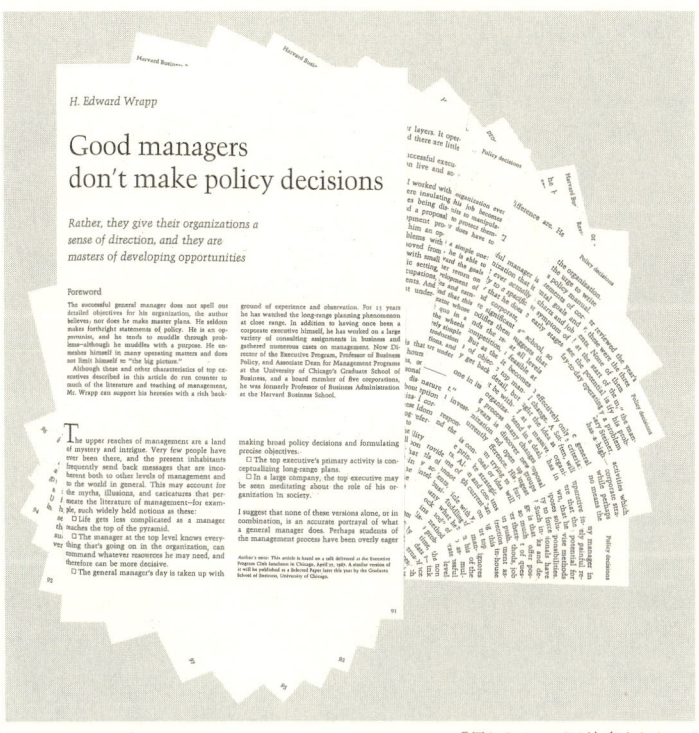

「優れたトップは決定をしない」

ラップは1967年に,「優れたトップは決定をしない」と題する論文を発表した。この主張は,学界から異端視される一方,実務界からは高い評価を得て,『ハーヴァード・ビジネス・レヴュー』誌の名論文の1つに数えられている。

1 主観的に構成されている問題への対応

● エイコフ

客観的な問題という仮定

「まず取り上げたい命題，そして明らかにしたいインプリケーション，それは問題というものが具体的で客観的なものとして存在するのではなく，『抽象的で主観的な構成物』として存在するに過ぎないということである。さらに私は，もし解というものが問題を解消する，ないしは消滅させるということを意味するとすれば，解というものは存在しないということを議論する予定である。問題や解を扱うに当たって，われわれはこれまで，実体ではなく，影を扱ってきたのだと主張するつもりである」

この文章に接したとき，その著者がたとえば，ギブソン・バレルとガレース・モルガン（Burrell and Morgan [1979]）の言う，「解釈主義的」なパラダイムの視点に立っている人であるなら，格別驚きに値することは何もないであろう。なぜならバレル＝モルガンが述べているように，解釈主義者によれば，それが何であれ，「社会的現実がもし単一の，個人の外側に存在するものとして認識できる実体を持つとすれば，それは諸仮定と，間主観的に共有されている意味のネットワークの結果にほかならない」からである。解釈主義的パラダイムの中では，社会的現実は「主観的に」存在するに過ぎず，したがって問題というものを「抽象的で主観的な構成物」とし，これまでは「実体ではなく影を扱ってきた」のだと主張したとしても，そこに何の不思議もないのである。

しかし，それが「オペレーションズ・リサーチ」や「マネジメント・サイエンス」を専門とする研究者の文章であるとすれば，話はまったく別である。なぜなら，よく知られているように，たとえば

表 10-1　転換期の姿勢——パラダイム調停の試み

公　理	実証主義者の見解（普通の正統派）	転換期の見解（縮小した新正統派）	ポスト実証主義者の見解（新興の非正統派）
現　実	素朴な実在論	批判的実在論	構成主義
二元論	客観性	反応性	相互作用性
時間およびコンテクスト依存性	自然法則的な一般化（自由）	統計的抽象化，多重回帰，多変量解析，パス解析	依　存
因果性	直線的	アクティビティ理論	双方向的・同時的因果
価　値	価値自由	価値は問題，理論，方法，および分析に影響する	完全な価値拘束性

(出所)　Lincoln [1985]（リンカーン [1990]）。

　オペレーションズ・リサーチはドイツ空軍の爆撃にさらされていたイギリスで，物理学者や数学者を中心につくられた科学的・数学的な作戦計画の方法であって，文字通り，「現実の」，軍事作戦上の問題を科学的に解決しようとするものであったからである。この学問的性格は以後も失われることはなく，そのことはオペレーションズ・リサーチが，「問題解決の効率と効果の改善」を目的として，待ち行列理論，数理計画法といった解を導き出す研究として発展したことからも明らかである。

　ラッセル・L. エイコフ（Russell L. Ackoff, 1919- ）はそうした研究分野を代表する人物であり，冒頭に引用した文章は分野の「代表者としての」講演のために彼によって準備されたものである（Ackoff [1974a]）。こうした点を考え合わせたとき，そこでなされている主張は重大で，「学説」というものの本質そしてその根底にある「パラダイム」の交代を考える上で，格好の素材であると言えるかもしれない（**表 10-1**）。

　エイコフによると，「問題」というものはこれまで伝統的に，テ

キストの最終章における問題とまったく同じように，意思決定者に対して「与えられる」か「提示される」ものであると仮定されてきた。そしてその問題が「どこから出てきて，なぜ解決する価値があるのか」ということは，「どのように」解決されるべきであるか，「解となるのは何か」という考察とは関係がないと仮定されてきた。問題の解決を扱っている人々は問題の発生，識別，そしてその形式に対して，それこそ形式的な一瞥を与えただけで，いとも簡単に問題の「解決」に移っていくのである。エイコフが疑問を呈するのは，まさにこの「問題の所与性」という仮定である。

メ　ス

エイコフによれば，意思決定者ないし問題解決者の扱っているのは，問題ではなく「メス」(messes)である。メスは不満を生み出す外的諸条件の体系であり，物理的物体を原子の体系として概念化できるのと同じ意味で，問題の体系として概念化できる。この体系は「構造的にみると」部分に分割できる全体であるが，分割され，分離されると，体系はいくつかの重要な特性を失ってしまう。それゆえに「機能的な観点からすれば」，「体系は不可分の全体」である。

そこで，もし意思決定者の対処すべき現実がメスからなるとすれば，問題はメスから抽象された最終的な要素であって，みることのできない抽象である。われわれはみることはできるが，部分に分割できないものを理解することはできない。幾何学上の「点」をわれわれはみることができない。それは抽象である。われわれがみ，そして「点」と呼んでいるのは，小さな空間である。だからエイコフによると，われわれがみたり，問題と呼んでいるのは，小さなメス，「ミニ・メス」である。

われわれは問題を切り離して考えるけれども，問題は抽象的な精神の構築物としてさえ，孤立しては存在しない。それらは体系の要素である。それゆえに，メスに対して，自身がその一部である各部

分は影響を与える。しかし，メスの先行きに対して，独立した影響は与えない。そして，これら部分の下位集合もまた，同じ特性を持っている。

メスに対する「解」はどのようなものであっても，それはメスから抽象された，ないしは抽象できる問題に対する解の単純な合計ではない。いかなるメスも構成要素を別々に解決することによっては解決できない。なぜなら，いかなるメスも独立した問題に分解できないからである。

このようにしてエイコフは，「問題を取り出し，解決できるという単純な状態の存在」，したがって問題の「所与性」を否定する。そしてもう1つの検討すべき対象，「解」の検討に移るのである。

決定状況を考えると，そこには意思決定者がコントロールできる変数と，コントロールはできないが決定結果に影響を及ぼす1組の変数がある。いわゆる「環境」を構成しているのは後者である。そこで，もし問題が解決された，ないしは解決されたはずであるというためには，そこには充足すべき2つの条件が必要になる。その1つは，解が実行された後で，関連する環境変数が大きく変わらないこと。もう1つは，決定者の価値や実行能力に変化がないことである。そこでこの点についてみるとどうなるか。

この2つの条件についてみると，経済上の，あるいは社会上の問題が，まったく消滅してしまうという意味では，「最終的に」解決されることがないように，ほとんどのケースにおいて，条件は充足されない。問題は一時的にはなくなる（ようにみえる）が，解決されてはおらず，むしろ「ファッション・モデルと同じように，異なるコスチュームや別の舞台で再び登場し続ける」。しかも，解決までの長い間，環境変数と決定者，そのいずれも変化しないという可能性はほとんどなく，それゆえに解決しようとしている問題は変化している。したがって，たとえ解を得たとしても，最早それは関連

性のない問題に対する解に過ぎないのである。

エイコフによれば，「多くの問題が解決されたままでとどまることがないために，解決することのできる問題の多くが解決されたにもかかわらず重要な点で変化するために」，最終的な解を求めることは，「蜃気楼」を追い求めるのに等しい。「それは遠くにみえるかもしれないが，しかし到達したと思った途端に消えてしまう」のである。

時の検証

そこでエイコフはこれまでの行き方に代えて，第1に効果的な「学習」と「適応」を可能にする意思決定システムの設計と開発を提案する。エイコフのいう「学習」とは，安定した状況のもとで，そして「適応」とは状況が変化する中で，それぞれ，「効率」ないし「効果」を増大させることである。こうしたアプローチのもとでは，提示されたときには貧弱にみえ，必ずしも最適とはみなされなくても，「時間が経過するにつれて改善される解でスタートするほうがよい」。ますます加速する技術の進歩や社会の絶えざる変化のために，パラドキシカルではあるが，「長期はより短期になり，直面する重要な問題を解決するのに必要な時間はますます長くなっている」からである。

したがってエイコフの第2の提案は，変化する状況としない状況，そのそれぞれの状況下で，「メスへの対応を時間の経過と共に，いかに改善するか，少なくとも維持するかに注意を向けるべき」ということになる。短期的にではなく長期的にみれば，これはたしかに「特定の時点でベストとされる解」を発見することに努めるよりも，実のあるやり方であろう。

言ってみれば「時の検証」に耐え得る解をどのようにして発見するかということであるが，それは取りも直さず，目的（結果）との関連というよりは，むしろ「プロセス」の観点から，とくに問題解決プロセス自体の価値から，解というものを見直すことの重要性を

示唆している。なぜなら，エイコフによれば，問題解決は単に目的に対する手段ではなく，多くの人にとっては，「それ自身のために」追求される目的自体でもあるからである。問題解決に携わっている人はプロセスをその結果以上に評価し，しばしば追求のプロセスそれ自体から大きな満足を引き出しているからである。このようにしてエイコフはプロセスに目を向け，そのプロセスに解決者の価値を組み込むことの重要性を主張するのである。

しかしエイコフによれば，従来の意思決定理論はこの問題を無視してきただけでなく，解が生み出した結果の影響をも無視している。決定理論は「問題が与えられるものであると仮定しているために」，解を当のできごとの結果とみて，「問題から解」への変換をそれ自体まとまりを持った1つのできごととして扱う。しかし，経験からわかるように，「すべての解は新しい問題を引き起こす」。したがってエイコフによれば，「問題→解」と同じくらい，「解→問題」へのアプローチ（●第11章第1節）を考えるべきである。

そして最後に，エイコフはこの解→問題へのアプローチと関連して，「未」(un)，ないし「反」すなわち，「解を問題に変換すること」の重要性を訴える。エイコフによると，芸術が，いかに満足の行く状態であったとしてもそれに満足せず，むしろ現状に不満をつくり出し，それをどのようにして改善するかについてのビジョンを提供し，さらにそのビジョンを追求するための勇気を与えているように，解の問題への変換は，「解決」すると同じくらい進歩に貢献する。もし失敗が，直面している問題を解決できない以上に，正しい問題をとらえ損ねる類のものであるとすれば，尚更である。

このようにして，もし現実に対応しようとするなら，「問題解決」という見方を超えなければならない。これが代表的オペレーションズ・リサーチ研究者エイコフの主張である。

1 主観的に構成されている問題への対応 ●エイコフ

2 優れたトップは決定をしないという理論

● ラ ッ プ

計画を表明しないトップ

　計画し，組織する，さらに調整し，そして統制する。ファヨール（→第2章第1節）以来，トップ・マネジャーについてはさまざまの議論がなされてきたが，ほとんどの場合，それはこれら4つの役割を中心にしたものであった。そしてその基調は今日もなお，基本的に変わっていない。とくに上級のマネジャーの場合，こうした役割を果たすに当たっては組織の方向性を追求すべき目標として設定し，その目標をさらに具体的な計画として示すこと，そうすることによって部下を統率することがそのあるべき姿として強調されてきた。

　そのような観点からすれば，上級のマネジャーには，たしかに「細部」にかかずらっている暇などないし，ましてや「パワー・ゲーム」に熱中するなどもってのほかである。その役割は組織内の生々しい人間関係に気を遣うことではないし，また，細部は現場に任せておけばよい。彼らにとって大事なのは「客観的な」，たとえば利益やコストであって，必要なのはそのような「数値」にもとづいて計画を立案し「大局的な」見地からつねに組織の「先頭に立つ」ことである。望ましいのはそのような上級マネジャーであり，そのようなマネジャーを持つとき，その組織は成功する。研究者の多くはそのように主張してきた。

　しかし，H. エドワード・ラップ（H. Edward Wrapp）によれば（Wrapp [1967]），優れたマネジャー，とくにトップ・リーダーは組織の行動を規定してしまうような「計画」に頼ろうとはしない。ましてや組織目標を「公式の文書」として示すことなどない。今，現

場では，何が起きており，何が問題となっているのか，大事にしているのは，むしろ現場のできごとであって，彼らはそうしたできごとに関連した情報の入手に努めている。彼らは自らのアイディアで部下を率いていこうとするよりは，むしろ現場の情報に期待している。そして，その情報を活かすために先頭に立っている。ラップはそのように主張する。

すでに言及した伝統的学説からすれば，こうした主張は到底受け容れることができないであろう。事実，この主張はアカデミズムの世界においては，当初からそのような扱いを受けている。送った論文を読んで，その人は「どうやら大きな欠伸をした」らしいとラップ自身が語る著名な学者の反応にみられるように，彼の主張は「あるべきリーダー像」を研究している専門家からは，ほとんど取るに足りないものとされた。そうではなくても，「異端」としての扱いを受けている。そしてこの状況は，長い間それほど変わらなかった。

そのロジック

しかし，「学者たち」が大欠伸をしたこの主張に対して，「実務界」はまったく違った反応を示している。研究対象とされた当のトップ・リーダーたちは当初からラップの見解を支持しただけでなく，今なお，高い評価を与え続けているのである。そのために，この論文は名論文の1つとして「HBRクラシックス」に選ばれ，発表から17年を経過した1984年に再掲載されている。こうした評価の違いはどこから出てきているのか。その違いを生み出したラップの主張，それはどのようなロジックにもとづいているのか。

ラップによれば，ビジネスを取り巻く状況は日々刻々変化しており，組織に対して絶えざる変化への対応を求めている。そしてこのことは組織にとってみれば，自らの目標の見直しが不断に必要となることを意味する。そのときにもし目標が明確で，確固としたものとして示されていたならどうであろうか。ラップによれば，「目標

を明確に示せば示すほど、ニーズや状況の変化に対応して目標を変える必要が出てきたとき、新しい目標を組織に浸透させることが難しくなる」。

しかも追求すべきもの、したがって従うべきものとして、目標が明確に、そして具体的に示されれば示されるほど、当然のことながら、変化に対応するために必要な行動を決めるに当たってメンバーの裁量の余地は減少する。それゆえ、ラップによると、実のところ「明文化された目標を欲しがる部下というものは、自らの利益を放棄してしまっている」のである。その結果、メンバーを依存的にするだけでなく、組織はアイディアの源を失う。その上、メンバーの間には明文化されているとはいっても、目標についての解釈の相違がどうしても生じ、目標とすべきものを巡って対立が生じやすい。

これらの論点を考え合わせたならどうであろうか。ラップによれば、当初に目標を明文化して提示することは、当の目標の達成を容易にするというより、むしろ「目標達成の道筋をいっそう複雑にしてしまう」。それが具体的で詳細に書かれているほど、メンバーは行動の自由を奪い取られ、アイディアの創出は抑制されてしまう。そしてその目標に反対する人たちには「口実」を与え、組織に混乱を招く。優れたリーダーはこのことをよく認識しているのであり、優れたリーダーとされる人たちが目標を明確にしないのは、そうした理由によるのである。

| マドリング・スルー的行動 |

ラップによると、そもそも組織目標というものは「現場での意思決定に共通する普遍的な要素が積み重なって初めて理解されるもの」であって、メンバーが行動する際のガイドラインは「さまざまのオペレーショナルな意思決定の中から徐々に定型化されてきたもの」である。すなわち、たとえどんなに小さな決定であっても、もしメンバーの賛同が得られるものなら、それはガイドラインの一

部として取り込まれていく。そしてその繰返しの中で,やがては組織の各レベルにおけるガイドラインとして「定式化され」,メンバーの行動の手引きとなるのである。

したがって,優れたリーダーは必ずしも最適の代替案に固執しない。むしろ,一見してばらばらにみえるさまざまの活動や多様な意見,とくに現場の活動に目を配りながら,幅広い興味や好奇心のもとに,それらの間に何らかの「意味ある関係」を見出そうとする。彼らは組織現場での毎日毎日の活動の中で発生するできごとを1つの有効なチャンスとしてとらえる。そしてたとえ予想外のできごとであったとしても,当然の変化としてプログラムに織り込み,部分的ではあっても,事態の進展を図るのである。

そうしたトップの行動からすれば,望ましいのは「多くの芽」を育て上げることであって,たとえば代替案の中のどれを選択するかによって,将来的にどのような結果が連鎖的に生じるかを「樹状」に示す,「ディシジョン・ツリー」の手法に従って,その芽を摘んでしまうことではない。最適とされた芽の1つだけを後生大事にすることではない。環境が絶え間なく変わるものである限り,大事なのは「複雑なディシジョン・ツリーを描くというより,むしろはじめは苗木に過ぎないものに手を貸して育て上げ,それがどれくらい体力のあるものであるかを見極め,そして大きな木にしていこうとするスタンスであり,そのための行動である」。ラップはそこに,変化が絶え間なく起こる環境において,望ましいトップ・リーダーの姿をみているのである。

このようにみてくるとどうであろうか。できるだけ完全でありたいという欲求において,トップもその例外ではないが,環境や人間の能力,そして人間関係の複雑さはそうした行動を容易に許さない。その現実の可能性を前にしたとき,優れたトップは客観的に合理的であろうとはしない。むしろ,組織メンバーのそれぞれがそれぞれ

に下している決定とその結果に「現実的な合理性」を認め，それを活かそうとするのである。

後でみるように，リンドブロムはこの現実を前に政策決定における「包括的に合理的な」アプローチの限界を強調し，「分割されたインクリメンタリズム」を提案した（→第12章第1節）。ラップが優れたリーダーに見出したもの，それは基本的に「インクリメンタル，探索的，連続的，そして手段への目的の調整」を特徴とするマドリング・スルー的，すなわち手探り的な行動である。そこには組織の成功を確保するための実質的に合理的な現実の論理が存在するのである。

3 マネジャーの職務

●ミンツバーグ I

4つの伝承

どのような分野でも，新しい胎動が始まるとき，そこにはそのきっかけとなる調査や研究というものがある。もしマネジャー，とくに上級マネジャーの職務に関してそのような研究に取り組んだ人を求めるとすれば，ラップは間違いなくその1人であったろう。しかしすでに触れたように，彼は実業界では圧倒的な支持を得たけれども，アカデミズムでは必ずしも評価されなかったし，両者には依然として，マネジャーの職務とその職務を遂行するマネジャー像について大きな認識のギャップが存在していた（→第10章第2節）。このギャップを一気に埋め，新しいマネジャーの役割を提示してみせたのが，ヘンリー・ミンツバーグ（Henry Mintzberg, 1939- ）である（Mintzberg [1973, 1975]）。

マネジャーに対して「あなたの仕事は何ですかと聞けば，ほとんどの人が計画し，組織し，調整し，統制すること」だと言うだろう。

それなら，たとえば工場が焼失したという連絡を受けたマネジャーが「応急措置として，外国の子会社から顧客へ供給できないかを調査するように指示する」場合を考えてみよう。果たして「これは計画なのか，組織しているということなのか，調整なのか，それとも統制しているということなのか」。またマネジャーが「退職する従業員に金時計を贈るときは。あるいは同業者の会合に出席する場合は」。

「計画，組織，調整，そして統制」というコンセプトは，こうした問いに対して何も解答を与えてくれない。もし与えたとしても，それは「せいぜいマネジャーが仕事をするときに念頭に置いている，漠然とした目標程度」のことである。そのようなものだけでどうしてマネジャーの必要とする情報や知識がわかるのか。そもそもどうやってマネジメントを改善しようというのか。マネジメントにはもっと具体的で，確実な根拠が必要であり，マネジャーに関して言えば，それは彼らが実際にしていることを明らかにすることから得られるものなのである。ではマネジャーは何をしているのか。ミンツバーグはこのように問い，従来の主張との対比においてマネジャーの役割を明らかにしようとする。

ミンツバーグによると，経営学にはマネジャーの職務に関して以下に掲げる根拠のない4つの「伝承」があるという。

伝承1　マネジャーは内省的で論理的な思考の，そしてシステマティックな計画立案者である。

伝承2　有能なマネジャーは定型的な業務などしない，またする必要もない。

伝承3　上級マネジャーに必要なのは集計的な情報であって，その提供に最適な手段は公式の経営情報システムである。

伝承4　マネジメントは科学であり，また専門職業である。現在のところは未だそうではないかもしれないが，少なくとも

急速にそうなり始めている。

> **その現実**

ミンツバーグによると，この4つの伝承に関連する主張は数限りなく存在するが，そのどれをとってみても，その論点の裏づけとなるものは見当たらないという。たとえば伝承1に関して，CEOについてみると，その活動の半分は9分と続かず，1時間を超えたものはわずか10％。職長についてみると，個々さまざまの活動数を数え上げてみると平均583になるが，これは1活動当たり48秒ということになる。そしてミドルに関するイギリスでの調査によると，30分以上邪魔されずに自分の仕事を続けることができたのは，2日に1回しかない。また伝承2について言えば，上級マネジャーは計画の立案をはじめとした重要事項や例外的なことがらに専念しているというより，むしろ祝賀会や落成式，あるいは結婚式といった式典，ないしは儀式に多くの時間を割いている。

さらにマネジャーが重視しているのは「口頭による」コミュニケーション，とくに電話と会議であって，集計的な情報やそのための経営情報システムには頼っていない（伝承3）。ミンツバーグによると，口頭のコミュニケーションの平均時間は，イギリスの2つの調査では66％，アメリカのCEOの調査では78％を占めている。そして最後に伝承4についてみると，マネジャーはその時々の必要に反応していると言ったほうがよく，その行動はとてもシステマティックと言えるものではない。もしマネジャーに時間配分や情報処理，そして意思決定といったプログラムがあるとすれば，それはマネジャーの「心の中」にある（**図10–1**）。

要するにミンツバーグによると，マネジャーは問題から問題，案件から案件へと飛び回っており，デスクで思案に耽っているわけではない。整然とした階層システムを思い描き，マネジャーはそのいずれかの結節点，とくに頂点に君臨すると想定するから，そのよう

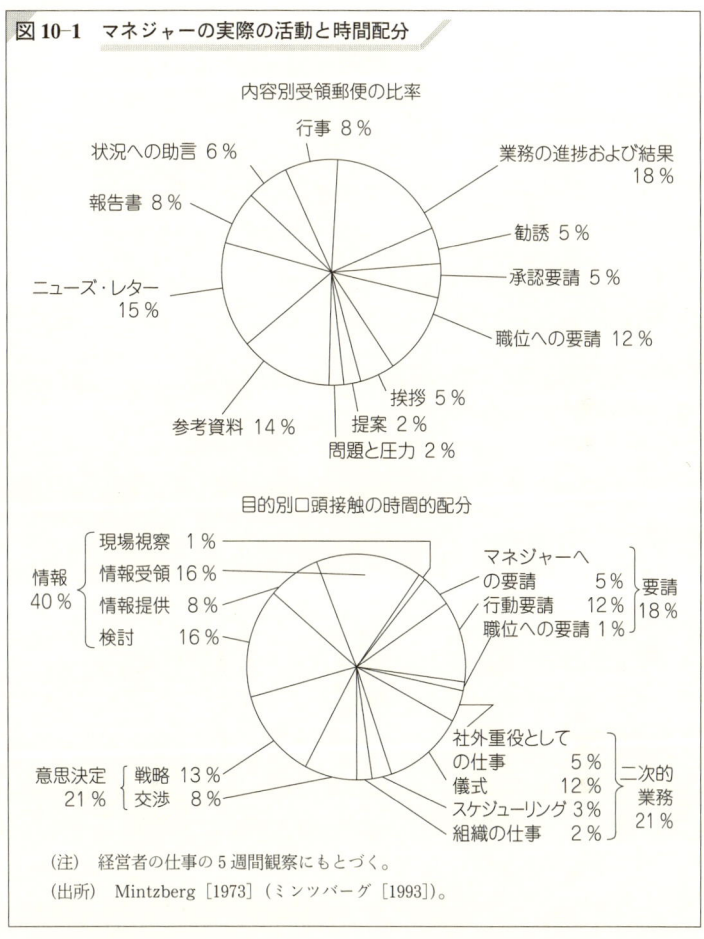

図10-1 マネジャーの実際の活動と時間配分

内容別受領郵便の比率
- 行事 8%
- 業務の進捗および結果 18%
- 勧誘 5%
- 承認要請 5%
- 職位への要請 12%
- 挨拶 5%
- 提案 2%
- 問題と圧力 2%
- 参考資料 14%
- ニューズ・レター 15%
- 報告書 8%
- 状況への助言 6%

目的別口頭接触の時間的配分
- 情報 40%
  - 現場視察 1%
  - 情報受領 16%
  - 情報提供 8%
  - 検討 16%
- 要請 18%
  - マネジャーへの要請 5%
  - 行動要請 12%
  - 職位への要請 1%
- 二次的業務 21%
  - 社外重役としての仕事 5%
  - 儀式 12%
  - スケジューリング 3%
  - 組織の仕事 2%
- 意思決定 21%
  - 戦略 13%
  - 交渉 8%

(注) 経営者の仕事の5週間観察にもとづく。
(出所) Mintzberg [1973] (ミンツバーグ [1993])。

にみえてくるのである。したがって，もし少しでもマネジャーに救いの手を差し伸べようとするなら，そうした想定とその想定から派生してきた「計画，組織，調整，統制」から離れなければならない。ミンツバーグはこのようにして，「実態」にもとづいたマネジャーの職務を新たに提示するのである。

> ゲシュタルトとしての
> マネジャーの職務

ミンツバーグによると、「組織、あるいはその中のサブユニットに責任を持っている人」、すなわちマネジャーには、基本的な共通項がある。それはすべてのマネジャーが、自分が責任を負う組織単位に対して、「フォーマルな権限を与えられている」ということである。ミンツバーグにとって、このフォーマルな権限はマネジャーの職務を考える上で決定的な意味を持っている。なぜなら、この「権限からさまざまな対人関係が生まれ、これらの対人関係があることによって、情報へのアクセスが可能になる」からである。「そして今度は、この情報をもとに、マネジャーは自分の組織単位のために決定をし、戦略を策定することができるように」なるからである。図 10-2 はこうした観点から規定されたマネジャーの役割を示したものである。

図から明らかなように、フォーマルな権限（と地位）は3つの対人関係に伴う役割をもたらし、この役割から情報上の役割が3つ出てくる。そして対人関係と情報、この2つの役割を担うことによって、マネジャーは意思決定に関連した4つの役割を果たすことができるようになる。

簡単に説明を加えると、「対人関係の役割」の中、組織単位の「長」が出ないと収まりがつかない（他の者に代わりを頼めない）、文字通り、組織の代表としての役割が顔としての役割が、すなわち「フィギュアヘッド」であり、目標を達成するために、たとえば部下を動機づけたり、士気を鼓舞したりするのが「リーダー」としての役割、そして直接的な指揮系統の外側で、社外を含め、自分の担当している単位組織外の人々との関係を保持するのが「リエゾン」としての役割である。

また情報に関連する役割についてみると、自分でつくり上げたネットワークを使って、状況を絶えず走査 (scan)、監視しているの

図 10-2 マネジャーの役割

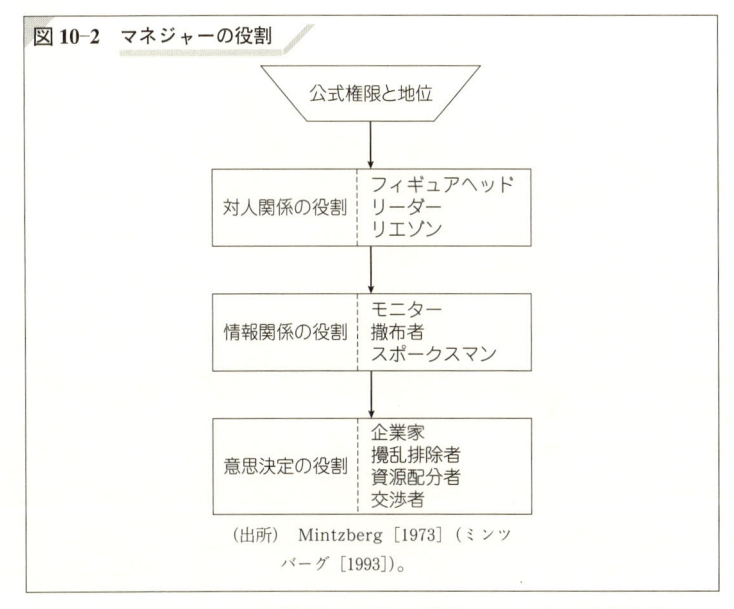

```
        公式権限と地位
              ↓
   ┌──────────┬─────────────┐
   │対人関係の役割│フィギュアヘッド│
   │          │リーダー      │
   │          │リエゾン      │
   └──────────┴─────────────┘
              ↓
   ┌──────────┬─────────────┐
   │情報関係の役割│モニター     │
   │          │撒布者       │
   │          │スポークスマン │
   └──────────┴─────────────┘
              ↓
   ┌──────────┬─────────────┐
   │意思決定の役割│企業家       │
   │          │攪乱排除者    │
   │          │資源配分者    │
   │          │交渉者       │
   └──────────┴─────────────┘
```

(出所) Mintzberg [1973] (ミンツバーグ [1993])。

が「モニター」としての役割,反対に情報のない人に情報を流したり,その橋渡しをするのが「撒布者」としての役割である。

そして最後に「意思決定に関連する役割」では,担当している組織を積極的に改善したり,変化する状況に前向きに適応させようとするのが「企業家」としての役割,これとは対照的に,プレッシャーを排除したり,突発的な攪乱に対処するのが「攪乱排除者」としての役割であり,組織単位の中でメンバーに何を割り当てるかに責任を負うのが「資源配分者」としての役割である。そして契約をはじめ組合との「交渉」に当たる役割が,文字通り「交渉者」である。

たとえば,「リエゾンとして」行動する機会を持たないマネジャーには,外部情報が入らない。その結果,部下に対して必要な情報を与えてやることも,また,自身が適切な決定をすることもできない。このことからわかるように,ミンツバーグによると,これら10の役割は一種の「ゲシュタルト」,すなわち統一的な全体をかた

ちづくっており，別々に切り離すことのできないものである。もし切り離してしまえば，ゲシュタルト自体が破れ，したがってマネジャーはその役割を果たせなくなる。言い換えると，それらは統合されて初めて意味を持つものなのである。

しかし，役割が全体としてゲシュタルトを構成しているということは，必ずしも複数の人間による役割の分担を否定するものではない。そうではなく，それぞれの役割を分担したとしても，「一体となって」行動できない限り，うまく行かないということである。したがって，「対内的な」役割と「対外的な」役割とを単純に分割してはならず，もし分割したなら，マネジメントに関する情報は完全に「共有」しなければならないということである。

頭の中でわかったからといって，自転車に乗れるとは限らない。乗れるようになるには実際に「乗ってみる」ことが必要である。それと同様，マネジメント・スキルがあるとすれば，それは単に知識の習得によって得られるものでもないし，また，内省的であるから優れたマネジャーになれる訳でもない。もし内省的であることが必要であるとすれば，「マネジャーは実務を通じて学び続けることができるように，自分の職務についてつねに内省的でなければならない」。これがミンツバーグの結論である。

4 行為の準拠枠

●シルヴァーマン

問題の所在

いったい社会が人間をつくるのか，それとも人間が社会をつくるのか。この問いは人間の行動を個々の人間を超えた「システムのニーズ」の反映とみなして全体システムの問題として分析し，そこから洞察を得ようとするのか，そうではなく，人間というものをあくまでも自律的な行為

者として，自分の行為や他者の行為に意味を与えるときに生じる相互作用の観点から分析することによって洞察を得ようとするのかという問題と関連している。したがって，単に1枚のコインの裏と表，その一方を強調するに過ぎない議論ではなく，人間とシステムとしての組織との関係を規定する根本的な問題である。

この問題に関して強い影響力を持っているのは，社会を「確固とした実在」とみなし，秩序を志向する「機能主義」のパラダイムである。それによると，組織には目標達成というニーズがあり，人間の行動はすべて，このニーズを充足するためのものである。したがって，その行動はシステムの統合と適応を志向し，つねにシステムのニーズによって規定され，構造化されている。言い換えると，もし人間が自律的であるとしても，それはこうした構造の中においてそうであるに過ぎない。社会は人間の「意識の外に」確固とした現実性を持って存在し，人間の活動をつねに制約している。その活動を導くのがシステムのニーズ，具体的には目標の達成である。

しかし，組織のニーズやシステムの「自己規制的な」活動（→第11章第2節）という概念をヒューリスティック（問題発見的）な工夫以外に使用することは，ほとんど受け容れ難い。なぜなら，そのようにすることは思考や行為，その力が人間ではなく，社会的につくられたものの中にあると主張するにほかならないからである。いわゆる「物象化」(reification) と呼ばれる問題である。社会科学に絶えずつきまとってきた物象化，この問題にピーター・L. バーガーとトーマス・ルックマンに従って，「社会的に構築され，社会的に維持され，そして社会的に変わるものとしての社会的現実」(Berger and Luckmann [1966]) という観点から，研究と理論構築に取り組んだのがデーヴィッド・シルヴァーマン (David Silverman) である。そしてその試みの結果として提示されたのが「行為準拠枠」(action frame of reference) である (Silverman [1970])。

社会の中の人間

行為準拠枠の考え方は、内的な経験と外的な行為とを関係づける手段としてマックス・ウェーバー (Max Weber, 1864-1920) が提示した「理解」という概念にもとづいている。ウェーバーによると、自然科学の世界と違って人間世界のできごとないし事象を理解するには、人間が状況に対して主観的に意味を与え、その意味づけに従って自分の行為を方向づける仕方を考慮に入れなければならない。なぜなら、たとえば同じ監督者の行為が、ある部下たちからすれば、友好的であると解釈されるかもしれないが、別の人たちによっては、自分たちと対立する目的を達成するために同情を得ようとする試みであると解釈されることがあるように、人は必ずしも同一の刺激に対して同じように反応するとは限らないからである。しかも同一の人物でさえ、時と場合に応じて、観察者には同じにみえる行為に対して異なる意味を与え、その意味づけに従って行為するからである。

人々は自分の直面する状況や他者の行為に対して自ら意味を与え、これらの意味の解釈を通して反応する。したがって、人間世界に関する理論は本質的に「解釈的」でなければならない。またその説明は「意味のレベルに関して」適切でなければならない。物象化の罠から逃れるためにシルヴァーマンが追求したのは、まさにこの意味のレベルにおいて適切な「理論」である。そのようなものとしてとらえたとき、それでは人間とシステムの関係はどのように位置づけられるのか。そしてそもそも行為を方向づける意味は、いったいどこから出てくるのか。

シルヴァーマンはその解答を考えるに当たって、意味は現在の社会やそれに先行する過去の社会によって与えられるとする、よく知られた社会学者、エミール・デュルケーム (Émile Durkheim, 1858-1917) の所説を引合いに出す。デュルケームによると、人間は自分たちの行為や意識を決定する「社会的事実」によって制約されてい

る。彼が好んで使用する例に倣って言えば,「自殺率」は個々の人間の意図とはまったく関係がない。それは社会という組織から出てきた社会的事実であって,したがって個々の行為者にとってはその外にあるものであり,しかもその行為を制約するものである。

もしこのようにしてデュルケームに従うなら,意味は社会の中にこそある。社会は権利や義務の伴う地位の階層から構成される,一連の相互に関連した制度的秩序から成り立っている。この階層は通常,たとえその地位を占めている者が代わったとしても,続く。それゆえ意味は,そのメンバーがそうするであろうと期待されている一般的な領域と,それぞれの地位に伴って特殊化されている期待,その双方によって制度それ自体と結びついている。そして社会化の過程を経て内在化されていく。

人間性という署名

しかし,どれほど強固にみえようとも,社会は日常の行為によって再確認される限りにおいて維持されているに過ぎない。その意味で,社会は,アントン・C. ザィデルフェルドの言葉を借用すると,つねに「人間性という署名」を帯びている。そのように考えるとき,意味は単に社会によって与えられるものではなく,むしろ各自の行為によって与えられ,維持されている。そしてシルヴァーマンによると,このことを確認するためにとくに煩雑な手続きは要らず,たとえばアーヴィング・ゴッフマン (Erving Goffman, 1922-82) がしたように,ごく当たり前とされていたことが破られたとき,そこに何が起こるかを観察することで済む。

ゴッフマンによると,自明性が破られるとき,現実とされていたものは最早当然視されない。当事者たちのとまどいや困惑と共に,それはむしろ疑わしいものとなり,新たに確認しなければならないものに変わる。したがってシルヴァーマンによると,意味は行為者を除いてしまうと何の現実性も持たない。それはそれ自体として独

立して存在するのではなく，バーガーとスタンリー・プルバーグの言う意味において，「人間が自分たちの世界の一部として認識する限りにおいて存在するに過ぎない」(Berger and Pullberg [1965])。この意味において人間が社会をつくるのである。

このようにしてシルヴァーマンは社会的に構成され，維持され，そして変化するものとして社会的現実をとらえ，その中心に人間という行為者を据えるのである。バレル＝モルガン（●第10章第1節）の言葉を借用すると，シルヴァーマンは「人間を社会的行為者として舞台の真ん中に」引き出そうとしているのである。そしてそのための適切な分析の基礎として，「行為準拠枠」を主張するのである。以下に掲げるのはそうしたシルヴァーマンの行為準拠枠に関する要約的命題である。

(1) 社会科学と自然科学とでは対象についてまったく異なった秩序を扱っている。厳密性と懐疑的態度の原則は双方に当てはまるけれども，その視点が同じであることを期待すべきではない。

(2) 社会学は，行動を観察することよりむしろ行為を理解することに関心を持っている。行為は社会的現実を定義づける意味から生じる。

(3) 意味は社会によって与えられる。共有された志向性は，制度化されるようになり，社会的事実として後の世代の人たちによって経験される。

(4) 社会が人間を規定すると同時に，人間もまた社会を定義する。具体的な意味の布置連関は，継続的な日常の行為の再確認によってのみ維持される。

(5) 相互作用を通じて人間も社会的意味を修正，変化させ，変換する。

(6) したがって，人間の行為を説明しようとすれば，関係者たちが自分の行為に付与する意味を考慮に入れなければならないこ

とになる。どのような方法で日常世界が社会的に構成され，現実やルーティンとして知覚されているのかということが社会学的分析の重要な問題となる。
(7) 実証主義的説明は，行為が外的でしかも拘束的な社会的諸力ないし非社会的諸力によって決定されると主張するのであるが，認め難い。

参考文献

Ackoff, R. L. [1974a] "Beyond Problem Solving," *General Systems*, vol. 19, pp. 237–239.

Ackoff, R. L. [1974b] *Redesigning the Future: A Systems Approach to Societal Problems*, New York: Wiley. (アコフ，R. L.〔若林千鶴子訳〕[1982]『未来の再設計——社会問題へのシステム・アプローチ』啓学出版)

Ackoff, R. L. [1978] *The Art of Problem Solving: Accompanied by Ackoff's Fables*, New York: Wiley. (エイコフ，R. L.〔川瀬武志・辻新六訳〕[1983]『問題解決のアート』建帛社)

Berger, P. L. and T. Luckmann [1966] *The Social Construction of Reality: A Treatise in the Sociology of Knowledge*, Garden City: Doubleday.

Berger, P. L. and S. Pullberg [1965] "Reification and the Sociological Critique of Consciousness," *History and Theory*, vol. 4, no. 2, pp. 196–211.

Burrell, G. and G. Morgan [1979] *Sociological Paradigms and Organisational Analysis: Elements of the Sociology of Corporate Life*, London: Heinemann. (バーレル，G.＝G. モーガン〔鎌田伸一・金井一頼・野中郁次郎訳〕[1986]『組織理論のパラダイム——機能主義の分析枠組』千倉書房)

Durkheim, É. (G. Simpson trans.) [1949] *The Division of Labor in Society*, Glencoe: Free Press. (デュルケム，É.〔井伊玄太郎・壽里茂訳〕[1957]『社会分業論』上下巻，理想社，原著第4版〔1922年刊〕の訳)

Goffman, E. [1959] *The Presentation of Self in Everyday Life*, Garden City: Doubleday. (ゴッフマン，E.〔石黒毅訳〕[1974]『行為と演技——日常生活における自己呈示』誠信書房)

Lincoln, Y. S. ed. [1985] *Organizational Theory and Inquiry: The Paradigm Revolution*, Beverly Hills: Sage Publications. (リンカーン，Y. S.

編〔寺本義也・神田良・小林一・岸眞理子訳〕［1990］『組織理論のパラダイム革命』白桃書房）

Mintzberg, H. [1971] "Managerial Work: Analysis from Observation," *Management Science*, vol. 18, no. 2, pp. 97-110.

Mintzberg, H. [1973] *The Nature of Managerial Work*, New York: Harper Collins. (ミンツバーグ, H.〔奥村哲史・須貝栄訳〕［1993］『マネジャーの仕事』白桃書房）

Mintzberg, H. [1975] "The Manager's Job: Folklore and Fact," *Harvard Business Review*, vol. 53, no. 4, pp. 49-61. (ミンツバーグ, H.〔ダイヤモンド社編集部訳〕［2003］「マネジャーの職務——その神話と事実との隔たり」『Diamond ハーバード・ビジネス・レビュー』第28巻第1号, 54-70頁）

Schwartz, P. and J. Ogilvy [1979] *The Emergent Paradigm: Changing Patterns of Thought and Belief*, Menlo Park: SRI International.

Silverman, D. [1970] *The Theory of Organisations: A Sociological Framework*, London: Heinemann Educational.

Weber, M. (A. M. Henderson and T. Parsons trans. ; edited with an introduction by T. Parsons) [1947] *The Theory of Social and Economic Organization*, New York: Free Press of Glencoe.

Weber, M. (E. A. Shils and H. A. Finch trans. and eds. ; with a foreword by E. A. Shils) [1949] *The Methodology of the Social Sciences*, New York: Free Press.

Wrapp, H. E. [1967] "Good Managers Don't Make Policy Decisions," *Harvard Business Review*, vol. 45, no. 5, pp. 91-99.

Zijderveld, A. C. [1970] *The Abstract Society: A Cultural Analysis of Our Time*, Garden City: Doubleday. (ザィデルフェルド, A. C.〔居安正訳〕［1976］『抽象的社会——現代の文化分析』ミネルヴァ書房）

第11章　組織の進化理論

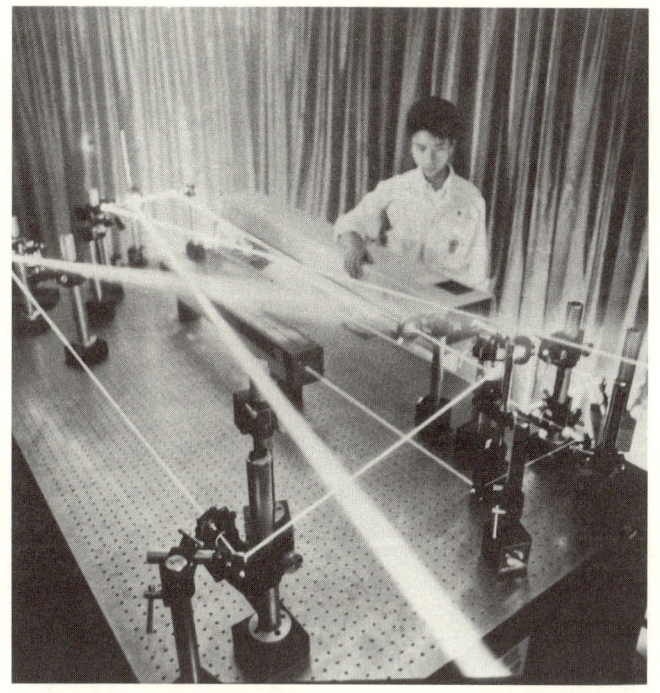

レーザー光線を使ったホログラムの撮影（写真提供：毎日新聞社）

> ホログラフィは，レーザー光線を相互に作用させて，平面に立体映像を映し出すものである。ホログラムの大きな特徴の1つに，どの部分からでも全体像を再現できることがある。モルガンは，この原理を社会システムに援用した。

1 ゴミ箱モデル

● コーエン゠マーチ゠オルセン

目的の先与性という仮定

組織理論に限らず，経営学では一般に，組織は「目的」の観点から定義されている。すなわち，組織は目的を共にする人々の集合体であって，その行為は目的に照らして正当化されもすれば，批判もされる。目的はすべての行動を規定する。それゆえに，行動が目的に先行することはあり得ない。行動はつねに達成すべき目的の後に来るのであって，もしその反対であれば，行動は場当たり的になり，結果として組織は存続できなくなる。いわゆる「目的の先与性」の仮定である。

たしかに特定の局面をみると，何を達成すべきなのか，目的は比較的明確であるし，組織もまた，目的をできるだけ明確にしようとする。しかし，メンバーにとって，目的はつねに明確である訳ではなく，それどころか曖昧さを減らし，よりはっきりさせようとした途端，組織活動がぎくしゃくし，混乱することさえある。組織が多様な考えや意見を持っているメンバーの「ルースな」集合体であって，一枚岩ではないからである（◐第5章第4節）。このことは組織活動が一般に言われていることとは反対に，目的の「曖昧性」に大きく依存しているということ，したがってはじめから明確であるというよりも，むしろ試行錯誤的行動の過程を経て次第に明確になってくるものであることを示唆している。

同時に，メンバーがそうした過程をつねに理解している訳ではないということをもまた示唆している。メンバーは限定された自分の仕事についてはわかっており，結果的に組織は作動しているだろうが，今自分のやっていることが組織「全体の中」でどういう意味を

254　第11章　組織の進化理論

持ち，どんな位置づけにあるかについては，ほとんどの場合，断片的に理解しているに過ぎない。したがって自分の仕事を全体像の中にそう簡単に組み込むことができない。メンバーはその大部分を，「経験からの学習」でこなしているのである。しかも彼らは，「出たり，入ったりする」。その結果，組織の境界は流動的になる。メンバーがさまざまの活動（問題）に投入する時間やエネルギーは異なり，特定の活動の中でさえ，時と場合によって変わる。

もしそうであるとすればどうであろうか。この現実を前に目的を行動に先行させ，行動を目的の観点から限定することは，環境との相互作用の中で刻々と変わる組織を「概念上の型に押し込み」，単純化してしまうことであって，本来切り離すことのできないはずの相互作用を随所で切断してしまうことにほかならない。それは人間の身長に合わせてベッドを作るのではなく，ベッドの長さに合わせて足を切断しようとする愚を犯すことになる。それではどうすればこうした愚を避けることができるのか。この問題に取り組み，それに対して1つの解答を与えたのが，マイケル・D. コーエン（Michael D. Cohen）とジェームズ・G. マーチ（James G. March），そしてヨハン・P. オルセン（Johan P. Olsen）である（Cohen, March and Olsen［1972］）。

その愚を避けようとするなら，コーエン＝マーチ＝オルセンによると，「目的の先与性」という仮定は放棄すべきものではあっても，前提とすべきものではない。むしろ①不明確な目的とその結果としての，②不明瞭な因果関係，そして③参加の流動性を特徴とする現実，すなわち「曖昧状況」(situation of ambiguity) こそ，前提とすべきものである。実際，目的が前もって確定しているというよりは，試行錯誤的な学習過程の結果として発見されたり，創造されたりするものであるなら，いったい何が必要なのか，どのような行動や手段が適切なのか。目的と手段，あるいは問題と解決策との関連性，

とくに因果関係を特定することはできない。したがってまた、目的を実現するのに、あるいは問題を解決するのにメンバーとして誰がふさわしいのか、その「顔ぶれ」を特定することもできない。たとえ特定したとしても、それは「決めつけ」に過ぎず、意味はほとんどないであろう。

そのように考えたとき、目的は組織活動の本質を明らかにする上で前提とすべきものではない。むしろ追求すべき目的を見出し、互いに創造していくものとしてメンバーの行動をみることが必要であって、そうした行動の中からいったいどのようにして「協働体系」としての組織が成立し、作動するようになるのかを明らかにすることが大事になってくる。コーエン＝マーチ＝オルセンはそのように考える。そしてそのための有力な考え方として「ゴミ箱モデル」(garbage can model) を提示する。

ゴミ箱プロセス

「曖昧状況」では、目的ないし問題は学習過程の結果として明らかになるものであって、必ずしも前もって確定し、特定することができない。このことは特定されている問題に対する解の探索とその中からの適切な解の選択、そして解決という、意思決定理論に典型的な従来の図式が妥当しないことを意味する。したがって、コーエン＝マーチ＝オルセンはモデルを定式化するに当たって、伝統的意思決定理論のように、①問題、②解、③参加者、そして④選択機会がはじめから、相互に「一義的な対応関係」にあるものとしては扱わない。

そうではなくて、①問題は自己を解決してくれそうな相手（解）を、あるいは取り組むに値するとしてくれる「参加者」や扱ってくれそうな「選択機会」を求めている。同様に、②「解」は自己にふさわしい相手である問題、自己を評価してくれそうな人々（参加者）や適切に処理のなされる「選択機会」を探している。さらに③「参加者」は自分にとって最も関心がある問題、あるいはその問題に対

して有効と考えられる解に時間とエネルギーを投入し，また，自分の関心を満たし，活かしてくれる選択機会に参加しようとする。そして④そのような問題，解，参加者の出会う場，コーエン＝マーチ＝オルセンによると，それが「選択機会」である。

要するに，これら4つの要因は「時間的流れ」の中で，互いに「独立」しているのであって，相対的に自律的であると仮定するのである。したがって，ゴミ箱モデルによると，たとえある種の解決が組織的になされたとしても，それら要因間，とくに問題と解との間には当初から「論理必然的な」(consequential) 関係が存在していた訳ではない。そうではなく，たとえば，ある問題は自己にふさわしい相手としての解を求め，その解の存在する選択状況の中に入り込み，みつからなければ別のそれへと移動する。解や参加者についても，同様である。もし組織的な解決がなされたとすれば，それはこのような動きをするそれぞれの要因が時間的流れの中で合流し，それぞれ自己にふさわしい相手をみつけたからにほかならない。

このことはこのモデルにおける重要な変数の1つが「タイミング」であること，したがって問題の解決，あるいは決定はそうしたタイミングに大きく依存していることを意味する。事実，問題，解，参加者，そして，選択機会がそれぞれ相対的に独立しているとすれば，事態の拾収はその間の脈絡，したがってタイミングに依存したものとならざるを得ないだろう。すなわち，どのような問題が議論の対象となるのか，あるいは何が解となって，何が問題となるのか，また，解決と呼ばれる状態に至るまで，どれくらいの時間とエネルギーの投入が必要になるか等々，これらすべてはどのような問題（の集合），解（の集合），参加者（の集合），そして選択機会（の集合）が存在するのか，それらの「組合せ」のいかんによって大きく左右されることになるのである。

そうしたプロセスの好例が3M社で「ちっぽけではあるが，偉

図 11-1 ゴミ箱モデルからみた 3 M 社のポストイット・ノートの開発過程

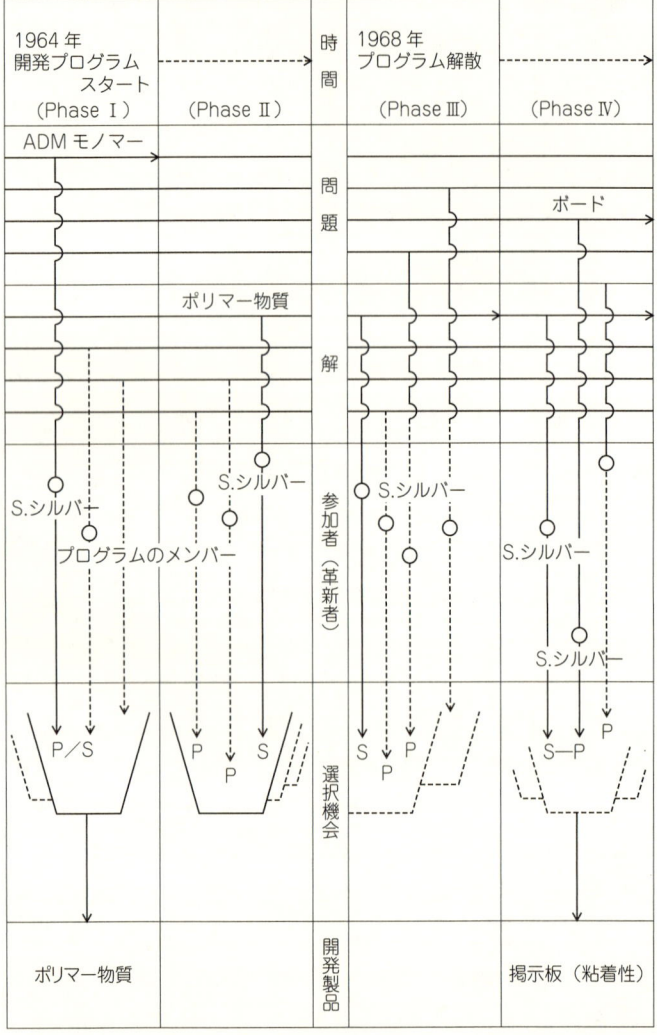

	1964年 開発プログラム スタート (Phase I)	(Phase II)	時間	1968年 プログラム解散 (Phase III)	(Phase IV)
問題	ADM モノマー				ボード
解		ポリマー物質			
参加者 (革新者)	S.シルバー プログラムのメンバー	S.シルバー		S.シルバー	S.シルバー S.シルバー
選択機会	P/S	P　S 　P		S　P P	S—P　P
開発製品	ポリマー物質				掲示板（粘着性）

(注) ⋃：公式の選択機会，⌣：非公式の選択機会，○：参加者（革新者），S：解，成立，↓：ゴミ箱への問題（解）の投入。

(出所) 田中 [1990]。

	1973年	1974年	
		ベンチャー設置	
	(Phase V)	(Phase VI)	

栞

○ R.オリベイラ　　　　S.シルバー
○ S.シルバー　　　　　　　　　　ニコルソン
　　　　　　　　　　　　○ R.オリベイラ
　　　　　　　　ベンチャー
　　　　　　　　のメンバー
　　　○　　　　　　　A.フライ
　　○ J.アーヴィン

S P P　　　　S—P　　P
P

ポストイット・ノート

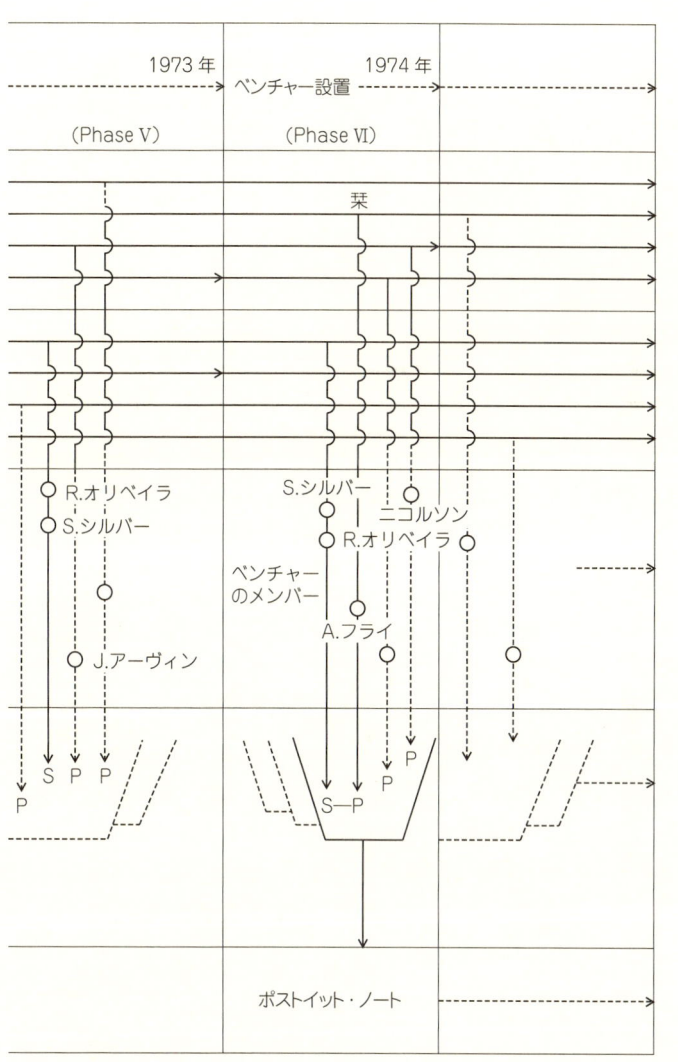

P：問題，P／S：判定不能（たとえば偶然），S—P（P—S）：問題と解の対応関係の

1 ゴミ箱モデル　●コーエン＝マーチ＝オルセン

大なる革新」と言われる，黄色のメモ用紙，すなわちポストイット・ノート・パッドの開発である。ポストイット・ノートは伝統的な意思決定理論が想定してきたように，特定された「問題」（明確な目的）に対する「解」（手段）の創出という図式では開発されていない。それどころか，それはより優れた「接着剤」を開発するという目的で始まったプロジェクトで偶然に発見された「ポリマー物質」を解として，むしろその相手となる問題を探索するという，新しい展開の中で紆余曲折の末に開発されている。その間，「つくともつかないとも言える特性」を持つポリマー物質という解は，参加者（革新者）の交代と共に問題を求めて選択機会を転々とし，最終的に「栞」という問題と出会った結果として開発されているのである（**図 11-1**）。

そこからは伝統的な理論が強調してきたように，積極的な意味で「人間が」何かを解決したり，「決着をつけている」というイメージは出てこない。事態は選択という「知的な過程」の結果としてというよりも，相対的に独立しているこれら4つの要因の「変転する組合せによって，何らかの行為が可能になったときにのみ」収束する。そこにあるのは，これら4つの要因からなる複雑な，一種のモザイクである。そのようにみたとき，コーエン＝マーチ＝オルセンにとって，組織内では通常，「会議」として設定されている選択機会というものは，多種多様な問題や解が創り出されたときに，メンバーたちが自己の関心に従って問題として，あるいは解として投げ込む，一種の「ゴミ箱」にほかならなかった。「ゴミ箱モデル」と呼ばれるゆえんである。

構造的規制

選択機会を「ゴミ箱」に見立てるというこの斬新な発想にもとづいて，コーエン＝マーチ＝オルセンはさらにシミュレーション・モデルを構築し，コンピュータ・シミュレーションを試みている。このモデルは，問題と

意思決定者とを各選択機会に割り当てた上で，決定ないし解決に必要なエネルギーを問題ごとに決め，そのような割当てがなされ，エネルギーが充足されたとき，問題が解決されたとする。つまり，問題はエネルギーを消費し，意思決定者はそのエネルギーを提供する。そして意思決定者がその問題を解くのに十分なエネルギーを投入すると，決定がなされたとするのである。言ってみれば，一種の「エネルギー配分モデル」である。

このシミュレーションによると後述する，「フライト」が厳しく制限されたり，問題の負荷が軽い場合を別にすると，問題は一般にフライトや「オーバーサイト」によって解決されていた。すなわち，問題は意思決定理論が想定しているように，当の選択機会の中で「問題解決」のかたちで解決されてはいなかった。解決策を問題と突き合わせて解決を図るというより，たとえば，この問題は当委員会の議論すべきものではないとするように，むしろ問題を別の選択機会に移すことで「片づけて」いることが多かった（フライト）。また，提示された問題に参加者があまり関心を持っていなかったり，他に類似の選択機会があるために，「問題を問題とせずに」済ませ，それを決定としていることが多かった（オーバーサイト）。

さらにシミュレーションの結果によると，決定の過程は問題の「負荷」に対してきわめて敏感で，重要な問題になればなるほど，その問題は解決されにくくなり，参加者はある問題から別の問題へとしきりに移動し，伝統的な意思決定論でいう「解決」に代わってオーバーサイトやフライトの割合がつねに高くなる。また顕在化している問題の数が減ると（したがって選択機会に割り当てられる問題が少なくなると）問題は潜在化して不平や不満を引き起こし，事態の収拾に長い時間を要するようになる。その他，そこには現実にはよく経験するけれど，従来の理論ではほとんど言及されることのなかった決定過程の姿が観察されている。

そのいずれも「理論と現実との対応」という問題を考える上できわめて示唆に富んでいるが，それはまた，強い批判や誤解を生み出すことにもなった。ゴミ箱モデルの場合，そうした意味での誤解ないし批判は，このモデルが基本的に組織的「知性」の存在をほとんど認めていないという主張として現れる。たしかに脈絡やタイミングを強調することは，解決された問題とそうでない問題との間にそれほどの違いを認めないことにほかならず，したがってまた，知性が働く余地も減少することを意味する。その結果，ゴミ箱モデルは脈絡やタイミングを強調するあまり，組織的知性を過小に評価しているという批判が生まれることになるのである。

　しかし，社会的「分化」の存在しない組織はほとんどない。いかに単純な組織であっても，問題や解をはじめ，参加者，選択機会を秩序づけたり，制度化している。そしてこの種の問題にはこれこれの解，この種の選択機会（会議）にはしかじかの参加者がふさわしいといった具合に，特定の問題を特定の解，あるいは特定の参加者の見地から優先的に扱おうとする。組織はそれらの間の結びつきを「管理」によって調整する。ハイアラーキー，専門化，権威の体系等々は，問題をはじめとしたそれぞれの要因の結びつきをコントロールするメカニズムとして構想されているのであり，実際，そのように働くのである。

　したがって，ゴミ箱モデルが脈絡やタイミングを強調したからといって，それは組織的知性の働く余地を否定しているのではない。そうではなくて，むしろそれは脈絡やタイミングの重要性を明らかにすることによって，問題をはじめとした4つの要因を規制しているメカニズム，とくに人々の「注意」や「関心」が何に依存しており，どのように配分されているかを理解することの重要性を提起しているのである。そうすることで，これまで，タルコット・パーソンズ（Talcott Parsons, 1902-79）の言う「残余カテゴリー」に篩い

落とされ，光の当たらなかった問題を改めて掬い取ろうとしているのである。

2　組織学習

●アージリス゠ショーン

要求される自問能力

どのようなシステムであれ，それが環境の変化に対して「自己規制的に」作動するためには，少なくとも3つの条件を充足することが必要になる。その条件とは，①環境変化の重要な側面を知覚し，モニターする能力，②入手した情報をシステムの運営基準と照らし合わせ，そこに逸脱や不一致があるかどうかを見出す能力，そして③発見されたその逸脱や不一致を修正するための行動能力である。もしこれらの能力を獲得することができるなら，システムとその環境との間に持続的な情報交換のプロセスが生まれる。そしてたとえば「エア・コン」が設定温度と照らし合わせて，室温を一定に保つように，システムもまた，「自己規制的に」作動することができるのである。

しかし，室温を一定に保つための「設定温度」が果たして健康上望ましいと言えるのかどうか，あるいは作業効率を促進させるのか，それとも低下させるのか。エア・コンにはシステムの運営基準である設定温度そのものの適否を判断する能力がない。そのため運営基準としての温度が「再設定」されない限り，エア・コンは身体や作業にどのような影響を与えようと，その良し悪しにかかわらず，設定温度を維持しようとし続ける。その結果，健康は冒されるかもしれないし，作業効率は低下し続けるかもしれない。この場合，システムの自己規制的なプロセスが，システムの知性を抑制している訳である。

したがって，組織が設定されている運営基準からの逸脱や不適合

に対して，たとえ修正行動を起こすことができるとしても，環境の変化には対応できない。環境が変化する場合，問われているのは個々の行動ではなくて，むしろその行動を支配している運営基準そのものだからである。組織が環境の変化に対して適応的であり，存続していくためには，単に自己規制的であるだけでなく，運営基準そのものを絶えず問い直す能力，モルガンの言う「自問能力」を組織内にビルト・インすることがどうしても必要になるのである（◎第11章第4節）。

もし実現されるなら，組織に多大な恩恵をもたらすかもしれない潜在能力を持っている組織メンバーと，そのメンバーを限りなく自己規制的にコントロールしようとしてきた管理アプローチ。そしてその間に発生するさまざまな矛盾とその結果としての組織能力の低下。組織がその職能を遂行する過程から必然的に発生してくる問題に対する解決策を模索する中で（◎第4章第2節），クリス・アージリス（Chris Argyris, 1923- ）とドナルド・A. ショーン（Donald A. Schön, 1930-97）が最終的に直面したのは，まさにこの自問能力をどのようにして組織にビルト・インするかということにほかならなかった。そしてアージリス＝ショーンは，その手がかりを「組織学習」（organizational learning）の理論に求めたのである（Argyris and Schön [1978]）。

したがってアージリス＝ショーンにとって，組織学習とは「単に新しい洞察，あるいは新しいアイディア」を獲得するための活動に関する試みではなかった。そうではなくて，それはついぞ十分に実現されることのない潜在能力と意欲とを持った人々の「組織化」についての試みなのである。そして以下にみるように「シングル・ループ学習」と「ダブル・ループ学習」は，そうした組織化を展開する際のキー・コンセプトとして提示されているのである。

> 「学習することを学習する」

一方では環境の変化に応じてダイナミックで革新的であることを求める力。他方においては安定性を求める力。組織にはこの相反する力がつねに働いており、メンバーに対して互いに矛盾した要求を突きつけている。その結果、組織のメンバーはたとえば、「イニシアティブを発揮しろ、しかし秩序を破ってはいけない」「何にもまして競争心こそ必要なものだ、しかし他人と争ってはいけない」といった、二律排反的とも言える指示のもとで板挟みの状態に陥る。

しかし、周知のように、わかってはいても、そのような矛盾が組織上の「根本的な」問題として取り上げられることはないし、それゆえ真剣な議論の対象となることはほとんどない。なぜか。アージリス＝ショーンはその原因を防衛のための機制、すなわち「防衛ルーティン」に求めている。この機制が働くとき、メンバーは責任を回避しようとはしても、問題に真正面から立ち向かおうとはしない。受け身の姿勢のまま、他人依存的な立場に甘んじ、一切のイニシアティブを放棄する。したがってアージリス＝ショーンによると、互いに矛盾が存在し、板挟みになるということそれ自体が問題なのではない。そうではなくて、防衛ルーティンのために、矛盾を取り上げて真剣に議論できないという点が、重要なのである。

この点に関して言えば、運営基準を問うことなくメンバー個々人の修正行動に依存する「シングル・ループの学習」は、この防衛ルーティンに対して何の解決策ももたらさない。というよりもむしろ、運営基準そのものを問わない自己規制的なループであるために、ルーティンを強化さえする。実際、運営基準を問うことなく、結果だけを突きつけられたならどうであろうか。そこから出てくるのは、いかにしてその与えられた基準に同調し、自己を守るかということである。したがって、矛盾が本格的に議論の対象となることは、まずない。シングル・ループ学習は本質的に「閉じた、自己完結的な

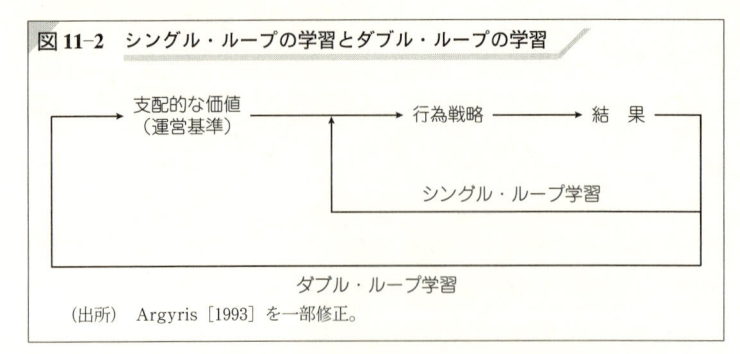

図 11-2 シングル・ループの学習とダブル・ループの学習

```
支配的な価値 ──→ 行為戦略 ──→ 結  果 ──
(運営基準)  ↑                           │
         │          シングル・ループ学習  │
         │                               │
         └───────────────────────────────┘
                ダブル・ループ学習
```

(出所) Argyris [1993] を一部修正。

学習」であって,結果的に問題を悪化させてしまうのである。アージリス＝ショーンによると,組織の伝統的な管理方式の矛盾は,実はこうした自己規制的なシングル・ループの学習と結びついているのである。

したがって,もし防衛ルーティンを食い止め,状況の変化に対応しようとするなら,学習は変化に対して開いたものでなければならない。そのためには運営基準の維持を前提とした学習とは別の探索プロセスを持つ学習,すなわち「ダブル・ループの学習」が必要になる。シングル・ループ学習が運営基準の維持を前提としているのに対して,ダブル・ループ学習では結果から行動へのループに加えて結果から運営基準へともう1本のフィードバックのループが存在し,運営基準それ自体の適切性がつねに問われるようになっている。言ってみれば,学習のプロセスが「二重に」なっているのである。この点でダブル・ループの学習は,運営基準を前提にしたシングル・ループの,行動を修正するだけの学習ではない。

そうではなくて,どのようにして「学習するかを学習する」,それがダブル・ループの学習である。シングル・ループ学習のプロセスが本質的に「閉じており,自己完結的」であるのとまったく対照的に,そのプロセスは変化に対してつねに「開かれている」のである。もしそうであるとすれば,どうであろうか。防衛的ルーティ

は明らかに弱体化する。少なくとも強化されることはないであろう。言うまでもなく，行動を規定している運営基準そのものの妥当性を絶えず問い直すループが存在するからである。そしてこのループが強化のループを弱めるように働くからである。

　仕事の性質が決まりきったものから頻繁に変化するものへ，あるいは予測のつきにくいものへと変わるとき，そして長期に渡って遂行しなければならないとき，一般に運営基準の見直しが必要となる。とくに環境の変化は，その変更を強制的に迫る。「ダブル・ループ学習はきわめて重要で，予測のつきにくい，しかも長期に渡る成果と関連する」というとき，アージリス＝ショーンは，自問能力が組織の適応行動において果たす役割を明確に認識しているのであり，そうした能力を組織にビルト・インすることの必要性に言及しているのである。そしてダブル・ループ学習にその可能性を見出しているのである。

弁証法的組織化

「学習することを学習する」ダブル・ループ学習の全体プロセスは，このように環境に起こる変化に対してオープンであり続ける能力と，組織の運営基準そのものを根本的に問い直すことのできる能力に依存している。それゆえ当然ながら，その能力は伝統的な「管理」の考え方とは異なる，新しい管理哲学と結びついていなければならない。そこでアージリス＝ショーンは次のように説く。

　①目標を一方的に設定してその達成を目指すのではなく，現実に即した情報にもとづいて行動するようにし，また，そのような情報の機会を探せ。②同僚への依存を減らすことによって自己の利益を守ろうとするのではなく，自由で，情報の裏づけを持った決定にもとづいて行動するようにし，傾聴するに値する意見を持つ人々の参加を積極的に求めよ。そして③自分の考えを同僚にできるだけ知られないようにしたり，あるいは客観的であろうとしてコミットメン

トを抑制するのではなく，目標への献身を組織内に生み出し，実施段階でのモニタリングを大事にし，絶えざる改革に努めよ。

たしかに矛盾が開かれた場に引き出され，運営基準に縛られることが少なくなれば，メンバーはそれぞれ，自分の認識や状況判断を自己防衛的になることなく自由に表明することができるであろう。防衛的になることがないので，同僚との間にあった垣根がなくなり，互いにその意見を交換することができる。それ以上に問題と真正面から向き合うことによって，その問題や矛盾が単に自分たちメンバーの行動の結果なのか，それとも運営基準そのものに起因するものなのかを，真剣に考えることができる。そしてそこから重要な教訓を引き出すことができるであろう。

しかし，ダブル・ループ学習では個々の行動だけでなく，運営基準そのものもまた，変更や見直しの対象となっている。しかも一般的に言えば，環境の変化が頻繁になればなるほど，組織は運営基準の再検討を迫られる。このことは言うまでもなく，運営基準を工学技術の基準と同じように「価値中立的な」基準として使用できないことを意味する。もしそうであるとすればどうであろうか。組織は環境の変化に対する「柔軟性」は確保できるが，組織の維持に必要な「安定性」は失われる。そしてその可能性は，組織が防衛的ルーティンの発動を防ぎ，環境の変化に現実的な対応をしようとして運営基準を頻繁に変更するほど，一般的には大きくなる。

「これらの厄介な規範（運営基準）に関するコンフリクトは組織のジレンマである」というとき，アージリス＝ショーンはこうした問題の存在を明らかに認識している。そして，「運営の円滑さやエラーの排除が，優れた弁証法の問題ではない。それとは反対に，その優れているところはエラーが絶えず解釈され，修正され，両立不能性や不一致に絶えず取り組み，対決的にコンフリクトが解決される様式にこそある」というとき，アージリス＝ショーンは両立不能性

の中に敢えて活路を見出そうとする弁証法的な見方にそのジレンマの解決を求めている。アージリス＝ショーンによれば，基本的なコンフリクトや逆機能が生起しない組織的安定状態など，もはやあり得ない。組織はつねに「弁証法的な組織化」の過程にあるのであって，そのようなものとしてみたとき初めてジレンマから抜け出すことができる。アージリス＝ショーンにとって，弁証法的な組織化は学習することを学習する際のジレンマを読み解く重要な鍵なのである。

3 多義性処理の組織化理論

● ワイク

多義性の処理

現代社会の中にあって組織として企業が成長をし，存続を維持しようとすれば，当然のことながら，環境の変化に対応する必要がある。環境に対してオープンなシステムである限り，どのような組織であれ，その例外ではあり得ない。組織は環境の要請に応えざるを得ず，環境の要請に対して組織というものを全体として，どのように「組織化」するかが生存にとって決定的な重要性を持つことになる。この意味で企業経営にとって変わることのない課題，その1つは「組織化」という問題であるが，この問題に画期的な転換をもたらしたのが，いわゆる「進化論的」と呼ばれるアプローチである。中でもカール・E. ワイク（Karl E. Weick, 1936- ）はそうしたアプローチを決定づけた代表的な研究者の1人である。

ワイクは従来の研究者たちとは違って，「組織とは何か」という問いかけはしない。そのような問いかけは，たしかに「スナップ・ショット」としての一時的ないし静態的な組織像を明らかにすることはできるかもしれないが，自らの成長や環境の変化に応じて，そ

の姿，形，そしてあり方を絶えず変え続ける組織の本質に迫ることができないと考えるからである。そのダイナミズムをとらえることができないからである。進化論の観点からすれば，社会的な集合体がつくられ，維持され，解体と共に新たにつくり直されるプロセスが組織化という活動を構成しているのであって，組織というのは結局のところ，こうした組織化のプロセスが途切れることなく続いている状態に過ぎないのである。したがって，プロセスの中断は，組織の死を意味する。ワイクは「多義性の処理」をキーワードの1つとして，そのメカニズムを明らかにしようとするのである。

いくつかの意味があって，1つの分類ないしは範疇に収まらないとき，あるいはどのようにも解釈の可能な多様な関係に対してその数だけの関係を当てはめることができるとき，「多義的」であるという。すなわち，多義的であるというのは何も意味が欠如しているとか，混乱しているということではなくて，同様にもっともらしい別個の意味が複数存在するということ，折衷できない意味が存在しているということである。したがって多義的である場合，ある意味を妥当なものとすれば，他の意味は妥当ではないとしてしまう以外に扱いようがない。それでも敢えてもっともらしさ，妥当性は変わらないとして，その双方を活かそうとすれば，別の機会に「別々」に取り上げるか，あるいはサイアート＝マーチが指摘しているように「逐次的に」注目するしかない（→第5章第4節）。

組織にはこうした意味での多義的な情報がいわゆる「インプット」となって日常的に入ってくるが，そのインプットに含まれている多義性を削減できない限り，組織としての活動は不可能になる。なぜなら，妥当性にほとんど違いのない多様な解釈が可能であるということは，どのような行動の可能性もあり得るということ，したがって「行動の前提」とすべきものにはならないということだからである。組織が行動を起こし，活動を続けていくためには，どのよ

うなものであれ，前提が必要となる。そしてそのためには，インプットとしての情報に含まれている多義性を削減して，前提となるように統一的な意味を与えなければならないのである。このように考えたとき，ワイクにとって「組織化」とは結局のところ，インプットとしての情報の多義性を処理するプロセスにほかならず，「多義性の処理」は進化論的アプローチにおける組織化のキーワードとされたのである。

> 淘汰プロセスとしての組織化

ワイクはこの多義性の処理をキーワードに，ドナルド・T. キャンベル（Donald T. Campbell, 1916-96）に倣って「組織化」を「自然淘汰のプロセス」としてモデル化する。その際，組織化を構成する要素とされたのは，「生態学的変化」(ecological change)，「イナクトメント」(enactment)，「淘汰」(selection)，「保持」(retention) である。そしてそれらは**図11-3**にみられるようにサイバネティクス的に正（＋）の関係，すなわち変数間の関係が同一方向である「逸脱―増幅」と，負（－）の関係，すなわち反対に変数間の関係が逆方向の「逸脱―抑制」のいずれかによって連結される。ワイクに従ってその各々についてみると，

(1) 生態学的変化

変化は言うまでもなく頻繁に起こっているが，そのすべてが組織化の対象となる訳ではない。変化として認識されるのは経験の流れの中で今までと「違っている」とされるもの，すなわち不連続性や差異である。組織の場合，この変化は個々人や集団の行動，そしてそれらの間の相互作用の中で認識される。そして進化モデルでは「イナクトメント」のための素材を提供する。

(2) イナクトメント

不連続性や差異によって認識された変化が，組織にとっていったいどのような意味を持っているのか，生態学的変化に対して組

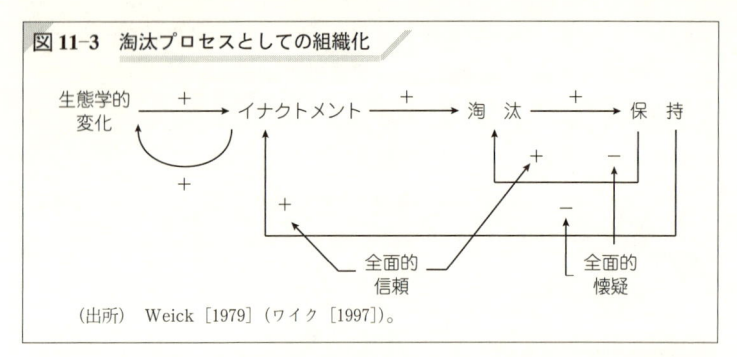

図 11-3 淘汰プロセスとしての組織化

```
生態学的  +    イナクトメント  +    淘 汰  +    保 持
変化    ↘↙                    ↑+  ↑−
         +                     │    │
                        全面的─┘    └─全面的
                        信頼              懐疑
```

(出所) Weick [1979] (ワイク [1997])。

織的な「意味」を与えるのがイナクトメント，すなわち活性化である。ワイクによれば，それは組織が外的な環境とやりとりする唯一の過程であり，外的環境はこのイナクトメントによって初めて組織の対応せざるを得ない「環境」となる。そして次の淘汰の過程を持つのである。

(3) 淘　汰

イナクトメントを経ることによって組織的につくり出された意味，その意味を行動の前提として最終的に，そして「直接的に確定する過程」が淘汰である。その際には，たとえば「成功体験」など，使用される「因果マップ」に応じて，さまざまの意味がつくり出されているのであるが，淘汰は文字通り，その中の1つないしいくつかを選び出す過程である。

(4) 保　持

そして最後に，確定している意味を文字通り，「蓄積ないし貯蔵」する過程が保持である。組織は通常，確定した意味を成功体験などの因果マップのかたちに変換し，それ以前からのマップと共に，あるいは他のマップと統合して保存する。

生態学的変化として認識されたできごとや事象ないし現象，それはこのようにして生態学的変化→イナクトメント→淘汰→保持へと進み，淘汰において意味が確定する。すでに触れたように，この確

定した意味は保持過程において，たとえば成功体験（失敗体験）のような因果マップのかたちに変換される。さらにこの因果マップはそれ以前に蓄積されていた他のマップと統合されて，全体として「組織の記憶」ないしは「知識在庫」となる。そして生態学的変化が発生したときに，改めて動員されてその変化をイナクトし，淘汰することになるのである。

しかし，そうした知識在庫としてのマップ，その「反復的な」使用は，一般的に新たな生態学的変化に対して，すでに確定している意味や解釈を強化する傾向がある。なぜなら，マップは成功（失敗）したときの状況や変化と結びついているからである。そのために，たとえ生態学的変化が新しい意味を持つものであったとしても，使用されるマップの視点から，マップに含まれている「過去の」体験や経験と合致するように理解されるのである。その結果，新しい解釈は追求されるよりも脇へ押しやられ，組織は変化への適応力を失っていくことになる。この場合には，「成功が失敗を育てている」のであり，変化への適応に必要な多様性が失われているのである。

柔軟性と安定性

このようにみてくると，多義性を「削減」するだけでは，組織は生き残ることができない。言うまでもなく，多義性の削減によって意味が固定してしまい，環境の変化に必要な行動の多様性が失われているからである。少なくとも存続ということを考えたとき，組織には変化を新しい目でみると共に，すでに意味の確定しているマップそのものをつねに見直すことがどうしても必要になる。言い換えると，多義性を「削減」するだけでなく，「増幅」しなければならない。そうすることによって，解釈の多様性，したがって行動の多様性を組織的に絶えず生み出し続けていくことが必要になるのである。それでは組織はその多義性をどのようにしてつくり出すのか。どのようにして多義性を増幅するのか。

ワイクはその手がかりをフィードバックのループに求める。生態学的変化から保持過程へと向かうループとは異なり，保持から淘汰，あるいは保持からイナクトメントへのフィードバック・ループは単純な「強化」だけではない。**図 11-3** から明らかなように，その2つのループは正（+）であるだけでなく，負（-）でもある。このことは保持と淘汰，保持とイナクトメントが同一方向（強化）だけではなく，反対方向に変化することを，したがって保持過程の在庫となっているマップとは異なるイナクトメントと淘汰がなされることを意味する。

　つまり，組織は過去の体験を「信頼」するだけでなく，それを「疑って」見直し，改めて新しい観点から生態学的変化をイナクトし，同様に淘汰して，そこに以前とは違う新しい意味を見出すことができるのである。組織が変化に対して開放され，再び環境の変化に見合うだけの多様性を組織内につくり出せるのは，それゆえにまた適応性を失わないのは，こうした負（-）のループが組み込まれているからであり，因果マップを以前とは異なった側面から利用できるからにほかならない。一般によく引合いに出される「体験の見直しや新しい解釈」とは，ワイクの進化モデルからすれば，このネガティブなフィードバック・ループを利用する以外の何ものでもなく，それは環境への適応に必要とされる多様性を生み出すための努力なのである。

　しかしだからといって，問題がすべて片づく訳ではない。ネガティブなフィードバックによるマップの以前とは異なる解釈は，たしかに組織に新しい多様性を生み出すが，そうかといって多様性が増え続けたならどうであろうか。組織は単に意味が確定されていないために行動ができなくなるだけでなく，自らの「アイデンティティ」を失い，混乱に陥ってしまう。なぜなら，組織は一般的にそれまでにやってきたこと，体験してきたことから学習し，そのアイデ

ンティティをつくり上げ、維持しているからである。

しかも、多様性と同様、生き残るのに必要な「効率性」は、組織に対して継続性や安定性を要求する。したがって、マップを絶えず否定し続けることは、アイデンティティの維持を不可能にするだけでなく、組織から効率性をも奪い取ってしまいかねない。組織が生存を続けていくためには、どうしても多様性だけでなく、安定性が必要になるのである。一方における、状況の変化に対応するために必要な柔軟性と、他方における、アイデンティティと効率性のために求められる安定性とのジレンマである。

ワイクによると必要なのは、因果マップを、「全面的に」肯定したり、否定すること、すなわち保持から淘汰、保持からイナクトメントというこの2つの過程を「同時に」正（＋）に、あるいは負（－）にすることではない。そうではなくて、肯定であれ否定であれ、一方を正にしたら他方を負にすること、要するにたとえば保持→イナクトメントのループでは逸脱を増幅することによって多様性をつくり出したら、保持→淘汰のループを逸脱―抑制的にすることによって安定性を確保するということである。そのようにすることによって、組織は柔軟でありながら、安定的であることができるのである。一方における保持→淘汰過程での変化の制約、他方における保持→イナクトメント過程での自由な展開、あるいはその反対の展開。ワイクはそこに従来のモデルとは異なる、進化論モデルの可能性をみているのである。

4 自己組織化する組織

●モルガン

機械論的組織化の限界　システムとしてみた場合、どのような組織が適応的であるのか。ウェーバー以来の組

織理論は，この問いに対する1つの鍵を組織のいわば「非人格性」に求めてきた（◉第3章第1節）。それによると，組織の基本的な構成要素としての人々は人格を持った「生身」の存在としては扱われない。人々は人格を持った存在である以前に，互いに補完し合い，結合することで統一的な全体となるように「階層的に」設計されている，「役割」ないし「職務」の占有者である。人々は一定の役割を担うことによって初めて組織の構成部分になるのであり，組織はこうした「職務ないし役割のネットワークないし体系として」成立しているのである。

このネットワークのもとでは，すべてが各職位にまさに「課業」として割り当てられ，人々はその課業を自分が担っている職位に従って遂行する。そしてその上位にいる誰かがその仕事の妥当性を検証する。義務ないし責任と権限の範囲は，各職位ごとに明確に規定されており，その間の相互作用は基本的に上司の決定や指示のもとに階層的に，垂直的になされる。その有様は特定の動作を遂行するように設計された「機械」そのものであり，役割を単位とした行動の信頼性は高い。したがって，もし設計通りに動くなら，それは安定した環境下では，最も「効率的な」能力を確保することになるであろう。

しかし，環境が絶えず変化するとなるとそうはいかない。相対的に安定している環境のもとで効率的なこの組織は，増大する不確実性のために急速にその対応力を失っていく。なぜなら，不確実性の増大によって組織目標自体が流動的になり，それと共にどのような職務が必要となるかを決めるのが難しくなるからである。たとえ必要な職務を特定できたとしても，その内容を具体的にどのように規定するかとなると，困難はさらに増し，その体系をつくり上げたとしてもほとんど意味がなくなってしまうのである。環境の絶えざる変化は，明確に規定された役割の体系としてつくられている組織か

ら，その拠って立っている能力の基盤そのものを根底から奪い取ってしまうのである。

しかも，このように何よりも職務の体系として設計されている組織では，それぞれの見解や欲求を持った，「考える人間」としての行動は期待されていない。というよりもむしろ，役割ないし職務体系としての組織という定義上，それははじめから排除されているのである。求められているのはあくまでも「職務の占有者として」，与えられた職務を，決められた通りに遂行することである。目標の実現にどのような職務が必要で，その体系をどうするか，そうしたことを決める権限はすべて，階層的連鎖の上位にある。そうである限り，問題は限りなく階層の上位に行きつき，その結果上位は問題が「余りにもありすぎるがゆえに」，そして現場の担当者はまったく反対に「余りにも少なすぎるがゆえに」事態に対応できなくなる。

したがって，新しい職務を「追加」することでその事態に対応しようとしても，状況が根本的に好転することはない。むしろ職務が明確に定義できないために，ある職務の遂行が他の職務に思いもかけない問題を引き起こす，という理由で事態をさらに悪化させ，ついには職務相互間の関係，したがって組織を混乱に陥れてしまうのである。そこでもし環境の変化を前提に，その変化に対する適応能力を確保しようとするなら，このような「機械論的」組織化に代わる，別の組織化の方法を求めなければならない。果たしてそのような組織化の方法は存在するのか。この問題にそれまでとはまったく異なる観点から取り組んだのが，ガレース・モルガン（Gareth Morgan）である（Morgan [1986]）。

> ホログラフィの原理

モルガンはその可能性を光学の奇跡の1つとされる「ホログラフィの原理」に求める。ガボール・デーネシュ（Gábor Dénes, 1900–79）によって1948年に発明されたホログラフィは，レンズのないカメラを使って，すべて

の「部分に全体を貯蔵する」という方法で情報を蓄積する。相互に作用し合う光線は「ホログラム」(hologram) と呼ばれ, 写真プレートに記録される情報を拡散させる「干渉パターン」をつくり出し, それが当初の情報を再生するために映し出される。このホログラムの興味ある特徴の1つは, 壊れた場合, その破片(部分)のどれを使っても全体像を再現できるということである。全体がその他すべての部分に収まっているからである。

たとえば「脳」は, カール・H. プリブラム (Karl H. Pribram, 1919-) が明らかにしたように,「ホログラフィの原理」に従って働いている。すなわち, 記憶は脳内に分散しており, そのため, 部分のどこからでも再構成できる。脳の主要部分を切除されてもそれなりに行動することのできるネズミ (カール・S. ラッシュレイの実験で示された) の存在は, モルガンによると, 全体がすべての部分に組み込まれ, その結果, すべての部分が全体を代表するようなプロセスをつくり上げることができることを具体的に示している。

そのようなシステムでは, 各部分の役割は機械的組織のように必ずしも「全体システム内で占めている特定の場所」によって, あらかじめ規定されていない。各部分が最終的にどのような役割を果たすかは,「直面する問題」によって決まるのであって, 各部分の役割はその問題の種類や性質に応じて, 柔軟に変わる。ホログラフィックなシステムにおいて各部分は, 定義上,「常時使われることはないが, 必要になったとき, たとえば状況が変化したり, あるいは予期しなかった状況が出てきたときに対処することのできる能力」, すなわちエメリー=トリストの言う「機能の冗長性」(redundancy of functions) を与えられているからである (●Column②)。

したがって, そのようなホログラフィの原理にもとづいて組織が設計されるとき, それぞれの人々や部署がどのような役割を果たすことになるかは, 組織が直面する問題の種類や性質に応じて, その

つど柔軟に変わる。ホログラフィックなシステムの各部分の活動は，脳の例からわかるように，必ずしも脳という「全体システム内で占めている特定の場所」によって，それぞれの役割が規定されていないからである。各部分は，定義上，「今やっていることの意味を自ら問い，やっていることが適切かどうかを自ら判断し，その自らの判断にもとづいて自らの行為を調整するための能力」を与えられているのである。だからこそ，状況の変化にも柔軟に対応できるのである。

このようにして，この「常時使われることはないが，必要になったとき，たとえば状況が変わったり，あるいは予期しなかった状況が出てきたときに対処することのできる能力」に依存して柔軟な対応力を確保しているホログラフィックなシステム，モルガンはそこに絶えず変化する環境に立ち向かわざるを得ない適応的な組織の可能性を見出しているのである。実際，今ではよく知られているように，環境の変化を前提にしたとき，組織にとって大事なのは「所与の」目標を「効率的に」達成するために必要とされる能力ではない。必要なのは，あらかじめ定められている手続き通りに行動するというよりも，むしろ絶えず直面している問題を問い直し，次の行動に反映させていくことのできる「能力」である（→第11章第2節）。こうした能力が備わって初めて，組織はときに「乱流的」(turbulent)とも言われる環境について「学習」し，「自己組織化」していくことができるのである。

自己組織化の原則

そのように考えたとき，「全体に必要な機能を，体系的に，部分の中に」組み込んだ組織の構築こそ，モルガンにとって研究者の取り組むべき課題とされたのであり，物理学や量子力学をはじめ，数学，哲学，政治学，あるいは言語学等々，公式の学問分野がどのようにして，どのような方法で変化してきたかを長年にわたって追究してきたスタンフォ

表 11-1 シュワルツとオーグルビによる新しいパラダイムの基本的理念と関連した原則

新パラダイムの基本的理念	関連した原則
複雑性	現実世界の実体は、多様な複合的なシステムと有機体からなる
ヘテラルキー	システムと有機体は多くの同時的、かつ潜在的に等しく支配的な、秩序づけ——このうちのどれも「自然に」聖域化されるものはない——の中で存在している
ホログラフィ	システムと有機体のイメージは、(比喩的に) ホログラムと類似したダイナミックな相互作用過程によって創造される。ホログラムの3次元のイメージは、分離したレーザー光線の干渉パターンによって貯蔵され、再創造される。
非決定性	システムと有機体の将来状態は、原則として、予測不可能である
双方向的因果性	システムと有機体は、(フィードバックとフィードフォワードを伴い) 原因と結果の区別を無意味にするような方法で、共に進化・変化する
形態発生	部分からは予測されない (予測できない) 新しい形態のシステムと有機体は、多様性、開放性、複雑性、双方向的因果性、および非決定性の条件のもとで、自然発生的に生じ得る
視覚明示性	精神的過程、手段、そして学問でさえも中立的ではない

(出所) Lincoln [1985] (リンカーン [1990])。

ード研究所のピーター・シュワルツとジェームズ・オーグルビの議論と提示した原則 (**表 11-1**) に照らし合わせるとき、きわめて説得力のあるものとなっている。問題はこうしたホログラフィの原理についての知識から、どのようにしてそのように絶えず「学習することができ」、「自己組織化」することのできる組織をつくり上げるか、あるいはそのような組織となるためには、どのような条件が必要になるかである。モルガンは4つの条件をあげている (**図 11-4**)。

(1) 機能の冗長性

どのような組織であれ、ホログラフィックであるためには、柔軟な活動の余地をつくり出す「超過能力の形態」として、「機能

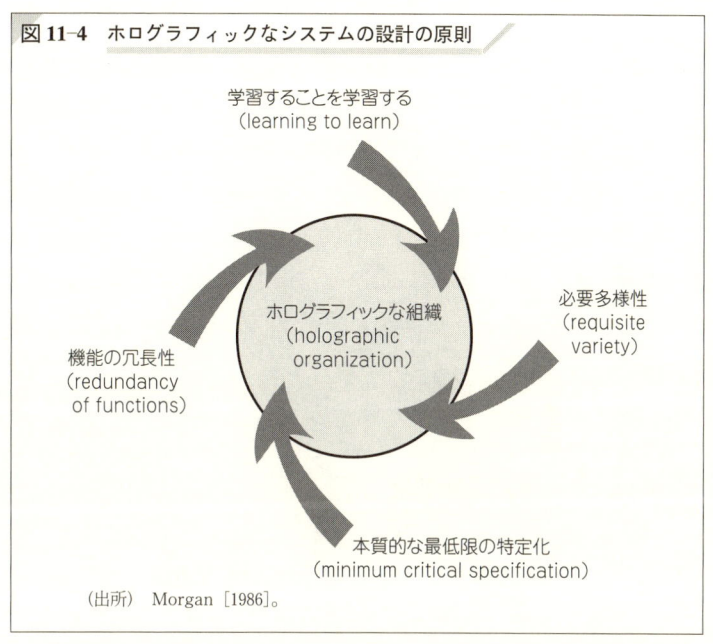

図11-4 ホログラフィックなシステムの設計の原則

- 学習することを学習する (learning to learn)
- 必要多様性 (requisite variety)
- 本質的な最低限の特定化 (minimum critical specification)
- 機能の冗長性 (redundancy of functions)

中心：ホログラフィックな組織 (holographic organization)

（出所）Morgan [1986]。

の冗長性」を持たなければならない。冗長性がないと組織は今現在どのように作動しているかを映し出し，問題にするための真の能力を持てない。その結果，環境の変化に応じて，その行為を調節することができない。モルガンによると，各自が自分の仕事を持ちながらも，必要が生じたときにはお互いに交替することのできる，いわゆる「自律的作業集団」を採用している組織はこの条件を充足している。

(2) 必要多様性

しかし，すべての人があらゆることに熟達することが望ましいとしても，人間の能力からすれば，そこには限界がある。もしそうであるなら，冗長性が所与の部分に組み込まれるべきであるとして，組織が環境適応力を持つためには，人間の能力からみてどれくらいの冗長性が必要になるのか。そしてそれはどのようにし

て決まるのか。その答えをモルガンはウィリアム・R.アシュビー (William R. Ashby, 1903-72) の「必要多様性の法則」(law of the requisite variety) に求める。それによれば，いかなる自己規制的なシステムであれ，もしその環境が提起する問題に対応しようとすれば，環境の持つ多様性と少なくとも同程度の内的多様性が必要である。このことは確保しなければならないのが環境適応に当たって「重要とされる次元」の能力であって，必ずしもそのすべてではないこと，したがって冗長性の充足が非現実的ではないことを示唆している。同時にホログラフィックなシステムの設計のガイドラインとして充足されるべき「必要多様性」の法則有効性を示している。

(3) 本質的な最低限の特定化

先に言及したように，冗長的な機能の持つ利点の1つは，それが自問能力を生み出すことによって，組織の環境適応力を獲得することにあった。しかし，この自問能力と「詳細な職務の特定化」とは相容れない。というより詳細な特定化は与えられた職務を決められた手続きに従って遂行するように促し，人々から自問能力を奪い取ってしまう。したがってその能力を確保しようとすれば，特定の活動が生起するのに絶対的に必要なものだけに限定することが，条件として必要になる。

(4) 学習することを学習する

本質的な最低限の特定化は，このように自己組織化の能力を組織が保持するのを妨げない。むしろそうした限定された特定化の持つ危険性は，活動が潜在的に混乱に陥る可能性であり，それは方向性が価値と規範を共有する「メンバー自身の中から」出てくるとすれば克服することができる。そのようにみたとき，変化する環境の要請に対応して進化する組織の充足すべき最後の条件は，設定された政策に従いながらも，その妥当性を絶えず検証し，新

しい状況に沿ったものとする，アージリス＝ショーンの主張したダブル・ループ学習，すなわち学習することを学習するための能力である（⇒第11章第2節）。

このようにして，「機能の冗長性」は全体を部分に組み込む手段を提供し，「必要多様性の法則」はその冗長性を組み込むに当たって，どれだけを所与の部分に組み込まねばならないかを示すことによって，部分—全体関係を設計する際の実践的なガイドラインとなる。そして「本質的な最低限の特定化」と「学習することを学習する」という条件は，どのようにすれば自己組織化の能力をカオティックにならずに拡張できるかを示す。したがってモルガンによれば，ホログラフィックな組織は，単なる理想ではない。たとえ学習や自己組織化には権限や統制との間でコンフリクトを引き起こす可能性があるとしても，そこには追求に値する可能性が存在するのである。

参考文献

Argyris, C. [1977] "Double Loop Learning in Organizations," *Harvard Business Review*, vol. 55, no. 5, pp. 115-125.（アージリス，C.〔有賀裕子訳〕[2007]「『ダブル・ループ学習』とは何か」『Diamond ハーバード・ビジネス・レビュー』第32巻第4号，100-113頁）

Argyris, C. [1993] *Knowledge for Action: A Guide to Overcoming Barriers to Organizational Change*, San Francisco: Jossey-Bass.

Argyris, C. [1999] *On Organizational Learning, 2nd ed.*, Malden: Blackwell Business.

Argyris, C. and D. A. Schön [1978] *Organizational Learning: A Theory of Action Perspective*, Reading: Addison-Wesley.

Argyris, C. and D. A. Schön [1996] *Organizational Learning*, 2vols., Reading: Addison-Wesley.

Cohen, M. D., J. G. March and J. P. Olsen [1972] "A Garbage Can Model of Organizational Choice," *Administrative Science Quarterly*, vol. 17, no. 1, pp. 1-25.

Cohen, M. D. and L. S. Sproull eds. [1996] *Organizational Learning*, Thousand Oaks: Sage Publications.

Lincoln, Y. S. ed. [1985] *Organizational Theory and Inquiry: The Paradigm Revolution*, Beverly Hills: Sage Publications. (リンカーン, Y. S. 編〔寺本義也ほか訳〕[1990]『組織理論のパラダイム革命』白桃書房)

March, J. G. [1988] *Decisions and Organizations*, Oxford: B. Blackwell. (March, J. G.〔土屋守章・遠田雄志訳〕[1992]『あいまいマネジメント』日刊工業新聞社)

March, J. G. and J. P. Olsen [1976] *Ambiguity and Choice in Organizations*, Bergen: Universitetsforlaget. (マーチ, J. G. = J. P. オルセン〔遠田雄志 = アリソン・ユング訳〕[1986]『組織におけるあいまいさと決定』有斐閣)

Morgan, G. [1982] "Cybernetics and Organization Theory: Epistemology or Technique?" *Human Relations*, vol. 35, no. 7, pp. 521–537.

Morgan, G. [1986] *Images of Organization*, Beverly Hills: Sage Publications.

Morgan, G. and R. Ramirez [1984] "Action Learning: A Holographic Metaphor for Guiding Social Change," *Human Relations*, vol. 37, no. 1, pp. 1–27.

田中政光 [1990]『イノベーションと組織選択──マネジメントからフォーラムへ』東洋経済新報社。

Weick, K. E. [1979] *The Social Psychology of Organizing, 2nd ed.*, New York; Tokyo: McGraw-Hill. (ワイク, K. E.〔遠田雄志訳〕[1997]『組織化の社会心理学』文眞堂)

Weick, K. E. [1995] *Sensemaking in Organizations*, Thousand Oaks: Sage Publications. (ワイク, K. E.〔遠田雄志・西本直人訳〕[2001]『センスメーキング イン オーガニゼーションズ』文眞堂)

Wenger, E., R. McDermott and W. M. Snyder [2002] *Cultivating Communities of Practice: A Guide to Managing Knowledge*, Boston: Harvard Business School Press. (ウェンガー, E. = R. マクダーモット = W. M. スナイダー〔櫻井祐子訳〕[2002]『コミュニティ・オブ・プラクティス──ナレッジ社会の新たな知識形態の実践』翔泳社)

Column ⑤　構成されたものとしての環境理論——ワイク，シュッツ

1. 資源空間としての客観的環境

　組織が成長し，存続していくためには，自らを取り巻く，一般に社会と呼ばれている「環境」とその変化とに対して適合的であることが必要である。オープンなシステムである限り，どのような組織であれ，この例外ではあり得ない。組織は環境の要請に応えざるを得ず，多くの場合において，組織は自らの行動や構造を変えることで，環境の要請を充足し，適合性を確保する。組織研究では長い間，環境というものをこのようなものと理解し，望ましい行動や構造を考えてきた。

　このように想定された環境は，動植物で言えば一種の「生息環境」に相当し，「個体群生態学」(population ecology) のより厳密な用語を借用すると，「個体群に資源を提供したり，反対にその活動を制限する，1組の物理学的・生物学的，そして社会学的な条件によって規定される n 次元の時間，空間」，すなわち「生態学的ニッチ」(ecological niche) に等しい。

　組織個体群の場合，このニッチは物理的資源や技術，文化だけでなく，製品やサービスに対する「需要」によっても規定される。そして組織（個体群）の活動を維持し，その生存を許容することのできる容量，すなわち「負担能力」(carrying capacity) には限界があるとされる。したがって，組織（個体群）が実際に占有する空間を「実現されたニッチ」と定義すれば，ある組織（個体群）がそのニッチを実現するほど，他の組織（個体群）が占有できる資源空間は少なくなる。

　その結果，競争は激しくなり，何らかの「外生的ショック」が加わると，そのショックによって組織（個体群）のいずれかは排除されることになる。そしてハナン＝フリーマン (Hannan and Freeman [1977]) が述べているように，もし同一の環境資源によって維持されている2つの組織（個体群）が，何らかの組織特性で異なっていれば，環境とその変化とに適合しない特性を持っている組織（個体群）は排除されやすくなる。その可能性は同一の資源に依存しているほど，したがって占有するニッチが重複するにつれて，一般的に高くなる。

　したがって，もし排除されたくなければ，組織は適応すべき環境を解明し，その構造に見合った対応行動とその対応行動を可能にする組織構造を確立しなければならない。そうでなければ，生き残ることはできな

い。「コンティンジェンシー理論」（⮕第8章第1節）に典型的であるように，経営学はそのような主張を展開し，多くの理論がこうした前提のもとに提起されてきた。ポーターのいわゆる「競争戦略」（⮕Column④）も基本的には，その例外ではない。

　利用可能な資源空間，ないしは機会（制約）としての環境は，組織にとって自由になるものではない。それは動植物にとってその生息環境がそうであると同じ意味で，何が可能で何がそうでないのか，許容されるのは何でそうでないのは何かを事実上決めている。そうである限り，組織にできることと言えば，それは直面する環境のもとで，その環境の課してくる要求に対して，「受動的に」対応することでしかない。「環境決定論」とされるゆえんである。

2. 構成された環境

　しかし，いかに規模の大きなものであったとしても，天変地異は動植物の生態や人間生活との「関係において」考えられない限り，「災害」と呼ぶことはできず，それ自体としては単なる自然現象ないし物理現象であるに過ぎない。それと同じ意味において，政治であれ経済であれ，人間が関与し，意味が与えられない限り，それは単なる「できごと」ないし「現象」に過ぎない。それがたとえば，政治「問題」，経済「問題」として対応を迫る，組織の環境となるのは，意味が与えられ，組織との間に一定の関係が成立してからである。

　そのように考えたとき，環境というものは伝統的に想定されてきたように，行為「主体」としての組織と切り離されて，独立した「客体」として，組織の外部に存在するものではない。そうではなくて，それは組織が行動を起こすことのできるように，組織によって意味が与えられ，構成されたものである。そして組織は，ほかならぬ自らがつくり上げたその対象に対して行動を起こしているのである。

　環境はこのようにして，行為主体としての組織の意味付与という行為と切り離すことはできない。適応すべき対象として組織自らによってつくり出される環境。カール・E. ワイク（Karl E. Weick, 1936- ）はそれを組織理論に転機をもたらすこととなった，「構成された環境」（enacted environment）として規定する。このワイクの構成された環境，すなわち自らが行為可能な状況として規定し，再構成した環境に対する適応行動がどのようなものであるかは，ゲシュタルト心理学の泰斗，ク

図 ⑤-1 再構成した環境に対する適応行動

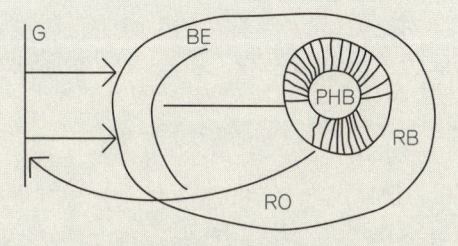

G=地理的環境（実際に出会う環境）
BE=行動のための環境
PHB=現象学的行動（意識）
RB=現実の行動
RO=有機体（人間）

(出所) Koffka [1935]（コフカ [1988]）を一部加筆修正。

ルト・コフカ (Kurt Koffka, 1886-1941) が『ゲシュタルト心理学の原理』(Koffka [1935]) で使ったドイツ民話の例で知ることができる。
「冬の日も暮れようとする激しい吹雪の中を一人の男が馬で宿に辿り着いた。一面の雪で道も道標もわからない，風の吹きつのる雪の平原，その中を何時間もかかって幸運にもその宿に着いたのである。出てきた主人は啞然としてこの見知らぬ男をみつめ，いったいどこを通ってきたのかを尋ねた。男は振り返って通ってきた方角を指差した。それをみて，主人は畏れ驚きの声をあげた。『あなたが通ってきたのは，コンスタンス湖の上ですよ』。それを聞くや，男は主人の足下に崩れ落ち，動かなくなってしまった」

雪に隠れてしまってみえないが，実は薄氷の張った，いつ何時割れるかもしれない「現実の」湖と，旅人が雪の平原「とした」湖，そしてそこを雪の平原「として」行動を起こした旅人。この3者の関係において，環境は明らかに行為者の意味付与と切り離されて「そこにあるもの」(out there) ではない。人間は繰り返し，あるいは稀に出会うできごとに意味を与え，そこに一定のまとまりを持った「行動のための環境」をつくり上げる。そしてその環境に対して行動を起こすのである（**図 ⑤-1**）。自分の通ってきたのが雪の大地ではなく，実はいつ割れるかもしれない湖面であったことを知って気を失ったコフカの旅人。そこには，このようにして行為者によって意味を与えられ，構成されている環境と，

そうした環境に対して行動を起こす人間の姿が，象徴的に表れている。

このようにして，もし環境が組織によって意味が与えられ，構成されたものとして存在するなら，成功や失敗の原因を伝統的に想定された意味での資源空間との対応の良否に求めることはできないし，また，そうしたとしても余り意味はない。環境が構成されたものである限り，資源空間との間で，「直接的に」対比可能な関係が存在しないからである。

しかしそれにもかかわらず，組織研究において，組織環境のこうした主観的な側面に注意が払われることは，ほとんどなかった。その歴史において，環境は，ワイクが「構成された環境」についての議論を展開するまで，組織の外部にあって，組織とは別の，独立した客観的な実在として扱われてきた。そしてそうした想定のもとに組織の環境行動が論じられてきたのである。いったいどうしてなのか。本質的に主観的であるにもかかわらず，環境はどうして客観的な実在として経験され，それゆえ，一方的に適応すべき存在として経験されるのか。

3. 日常生活の自然的な態度

一方的な適応対象になるという，その本質からすればきわめてパラドキシカルな，環境の「現実性」(reality) が何に由来しているのかというこの問いに対する解答を，アルフレッド・シュッツ（Alfred Schutz, 1899-1959) は物事をありのまま，何の疑いもなく，みえている通りに受け取るという「日常生活の自然的な態度」(natural attitude of everyday life) に求めている。シュッツによると，この態度のもとでは組織にとって環境となるこの社会は自分たちだけの私的世界ではない。それは「間主観的」(intersubjective) な世界，すなわち「仲間と共有し，同時に他者によって経験され，解釈される世界」，要するに，「われわれのすべてに共通」のものとして経験される世界である。

また，それは誰か特定の人が生まれようと，あるいは死のうと，一人一人の存在とは関係なく，そうした事柄とは別に存続するものとして経験される。しかも，この日常生活の自然的態度のもとでは，人間は日々遭遇するできごとや現象に対して，通常，当面の目的からみて必要な限りで，「実践的な」観点から接し，関係のある，ないしは意味のあると思われる対象や側面にのみ興味を示す。そうであるとすればどうであろうか。

疑問や問題，あるいは修正は，その内部の細部に関係することはあっ

ても，環境そのもの，その全体にかかわるようなものとは決してならない。この通りだと思っている世界が本当の世界なのか，それとも見かけだけの体系に過ぎないのか，それを敢えて知ろうとはしない。それは現実にみえるままのものとなってしまうのである。

環境はこのように日常生活の自然的態度の結果として，成立の由来を詮索したり，歴史を追求すべきものではない。したがってその現実性を疑われることはない。それは組織にとってはつねに妥当している，行為の基盤であって，前提とすべきものである。エドムント・フッサール (Edmund Husserl, 1859-1938) の言う「生活世界」(Lebenswelt) と同じように，「恒常的に妥当している基盤」であり，また「自明性のつねに用意されている源泉」なのである。そこに「客観的な現実という装いを持った環境」というものが生まれる。シュッツはそのように主張するのである。

このようにして，もし環境というものが組織という行為者によって意味が与えられ，構成されたものとして成立し，また，自然的態度によってその強固な現実性を獲得しているとするなら，組織の成功や失敗の原因を，資源空間としての環境と組織行動との「直接的な」対応関係に求めることはできない。適応対象である環境が，組織自体の意味付与という行為に依存しているからである。もし問われなければならないものがあるとしたなら，それは組織がどのようなできごとや現象に注目し，その中のどの側面を取り上げ，何を捨てようとするのか，ほかならぬ組織自体の「注意」という行為である。そしてこのことが意味するのは，組織を主体的な行為者とした，新しい環境行動理論への転換である。

参考文献

Bedeian, A. G. and R. F. Zammuto [1991] *Organizations: Theory and Design*, Chicago: Dryden Press.

Cameron, K. S., R. I. Sutton and D. A. Whetten [1988] "Issues in Organizational Decline," in K. S. Cameron, R. I. Sutton and D. A. Whetten eds., *Readings in Organizational Decline: Frameworks, Research, and Prescriptions*, Cambridge, Mass: Ballinger.

Hannan, M. T. and J. F. Freeman [1977] "The Population Ecology of Organizations," *The American Journal of Sociology*, vol. 82, no. 5, pp. 929-964.

Husserl, E. (hrsg. v. W. Biemel) [1954] *Die Krisis der europäischen Wissenschaften und die transzendentale Phänomenologie: Eine Einleitung in die phänomenologische Philosophie*, Den Haag: M. Nijhoff. (フッサール, E.〔細谷恒夫・木田元訳〕[1974]『ヨーロッパ諸学の危機と超越論的現象学』中央公論社)

Koffka, K. [1935] *Principles of Gestalt Psychology*, London: Kegan Paul, Trench, Trubner. (コフカ, K.〔鈴木正彌監訳〕[1988]『ゲシュタルト心理学の原理』福村出版)

Porter, M. E. [1980] *Competitive Strategy: Techniques for Analyzing Industries and Competitors*, New York: Free Press. (ポーター, M. E.〔土岐坤ほか訳〕[1982]『競争の戦略』ダイヤモンド社)

Schutz, A. (edited and introduced by M. Natanson, with a preface by H. L. van Breda) [1962] *Collected Papers / Alfred Schutz 1, The Problem of Social Reality*, The Hague: Martinus Nijhoff. (シュッツ, A.〔M. ナタンソン編, 渡部光・那須壽・西原和久訳〕[1983]『アルフレッド・シュッツ著作集 第1巻 社会的現実の問題1』マルジュ社, 原著第4版〔1973年刊〕の訳)

Schutz, A. (edited and introduced by A. Brodersen) [1964] *Collected Papers / Alfred Schutz 2, Studies in Social Theory*, The Hague: Martinus Nijhoff. (シュッツ, A.〔中野卓監修, 桜井厚訳〕[1980]『現象学的社会学の応用』御茶の水書房, "Part2 Applied Theory" の訳)

Schutz, A. (edited by I. Schutz, with an introduction by A. Gurwitsch) [1966] *Collected Papers/Alfred Schutz 3, Studies in Phenomenological Philosophy*, The Hague: Martinus Nijhoff. (シュッツ, A.〔I. シュッツ編, 渡部光・那須壽・西原和久訳〕[1998]『アルフレッド・シュッツ著作集 第4巻 現象学的哲学の研究』マルジュ社, 原著〔1976年刊〕の訳)

田中政光 [2003]「意味体系としての環境」『組織科学』第37巻第2号, 26-38頁。

Weick, K. E. [1979] *The Social Psychology of Organizing, 2nd ed.*, Reading: Addison-Wesley. (ワイク, K. E.〔遠田雄志訳〕[1997]『組織化の社会心理学』文眞堂)

第12章 創発する戦略行動

ホンダのスーパーカブ50（写真提供：時事）

ミンツバーグは，ホンダのスーパーカブ50ccのアメリカにおける成功を取り上げ，それが従来言われていたように明確な「戦略」からではなく，人々の日常的な行動が連なった結果もたらされたものであるとして，「創発的戦略」の有効性を強調した。

1 分割されたインクリメンタリズム

● リンドブロム

福音書的アプローチ

「現実の世界で,客観的で合理的な行動——あるいはそのような客観的合理性に限りなく近いもの——を必要とする問題,その問題の大きさに比べると,複雑で難解な問題を処理し,解決することのできる人間の能力は余りにも小さい」。サイモンはそのように指摘した(→第5章第3節)。事実,たとえ追求すべき目標ないし政策が決まっているとしても,われわれはその政策を実現するのに必要な手段や経路を残らずリストアップできないし,また,その結果についても同様である。ましてやそれらを単一の効用基準で順位づけることなど,ほとんど不可能に近い。限られた能力に比べて余りにも複雑な世界,それが人間という行為者の直面する「現実」である。

この現実を前に人間は行動の「最適化」を図ろうとはしない。伝統的理論の想定とは対照的に,人間は複雑で難解な問題を単純化し,限られた数の要因(当面の問題との関連で)と限られた範囲の結果だけを考慮する。そして「相対的に」満足の行くものがみつかった段階で探索を打ち切る。よく知られているマーチ=サイモンの表現を再度繰り返せば,干草の中に落とした針を探し出す場合に,「その中で最も先の鋭い針」をみつけようとするのではなく,相対的に満足できる「縫えればよい程度の針」を探し出そうとするのである(→第5章第3節)。

したがって,相対的に満足できるものという,この「満足化の基準」に従うとき,たとえ追求すべきものとして,仮にある政策が決まったとしても,それは単一の基準からみて客観的に追求すべきものになっている訳ではない。なぜなら,どの程度が満足の行くもの

なのか，基準それ自体が「状況定義」(definition of situation) の一部となるからであり，また，この基準を設定し，修正する過程が理論の中に含まれてしまうからである。したがって，たとえ決定がなされたとしても，異なる人間間の「価値の異質性」を根本的に解決することはできない。この価値の異質性を前提にしたとき，政策は心理学的，社会学的過程，すなわち調整，あるいは交渉の結果として決まる以外にないのである。

もしそうであるとすればどうであろうか。「政策」にかかわる問題を考えるとき，単に人間という行為者の生物学的な認知限界やときとして顔を出す情緒的反応ないし没理性的な反応について云々するだけでは足りない。なぜなら，「政策」に伴う根本的で最も困難な問題は，価値の異質性だからである。政策であれ，戦略であれ，それが実現されるべきものとして形成されるためには，ロビンソン＝マジャック (Robinson and Majak [1967]) が指摘しているように，認知限界をはじめとしたそのような「知的過程」だけでなく，異なる人々の間に存在する「価値選好」の本質的な相違というハードルを，いかにしてクリアするのかという「社会的過程」の検証にも，耐えなければならないのである。

そのように考えたとき，チャールズ・E. リンドブロム (Charles E. Lindblom, 1917-) にとって，「客観的に合理的な政策」を追求しようとするのは絵空事でしかなかった。そのようなアプローチは「紙面上」記述することはできるであろうが，現実に直面する状況や問題の複雑性と人間という行為者に実際に与えられている処理能力，そして各人間の根本的な価値の異質性を前提にすれば，修正されたかたちでさえ実行することができない。できるだけ「完全でありたいとするその欲求において」，そうしたアプローチ，すなわち「合理的―包括的」(rational - comprehensive) と彼が呼ぶものはたしかに1つのアプローチではあろうが，知的過程だけではなく，社

会的過程の検証にも耐えることができない。現実の可能性ということを考えるなら，それは「福音書的」で，理想的に過ぎると言わざるを得ないのである。ではどのようにすればよいのか。リンドブロムは，「インクリメンタリズム」(incrementalism) の観点から，この問題の解決を試みている。

分割されたインクリメンタリズム

リンドブロムは，「政策」というものを，それぞれの職務に応じて特殊化されている人々の利害の追求過程の中から，文字通り，「インクリメンタル (incremental) に」形成されてくるものと考える。したがって，リンドブロムは各人の活動に先立って設定することのできるような，客観的に合理的な政策（目標）を仮定もしなければ，追求しようともしない。むしろ，ともすれば「政治的」であるとして排除されがちな人々相互の欲求追求過程とその結果に，「現実の」合理性を認めようとする。そしてそれを活用しようとする。

言ってみれば，リンドブロムは多様な要求に対する稀少な資源の配分という役割を，「システムそれ自体が持っている調整メカニズム」に委ね，そうすることで，「合理的―包括的アプローチ」の非現実性を克服し，実践的であろうとするのである。そこにみられるのは予測や分析，そしてそれにもとづく「計画」に対する深い懐疑であり，そうした懐疑ゆえの，人々や集団が自己の要求を追求する上で織りなす相互の「調整」，あるいは広い意味での「政治」とその結果とに対する信頼である。事実，リンドブロムによると，いわゆる「政治」（活動）と「経済」（活動）とはもともと切り離すことのできないものである。それを客観的に合理的な政策目標という言葉に魅せられて，切り離して扱おうとする，そこに無理が生じているのである。

たとえば経済活動において，すべての価格を知らないのに，ある

図12-1 インクリメンタルな変化の位置づけ

	理解度が高い	
インクリメンタルな変化	管理上の「技術的な」決定 分析方法：包括的	革命的で，ユートピア的な決定 分析方法：なし
	インクリメンタルな政治 分析方法：分割されたインクリメンタリズム	戦争，革命，そして壮大な機会 分析方法：公式化できないか，十分に理解されない
	理解度が低い	

（出所） Braybrooke and Lindblom［1963］。

いは全体としての経済のアウトプットを計算しなくとも，企業はその製品を売り，消費者は買うことができる。政治においてもまた，競合する人々の間での調整は多くの条件下において，分析に依存する集権化された決定以上に賢明な政策を生み出すことができる。これは「分析」が人々に対して余りにも多くのことを要求するのに対して，「相互作用」が人間には不足しているが政策の形成になくてはならない要因，たとえば時間や理解を提供し，節約するからである。リンドブロムはそのように主張するのである。

リンドブロムによると，分析は「相互作用を前提にして」初めてその役割を果たすことができるものであり，その意味で相互作用に従属するものである。したがって，もし賢明な分析というものがあるとすれば，それは問題の複雑性や人間の限界を粗雑な分析力によって克服しようとする不可能な仕事を，人々に対して求めない。

それはむしろ「戦略的に」「インクリメンタルに」進む。そうしたアプローチをリンドブロムは，「分割されたインクリメンタリズム」(disjointed incrementalism) と呼ぶ。したがって，分割された

インクリメンタリズムは包括的に合理的であろうとするのではなく，以下にみられるように「1組の相互に支持的な単純化の戦略と焦点化の戦略」を採ることによって現実的な対応力を獲得しようとする。すなわち，

(1) 理論的に可能なすべての代替案を調べるのではなく，現行の政策と食違いの少ない，少数のよく知られている代替案に分析の焦点を合わせる。

(2) 達成すべき目標や価値をあらかじめ決めて，それと合致する代替案を組織の行動経路として選ぶのではなく，政策目標や価値を特定の問題の経験的な側面と折り合わせる。

(3) 理想的な状況に向けて目標を追求するのではなく，望ましくない状況を回避することに努める。

(4) 前もって特定されている問題について情報を集め，分析するのではなく，状況の変化や新しい情報の流入に応じて，絶えず出てくる問題を解決していけるように，一連の試行錯誤的行動や修正された試行を繰り返す。

(5) 考慮の対象となっている代替案のすべての結果ではなく，その中の重要であると思われる結果についてだけ分析する。

(6) 一部の特定の人にだけ政策の形成を委ねるのではなく，職務上の要求を何とか実現したいと思っている人々の間で，知的分業ができるように，多くの人々に仕事を分割する。

相互調整 分割されたインクリメンタリズムは，このように「単純化と焦点化」とを実践的な能力獲得の手段として用いる。それはケネス・J・アロー（Kenneth J. Arrow）が指摘しているように「インクリメンタル，探索的，連続的，そして手段への目的の調整」として，具体的に特徴づけることができる（Arrow [1964]）。たとえばある問題が取り上げられる場合，その問題は現行秩序の中で比較的小さな変更に限定される。そ

の結果,最も一般的な意味で「計算」に伴う困難は小さくなる。そして検討の範囲が狭まるために,代替案に関する知識は大きくなる。

また提案された解決策の結果を予測することが難しい場合には,その結果をその時点で無理に決めないで,その後のプロセスに委ね,その中で発見し,修正できるようにしておく。その結果,分割されたインクリメンタリズムでは,現実に実践可能な手段だけが保持されるという意味で,実践性を確保できるだけではなく,提示された時点で脱落していった手段や問題にも復活のチャンスが残されることになるのである。一度放棄されたから,それで終わりということではないのである。

こうした分割されたインクリメンタリズムは,論理的に言って,「誤り」を最小化することになる。なぜなら,直前の結果が方向性を絶えず検証することになるだけでなく,方向性を明確にするための情報源としても作用するからである。またそうしたフィードバックの結果として,一から始める場合とは違い,探索のために多大な時間とエネルギーを費やす必要がなくなり,予測や予想を事態の進み具合を見据えながら調整することができるからである。そして,このアプローチは「インクリメンタル」であるがゆえに,修正しようとすれば,すでになされている過去の誤った決定を取返しのつかないものとすることなく,容易に修正することができるのである。

こうしたインクリメンタリズムにおいては,「政策」は合理的―包括的なアプローチのように,あらかじめ設定されている目標ないし基準に合致しているからという理由で選択されている訳ではない。そうではなく,今現在手許にあって実行可能な手段や実施されている政策と適合するものが,追求されるべきものとして選び出されてくる。その過程で実現が困難とされる要求は脱落し,現実に利用できる手段に合致する政策だけが保持されるのである。この意味において,分割されたインクリメンタリズムでは,合理的アプローチの

ように，神のごとき理性と振舞いが必要とされないだけでなく，包括的に合理的なアプローチが強調する「合意」もまた，必要とされないのである。

インクリメンタリズムにおいては，合意は必ずしも選択をする際の前提条件，ないしは必要条件ではない。それは選択の「前」というよりは，「後」に出てくると言ったほうが適切なのである。したがって，「分割されたインクリメンタリズム」に従うとき，「根本的な価値の異質性」を巡るコンフリクトは，基本的には問題とならない。むしろ包括的に合理的であろうとするとき，つねに問題となる個人間，あるいは集団間の利害や欲求を巡るコンフリクトは，インクリメンタリズムにとって，論争を鮮明にし，より適切な政策を形成するための重要な「刺激剤」にさえなるのである。なぜなら，個々人や集団はそれぞれ自らの要求や主張に，その時間とエネルギーとを投入しているのであるが，インクリメンタリズムではその要求に対してつねに「復活のチャンス」が与えられているからである。

リンドブロムによれば，仮にある主張なり要求が特定の選択時点で排除されたとしても，そのことが直ちにその主張や要求が政策の追求過程から永久に脱落してしまうことを意味する訳ではない。その主張や要求は政策追求過程の「別の時点で」，姿や形を変えて現れる可能性があり，当の主張に深くコミットしている人々によって再び提起され，改めて検討の対象になる可能性がつねに残されているのである（◎第10章第2節）。したがって人々は，他の主張や要求を一方的に排除しようとはしない。むしろ自らの主張を実現するために，他の人によって提案された修正可能な決定を受け容れる。「対立的」にではなく，「相互に調整」することによって解決を図ろうとするのである（リンドブロムの言う「党派的相互調整」〔partisan mutual adjustment〕）。

そこにこそ，追求すべき政策を一定の基準にもとづいて設定して

しまうために，状況の変化や時の経過に伴って次々と出てくるできごとやアイディアを有効な情報源とすることなく，排除してしまわざるを得ない，包括的に合理的であろうとするアプローチに対する「分割されたインクリメンタリズム」の優位性が存在する。そしていみじくもアローが指摘しているように，「前もって考えられた福音書的な選択基準を放棄することの利点」の1つが存在する。そのように考えたとき，リンドブロムにとって「分割されたインクリメンタリズム」は，たしかに「1つの戦略として」優れたものと考えられたのである。

2 創発的戦略

●ミンツバーグⅡ

策定された戦略　「企業の基本的で長期的な目標や目的の決定，そしてこれらの目標を達成するために必要な行為径路の採択と資源の配分」，著名な経営史家，アルフレッド・D. チャンドラー, Jr. は戦略をこのように定義している。また，クレイトン・M. クリステンセン (Clayton M. Christensen, 1952–) らによると，戦略とは「環境に企業を位置づける機会と制約との間の適合」を見出すことである。そして「企業とその環境との間に『インピーダンス・マッチ』(impedance match) を構築すること」，これがよく知られているアンゾフの戦略についての定義である。そのいずれにおいても，戦略は直接的に組織内部の関係を扱っていない。問題となっているのは企業組織内部の関係というよりは，企業組織と環境との関係である（⇒Column④）。

容易に推測できるように，この対環境関係においては組織内部の場合とは違って，そこで生じる問題のどれ1つを取り上げてみても，1つとして同じものはない。また，そのほとんどは反復的であると

いうよりは，非反復的で1回限りである。かつて同じようには生じたこともなく，その正確な性質や構造ははっきりしない。そこに起こる変化や問題のほとんどは，つねに新しい内容を含んでいる。その意味で，戦略上の決定はセルズニックが指摘しているように，常規的（routine）ではなく，臨界決定（critical decision）的性質を帯びており，組織はアンゾフの言葉を借りると，一種の「部分的無知」の状況に置かれることになる。

そのような状況において，つねに妥当する戦略というものはあり得ないし，また，たとえそのような戦略というものを構想したとしても，ほとんど無意味である。稀にしか起こらず，その構造も判然としないできごとや現象に直面せざるを得ない点において，戦略はサイモンの言う意味で，本質的に「プログラム化」し得ないからである。そしてその可能性は，一般的に環境の変化によって不確実性が増大するにつれて高くなる。したがって，変化に対して適応的な戦略の策定というものがもしも可能であるとすれば，その戦略は策定の当初から変化に応じた修正や変更を前提とせざるを得ない。そうでなければ，環境の要求とは異なる指示がメンバーに対して与えられることになって，組織は環境との「同調」を失ってしまうからである。部分的無知の状況にある限り，変化に応じた修正や変更を当然のこととすることがどうしても必要になるのである。

しかし，どのコースが望ましく，どれがそうでないのか。何が必要で何がそうではないのか。その解釈や決定は場当たり的であってはいけない。場当たり的であったり，一貫していないとき，組織のエネルギーは拡散し，収束しないからであり，それ以上に組織は方向性を失い，結果として，環境の変化に翻弄されてしまうからである。環境との適切な対応関係を維持しようとするなら，集合体としての持てる力を結集することができるかどうかという以前に，組織における解釈や決定は相互に首尾一貫していなければならない。そ

してそのためにはそれを一貫したものとする「何か」が必要になる。定義上，戦略は一方においてこの何かの役割を期待されてきた。

したがってその役割に期待しようとすれば，たとえ環境の変化に直面したとしても，組織としては戦略の変更をできるだけ避けなければならない。一度提示したなら，何とかその維持に努める必要がある。なぜなら，戦略が頻繁に変更されるとき，組織には行動のよりどころがなくなってしまうからである。度重なる変更に人々は戸惑い，組織は混乱する。その結果，組織は目標を達成できるかどうかという以前に，最も単純な自己規制的なシステムとしてすら作動しなくなってしまうのである（→第11章第2節）。

もしそうであるなら，戦略はその源泉となるべき「曖昧性」や「偶然性」をチャンスに変えるべく取り込むことができない。なぜなら，それは一種の「攪乱要因」となるからである。したがって，「曖昧性」は排除されなければならないし，「偶然性」は回避しなければならない。もし環境に対してオープンであることを前提にするなら，組織は当の戦略の示すパスとは異なる，別のパスの可能性をつねに残しておく必要があるが，行動に先立って行動を規定するものとして策定される戦略は，そうしたパスの可能性をことごとく閉じてしまう。そうすることによって，環境への適応可能性を排除してしまう。そこにははじめから，変化に対する抵抗がビルト・インされてしまっているのである。そうであるとすればどうであろうか。

創発的戦略

行動を規定するものとして戦略を策定し，「策定と実行」とを峻別するという伝統的な戦略は，それがいかに精緻につくり上げられているにせよ，環境が変化する場合にはほとんど意味をなさない。というよりも，忠実に実行されるものとして策定されているがゆえに，当初からその修正や変更を予定することは一種の論理矛盾に陥ることになるのである。したがって環境からのフィードバックのループは，策定されて

いる戦略それ自体には戻らない。ループは戦略それ自体の妥当性を検証するというより，むしろ戦略の忠実な実行を担っている実行現場へと戻り，ひたすら忠実な実行を鼓舞することになるのである。策定し，実行するというこの二分法は，「構造的に」，アージリスらの言うダブル・ループの学習を許容せず，その結果として，組織は適応力を失うのである（●第11章第2節）。

したがって，もし期待された「所期の」成果が得られなかったとしても，それを単純に，環境の変化とか思いがけないできごとのため等というもっともらしい原因に帰することはできない。また策定された戦略の精粗や適否，あるいは環境分析の不十分さによるとする訳にもいかない。ましてや実行すべき現場にいる人々の意欲や努力の欠如，あるいは心理的抵抗のためであると決めつけることはできない。それらに非難されるべき点があるにしても，それは失敗の一因，それも副次的なものでしかない。戦略は環境への適応力を失うべくして失っている。もし問題があるとすれば，変化に応じた「学習」を許容しない戦略そのもの，より正確に言えば，行動に先立って戦略を構想し，その構想を実行に移すという「二分法的思考」にこそある。ヘンリー・ミンツバーグ（Henry Mintzberg, 1939–　）はそのように主張するのである。

ミンツバーグによれば，思考と行為とは分離されるべきものであって，思考はつねに行為に先行すべき（飛ぶ前にみよ）という西欧思想に一般的な仮定は，つねに妥当する訳ではない。すなわち，組織は行動を規定するものとしての戦略を前もって構想することでしか，賢明になれない訳ではない。組織は日常の行為や経験を通して戦略が徐々に育つのを見守ることによって，もっと賢明になることができるのである。そして賢明な戦略家は，自分たちが万事を分析，予測し，前もってまとめ上げるほどに賢明ではないということをよく知っている。ミンツバーグはその好例として，アメリカのオート

バイ市場で驚異的な成功を収めたホンダの「スーパーカブ 50 cc」を取り上げる。

スーパーカブ 50 cc の成功はボストン・コンサルティングによって，当初，策定された「戦略」の成功とされていた。しかし，その後の調査によれば，ホンダには「アメリカで売れるかどうかやってみようという以外」，とくに戦略があった訳ではなかった。それどころか，ホンダは大型のオートバイを主流とするアメリカ市場では受け容れられないと考え，50 cc のスーパーカブの導入を本気で考えてすらいなかった。ホンダは 250 cc や 305 cc クラスを売ろうと躍起になっていたのであり，ミンツバーグによれば，市場が最終的に正しい処方箋（250 cc や 305 cc ではなく，50 cc）を鼻先に突きつけるまで，考えられる限りの，ありとあらゆるヘマをしでかしているのである。唯一正しかったとすれば，それはホンダの販売員が 250 cc や 305 cc（50 cc ではなく）を売るために，あるいは休日にレジャーのために，スーパーカブ 50 cc を乗り回したことである。それが人目を引き，販売を大型のオートバイから，スーパーカブへと転換するきっかけとなったからである。

人々が行動を起こす。行動を起こすことによって，市場の反応から，いったい今何が起こっているのか，したがって何をなすべきかが次第にはっきりしてくる。ホンダはその機会を逃さず，取り込んでいった。この事例において，策定された戦略がホンダの成功をもたらしている訳ではない。なぜなら，この場合戦略は行動に先立ってというより，むしろ行動の「後を追うように」出現しているからである。スーパーカブ 50 cc の場合，その場その場での対応行動が次第に収斂し，振り返ってみると，後に「ホンダの戦略」と呼ばれるようになっているのである。

この現実と先に述べた戦略の欠陥とを前にしたとき，ミンツバーグにとって，戦略というものは行動に先立って構想され，策定され

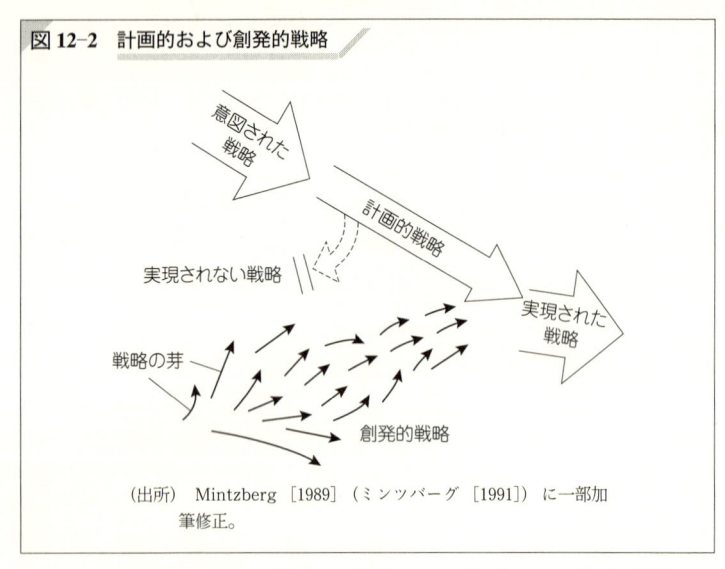

図 12-2 計画的および創発的戦略

（意図された戦略 → 計画的戦略 → 実現された戦略）
（実現されない戦略）
（戦略の芽 → 創発的戦略）

(出所) Mintzberg [1989]（ミンツバーグ [1991]）に一部加筆修正。

るものではなかったし，厳密に分析され，計画された戦略目標にもとづく「目標指向的」行動が好ましい成果を組織にもたらすとは到底考えられなかった。ミンツバーグによれば，実際に実現され，現実に成功を収める戦略というものは，当面する状況や問題に対する対応，そのパターン化されたものとして「出現」（構想し，策定されるのではなく）するものである。そのようなものとして形成されるからこそ，たとえばホンダがそうであったように，先のジレンマに陥ることなく，学習を許容できるのである。ミンツバーグはそのように主張し，このパターンとしての戦略，すなわち「創発的戦略」（emergent strategy）の有効性を強調するのである。

雨　傘　　創発的戦略においては，日常行動が構想や策定に先行しており，それゆえにこの戦略ははじめから戦略としてオーソライズされているという理由で，戦略としての地位を獲得しているのではない。そうではなくて，創発的な戦略はメンバーの具体的な活動や対応を収斂させることができ

た「結果として」，その地位を確保している。言ってみれば，自ら増殖し，組織全体に広がることによって戦略となっているのである。その意味において，創発的戦略は一握りの「戦略家」と呼ばれる人々の意図とは，「直接的には」結びついていない。もし結びついているとすれば，それはその時々の状況や問題に応じたメンバーの行動であり，その基盤は日常活動の中にこそある。

　もしそうであるとすれば，「戦略の芽」は，組織ハイアラーキー上の地位のいかんにかかわらず存在する。その行動が許容され，資源の支援が得られるなら，どこからでも生じ，どこにでも根づくことができる。そのとき組織にとって必要なことは，戦略を構想することではない。ミンツバーグによれば，そうではなくて以下のように行動や経験の中から，戦略が次第に「創発」してくるのを注意深く見守り，折をみて介入することである。

(1) 戦略は温室のトマトのように栽培されるのではなく，当初，庭の雑草のように成長してくるものである。

(2) こうした戦略はあらゆる場所に根を下ろすことができる。学習能力があり，その能力を支援できる資源が存在するところなら，ほとんどどのような場所にでも根を下ろす。

(3) このような戦略は集合的になるとき，すなわち増殖してパターン化し，組織全体の行動に広がるとき，組織的なものになる。

(4) その過程は意識的であるかもしれないが，必ずしもそうである必要はない。同様に管理されることがあるかもしれないが，つねにそうである必要はない。

(5) 新しい戦略は絶えず出現しているかもしれないが，それらは比較的統合されていた連続性が中断される変化の期間に，組織に広がる傾向がある。

(6) このような過程の管理とは戦略をあらかじめ構想することではなく，創発を認識し，折をみて介入することである。

図12-3　雨傘戦略

境界の拡張と縮小

ガイドラインとしての境界

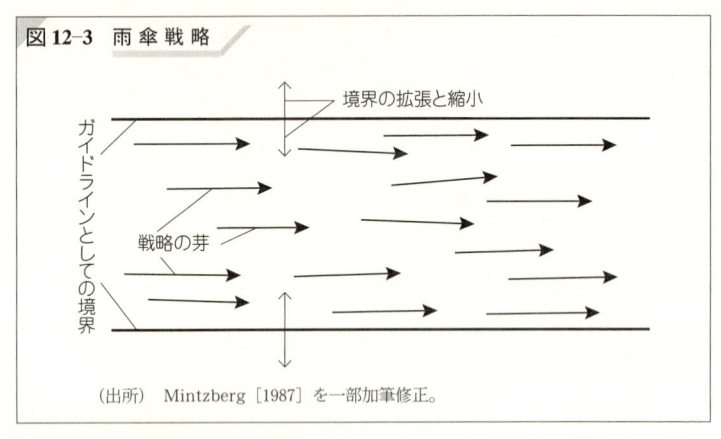

戦略の芽

（出所）　Mintzberg［1987］を一部加筆修正。

　しかし，どのような組織であれ，すべてを成行きに委ねるほどに柔軟ではない。したがってまた，完全に創発的であり得る戦略というものもあり得ない。言うまでもなく，そのような戦略は「統制」を不可能にしてしまうからである。「現実の」戦略は柔軟性と共に統制を必要としている。ミンツバーグの表現によると，「計画的な足と創発的な足」，この「2本の足」を必要とするのである。この意味で創発的戦略にはこの計画的な足，すなわち統制との結びつきが必要になる。そうでなければ，創発的戦略の戦略としての現実性は半減してしまう。どのように考えればよいのか。

　「大まかなガイドラインとして一定幅の境界を設定する」ことで，ミンツバーグはこの問題の解決を図ろうとする。彼の言う「雨傘戦略」（umbrella strategy）である。図12-3から推測できるように，このやり方は境界を設定することができるというだけでなく，創発してくる行動に応じてその境界を狭めたり，広げたりすることによって，戦略が創発し，形成される過程を意識的に統制できるという意味で，明らかに「計画的」である。しかも行動それ自体を規制するのではなく境界を規制するものであるために，戦略の「芽」として重要な「曖昧性」や「偶然性」は，その境界内にある限り排除さ

れることがない。雨傘戦略のもとで，統制は必ずしも学習を排除しないのである。ミンツバーグはそこに創発的な足と計画的な足の両立可能性と共に，創発的戦略の鍵をみているのである。

3 ロジカル・インクリメンタリズム

●クイン

突発的なできごと

もしある企業がそれまでとは比較にならないくらいに優れたパフォーマンスを収めたとき，その理由として「戦略の転換」が取り沙汰されることが多い。そして「戦略計画」はそうした転換の成功に当たって必要にして欠くべからざるものとされている。たしかに戦略の転換が将来に影響を与える活動であるとすれば，計画を伴わない行動は成功しそうにないし，それ以前に存在しそうにもない。もし成功を収めようとすれば，将来に対してどのような行動をとるか，そしてその行動をどのようにして確実なものとするか，システマティックで，しかも公式的な計画が必要になろうし，そうした事前の準備があって初めて，戦略の「転換」は起こるだろう。

しかし，将来は確実であるよりは，不確実であることが多い。しかも計画作成における「グレシャムの法則」としてマーチ＝サイモンが指摘したように，計画はプログラム化されればされるほど，そうでないものよりも優先される傾向がある（March and Simon [1958]）。このことは計画というものが，予想外のできごと，とくに市場の影響力を最小化ないし，除外しようとするということ，したがって，曖昧性や偶然性をチャンスとして取り入れるというより，排除してしまいやすいということを意味している。もしそうであるとすれば，計画は戦略転換に不可欠なものであると言えるのか，そもそもそのような計画から有効な戦略というものは生まれるのであ

ろうか。

　戦略の転換が経営上どれだけ大きな意味を持つかを考えれば，この疑問は至極当然のものと言える。それだけにこの問題については数多くの調査研究がなされ，今日の戦略研究に大きな影響を与えている事実発見がなされた。その中にあって重要な役割を果たした研究者の一人が，ジェームズ・B. クイン (James B. Quinn, 1928-　) である。彼は大規模会社の戦略形成プロセスをトレースすることによって，戦略の転換と公式の計画との間に生じる問題を解決するに当たって決定的とでも言える事実を見出した。

　クインの調査結果によれば，主要な組織が戦略上重大な転換をする場合，分析的文献はある種の「ハード・データ」，たとえば全社的製品市場での地位や全体的な資源配分を強調するが，そのように合理的で分析的な計画システムは戦略の転換とほとんど関係がなかった。むしろ経営者たちが重視していたのは「ソフトな」変化であって，彼らはその認識をもとに戦略の転換を行っていた。そしてクインによると，そうしたソフトな変化の中で，最も頻繁に争点 (issue) となっていたのは以下のようなことがらである。

(1)　全体的な組織構造，あるいは基本的なマネジメント・スタイル
(2)　政府，あるいはその他外部の利害集団との関係
(3)　吸収（合併），分割，分権的な統制実務
(4)　国際的な位置と関係
(5)　革新能力，あるいは成長に影響されるような人々のモティベーション
(6)　労働者と専門家との関係
(7)　過去の，あるいは予想される技術環境

　クインによると，これらのそれぞれに関連して，新しい状態に到達したプロセスを経営者に尋ねたとき，いくつかの重要なポイントが出てきた。第1に，これらの争点それ自体は，数量的モデリング

技術や公式の財務分析とほとんど関係がなかった。第2に，成功した会社はそれぞれ異なる活動や決定（彼はこれをサブシステムと呼ぶ）をもとに，戦略を定式化していたが，これらの活動や決定すなわちサブシステムは業界間できわめて類似していた。そして第3に，いかなる単一の，公式の分析プロセスといえども，計画ベースではすべての戦略上の変数を同時に扱うことができなかった。いったいなぜなのか。

ロジカル・インクリメンタリズム

クインによると，組織がコントロールすることのできないできごとは，しばしば否応なしに将来の戦略的ポジションをかたちづくってしまう，差し迫った，断片的な中間的決定を引き起こす。このような現象は1973〜74年の石油危機に対する決定を迫られたGM，突然の国有化を押しつけられたエクソン，まったく予想外のゼログラフィやフロート・ガラスの発明によって大きなチャンスを迎えることとなったハロイド（ゼロックス）やピルキントンといった会社の例で明確に観察することができる。

これらの事例において，公式の計画についてみると，計画はそうしたできごとの状況要因の一般的性質を予期できる限りにおいて，その貢献を認めることができた。公式の計画は利用できる情報ベースを広げ（エクソン社の場合），対象となるオプションを増やし（ハロイド〔ゼロックス〕社の場合），決定を一定方向へと誘導した（ピルキントン社の場合）。すなわち，公式の計画はその性質を前もって規定することのできる機会に対しては，資源ベースやマネジメントの弾力性，そして探索ルーティンをつくり上げている。

しかし，この事例におけるどの組織といえども，そのタイミング，激しさを予想することはできなかった。ましてや，そのように突然引き起こされたできごとすべての性質を予想することなど，できはしなかった。この意味で，それは文字通り「不可知的」（agnostic）

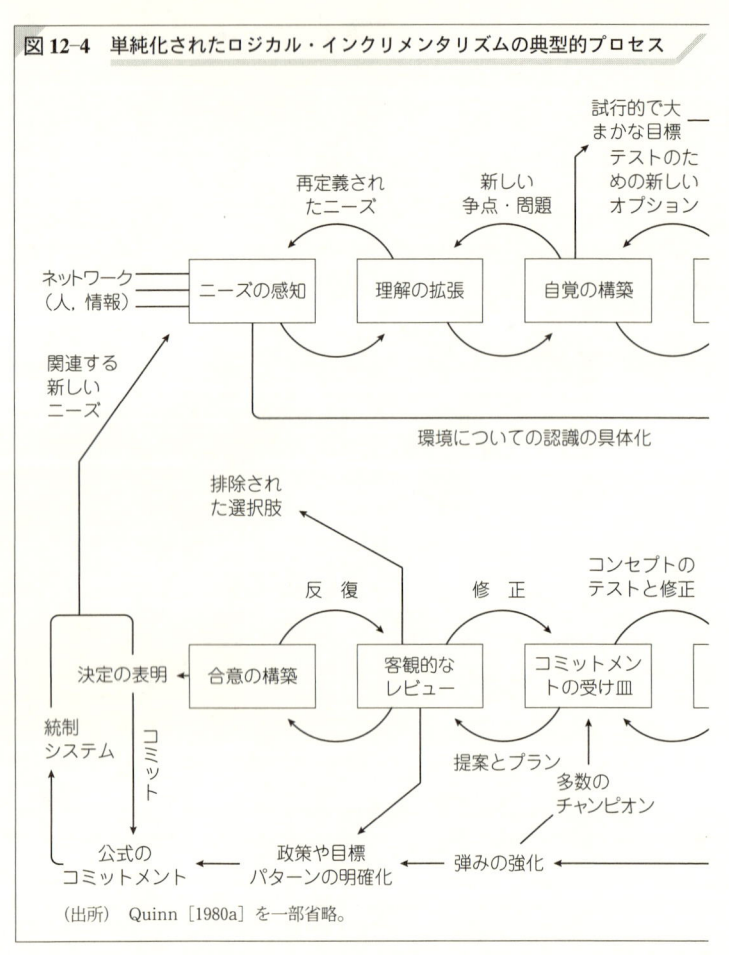

図12-4 単純化されたロジカル・インクリメンタリズムの典型的プロセス

(出所) Quinn [1980a] を一部省略。

であった。さらにこれらのできごとが起こったとき，可能なオプションやその結果を戦略的に分析するための時間や資源，あるいは情報がなかったかもしれない。にもかかわらず，このように差し迫った状況でなされる初期の決定は，後になって容易にひっくり返すことのできない「先例」となる。

クインによれば，経営者はこの間の事情を十分に理解している。

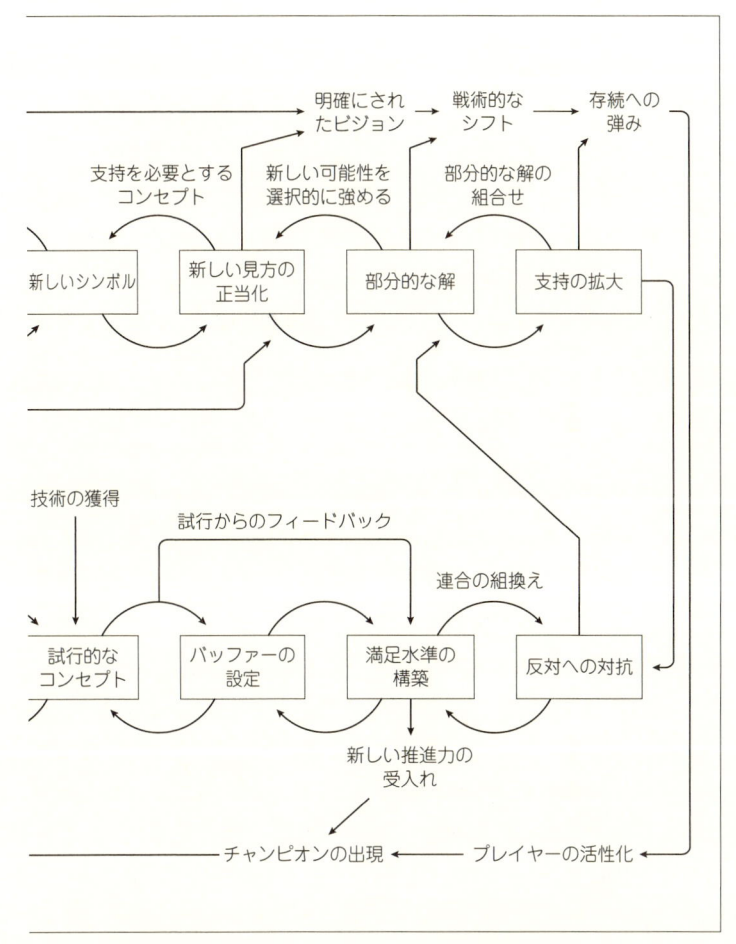

```
                           明確にされ      戦術的な      存続への
 ──────────────────────→   たビジョン  →   シフト    →   弾み
                ↑             ↑             ↑
        支持を必要とする   新しい可能性を    部分的な解の
          コンセプト     選択的に強める     組合せ

  新しいシンボル   新しい見方の    部分的な解    支持の拡大
                   正当化


  技術の獲得      試行からのフィードバック
                                            連合の組換え

  試行的な      バッファーの    満足水準の    反対への対抗
  コンセプト      設定          構築

                          新しい推進力の
                            受入れ
  ──────────→ チャンピオンの出現 ←── プレイヤーの活性化
```

　したがって彼らはそのようなできごとを意識的に「インクリメンタル」に扱った。初期の決定は大まかで，形式的，試験的に維持され，その後の展開に委ねられた。いくつかの事例では，代替的な行為の意味を十分に理解することができなかった。そのために，仮定的にテストしたり，他の会社の対応から学習しようとした。クインの調査によると，そのような持続的な相互作用的行動は，たとえば石油

危機の時期のみならず，他のコンテクストでも繰り返し起こっており，決定の質を改善していた（図 12-4）。

ゼログラフィやフロート・ガラスの場合，製品や製造プロセスがそれまでとはまったく異なるものであったので，潜在的な生産者と使用者，その双方ともに，相互作用的なテストなしにその先行きを予想し，概念化することは，ほとんど不可能であった。そのために彼らは対応のための決定を「意図的に」遅らせ，相互のフィードバックができるようにすることによって概念化を図った。GM やゼロックスのような会社は，個々の局面（段階）においてのみ具体的な決定をして，顧客と相互作用的なテストを繰り返し，事態がはっきりするまで最終的な，全体としてのコミットメントを延期していた。

同様にしてクインによると，ほとんどの経営者は組織上の諸関係やパワー関係にきわめて敏感であり，そのダイナミズムを改善するために，決定プロセスを意識的に管理した。全階層の参加を促進するために，また，専門情報をより多く入手するために，あるいは解決策へのコミットメントをつくり上げるために，彼らは決定を意図的に遅らせたり，曖昧にし続けた。危機が待ったなしとなり，したがって，権力争いをしている余裕などないように思われたときでさえ，クインによると，鋭敏な経営者はその危機が権力の基盤や重要な構成員にどのような影響を与えるかがはっきりするまで，オプションを意図的にオープンにし続けようとしていたのである（→第 10 章第 2 節）。

これらの事例，そのすべてには確率論的に予測することのできない諸力がつねに働いている。クインによれば，経営者は戦略転換につきものの，そうした諸力から生まれるプロセスの不可知性と，決定者としての能力の限界を十分に認識している。認識しているからこそ，決定をはじめから過度に厳格にしようとはしない。むしろ事態の進展状況をみながらつねに問題を再定義し，その定義に応じて

組織のスキルや資源をインクリメンタルに投入する。そうすることによって，不確実性を縮減するだけでなく，情報の価値を高め，そしてプロセスができるだけ「政治的に」ならないようにしようとするのである。そこには十分なロジック，ないし合理性が存在する。計画的ではなく，インクリメンタルに進むことが，戦略の転換にとっては「ロジカル」なのである。

調整主体

取り上げたすべての事例は，「全体的な最適」を達成するためにすべての要因を同時に扱い，単一の大規模な決定マトリックスへと統合しようとする「計画的な」決定が，ほとんど役に立たないことを示している。通常，その理由とされてきたのは，人間の「情報処理能力」ないし「認知限界」である。しかしクインによれば，それ以上に重要なのはシステムそれ自体を制約しながら，最終的には決定それ自体を左右することになる「プロセス限界」，すなわち自覚を促し，満足のレベルを構築し，コンセンサスを発展させ，人々を選び出すのに必要なタイミングや否応なしにしなければならないことの優先順位である。クインはこのプロセス限界の「調整主体として」，経営者を想定している。

同じ「インクリメンタリズム」ではあっても，この点において，クインの主張はリンドブロムの主張とは決定的に対立している（⊃第12章第1節）。なぜなら，リンドブロムによれば，そうした特定の調整主体による調整が難しいからこそインクリメンタルになるのであって，もし特定の主体による調整が可能であるなら，最早インクリメンタルである必要はないからである。政策立案は限界のない，しかも相互に「分割」されたプロセスである。その中でプロセスは進行し，政策が成立しているのであるが，だからといって，特定の調整主体の調整によって進行しているわけではない。リンドブロムによればそうではなく，一般の目にはヒーローとは映らない，現場

にいる「漸進主義者」たちの相互作用の結果として進行している。個々に調整はなされているが，それはあくまでも「相互」調整なのである。

しかし，クインによれば，インクリメンタルなプロセスにおいて，経営者は組織内外で発生し，好むと好まざるとにかかわらず対応せざるを得ないできごとやそれに関する情報，そしてそれぞれの争点間のパワー関係を，単一の基準にもとづいて同時に処理しているのではない。むしろ経営者はそれぞれのできごとや各争点に固有の論理を見出し，それを排除することなく，それらの間（各決定間）に一定のパターンをつくり出そうとしているのである。したがって，インクリメンタルな過程において出てくる意見や提案は，「当初から」経営者の考慮すべき対象となっているのではない。

そうではなく，そうしたプロセスにおける意見や提案はある程度の「支持を獲得して初めて」，組織全体として対処すべき問題となったり，解決策となったりするのである。それゆえに（支持を得るまではそれは単なる意見や提案に過ぎないから），経営者はそれらが政治化しないように，組織全体のものとしてではなく，1つの提案ないしプロジェクトの1つとして処理することができる。そしてそのプロセスにおいて多くの分析手法や理論を活用できる。言い換えると，特定の対応策に時期尚早にコミットすることなく，意識的にかつ意図的に戦略の転換を図ることができるのである。したがって，インクリメンタルであることは，必ずしも受動的ないし反応的であることを意味しない。また，それは数多くの合理的分析手法や理論とまったく切り離されているのでもない。ましてや単なる「マドリング・スルー」では決してない。

クインによれば，「ロジカル・インクリメンタリズム」が示しているのは本質的に「意識的，意図的，そして積極的な管理」そのものである。適切に管理されるなら，数多くの分析手法や各種の理論

は，インクリメンタルなプロセスと結びつく。経営者はその助けを借りて，複雑なパワー関係や個々人のニーズを処理しながら，組織体として進むべきコースを選択することができる。クインによると，経営者はリンドブロムの「官僚たち」がそうである以上に，インクリメンタルに進むプロセスを意識的に誘導している。そして戦略の転換に向けて意識的に統合しているのである。

そこには事業体である限り，組織は「統合された概念としての戦略」をつくり上げるに違いなく，その中心として，組織内外の諸力に対して働きかけ，また，人々をまとめ上げる経営者を欠くことができないという，クインの強い信念が色濃く反映されている。同時にまた，人間の能力の限界を同じように前提としながらも，経済学を片手に「市場の見えざる手」を念頭に，調整を特定の調整主体にではなく，限りなくシステムそれ自体の調整能力に委ねようとするリンドブロムの，「分割されたインクリメンタリズム」との違いをみることができる。

4　戦略行動の相互作用モデル

●バーゲルマン

戦略の原動力

1970年，綿密な計画のもとに実施された長期的な実証研究の結果がヨセフ・L. バウアー (Joseph L. Bower) によって発表された (Bower [1970])。その研究は主要な多角化企業における戦略的資本投資のマネジメントに関するもので，「プロセス学派」への1つの契機となったものである。それによれば，主要な多角化企業の戦略的投資のマネジメントについてみると，戦略的決定とオペレーショナルな日常的決定との境界は，きわめて曖昧で，資源配分に関する決定は通常考えられている以上に各管理階層に広くまたがっていた。そしてより重要な

ことに，そのプロセスは経営陣というよりは，現場の人々を中心に進められていた。

当然のことながら，この結果は戦略研究にきわめて大きな影響を及ぼすこととなった。なぜなら，戦略を含めた重要な決定はオペレーショナルな決定とは別に，経営陣を中心になされるものと考えられていたからであり，バウアーの研究結果はそうした見方の見直しを迫ることになったからである。そのために多くの研究者がこの研究に注目したのである。その1人がロバート・A. バーゲルマン（Robert A. Burgelman, 1945- ）である。バーゲルマンはバウアーの研究結果の妥当性を確認するにとどまらず，それを企業の戦略形成プロセスとして概念化することを試みている。バーゲルマンはその試みを「社内ベンチャー」活動から始めている。

バーゲルマンによると，戦略のマネジメントはバウアーが明らかにしたのと同じ意味で，各管理階層にまたがる，互いに切り離すことのできない相互に関連した，同時発生的で，連続的な活動であって，戦略はそうした活動プロセスの結果として形成される。そしてそのプロセスを始動させるのは，組織現場の人々である。技術と格闘したり，シェアの拡大に骨身を削っているがゆえに，彼らは戦略の限界にきわめて敏感であり，現行の戦略が必ずしも重要視していない技術や市場に新しい可能性を見出すのである。そして多くの人々がその実現を図ろうとする。

その結果，組織内には提案の実現を巡って，一種の競合状態が生じる。そのとき現場の人々が競争する相手は，外部の企業ではなく，同じ組織のメンバーであったり，他の部門である。同様にして，説得しなければならないのは，上司としてのミドル・マネジャーである。しかも，そうした彼らの活動が現行の戦略と合致しているか，もしくはその戦略の中で許容されているかといえば，必ずしもそうではない。そのほとんどは現行の戦略の外側にある。もしそうであ

図12-5　社内ベンチャーのプロセス・モデルにおける中核活動と周辺活動

		コア・プロセス		オーバーレイ・プロセス	
		定義づけ	推進力	戦略的脈絡	構造的脈絡
レベル	全社マネジメント	モニタリング	オーソライズ	合理化	構造化
	新規ベンチャー開発マネジメント	指導世話役	組織的擁護化 戦略構築	輪郭の描写	交渉
	グループ・リーダー，ベンチャー・マネジャー	技術とニーズの連結	戦略的推進	ゲートキーピング，アイディア生成，非公式の生産活動	疑問の投げかけ

（注）アミかけ部分は主要活動を表す。
（出所）Burgelman and Sayles [1986]（バーゲルマン＝セイルズ [1987]）。

るとすればどうであろうか。

　実現を図るためには，単に技術的・経済的次元だけで提案の可能性を証明しようとしても無理である。技術的・経済的可能性に加えて，その提案に「事業」としての可能性があることを経営者に説くことが必要で，それを後押ししてくれる存在がどうしても必要になってくる。「推進力」としてミドル・マネジャーに言及するとき，バーゲルマンが強調するのは，技術的・経済的に規定されている現場の提案を事業として企業全体に結びつける，こうしたマネジャーの役割である。したがってバーゲルマンによると，社内ベンチャーとしての起業が成功するかどうか，その重要なポイントの1つはミドル・マネジャーが担っているこうした役割と，それゆえの政治力，交渉力である。

　しかし，たとえば測定基準や評価システムといった組織の「構造」は，現場の人々やミドル・マネジャーの行動に対してつねに影響を与える。同様にして，「事業」はつねに全体としての「組織目

標」によって制約されている。したがって経営陣が率先して戦略行動を推進しないからといって、そのことが戦略形成における経営陣の役割を否定することにはならない。なぜなら、人々の行動や決定に影響を与えたり、制約したりする「構造」や「組織目標」は、経営陣によって設定されるからである。言ってみれば、ミドルを含めた現場の行動は「構造的状況」と「戦略的決定状況」のもとで起こるのであり、そうした2つの状況を「操作的に」設定する経営陣の構造化と合理化の活動結果として初めて、提案は企業全体の中に組み込まれていくのである。バーゲルマンはそこに伝統的な戦略論の主張とは決定的に異なる経営陣の役割の本質をみているのである。

相互作用モデル　こうした社内ベンチャー・プロセスの研究結果とバウアーをはじめとした先行研究から得られた洞察にもとづいて、バーゲルマンは規模の大きな企業における新しい戦略プロセスのモデルをつくり上げた。そのモデルでは規模の大きな企業で確認された2つの戦略行動のカテゴリーが示されている。「誘発された戦略行動」と「自律的な戦略行動」である。

「誘発された戦略行動」は文字通り現行の戦略によって誘発される行動であって、チャンスを識別するに当たって現行の戦略コンセプトが提供しているカテゴリーを利用する。そのような戦略行動は企業の戦略計画システムで使用されているカテゴリーと一致しているので、企業コンテクストにほとんど「多義性」（⊃第11章第3節）をもたらさない。たとえば、現行の事業のための新製品の開発、既存製品のための新市場の開拓といった行動がその例である。そのような戦略行動は現在の構造コンテクストで形成され、現行の評価システムや測定システムの観点から判断することができる。誘発された戦略行動は現行の戦略に従う（**図12-6**、戦略コンセプトと誘発された戦略行動間のフィードバック・ループ）。

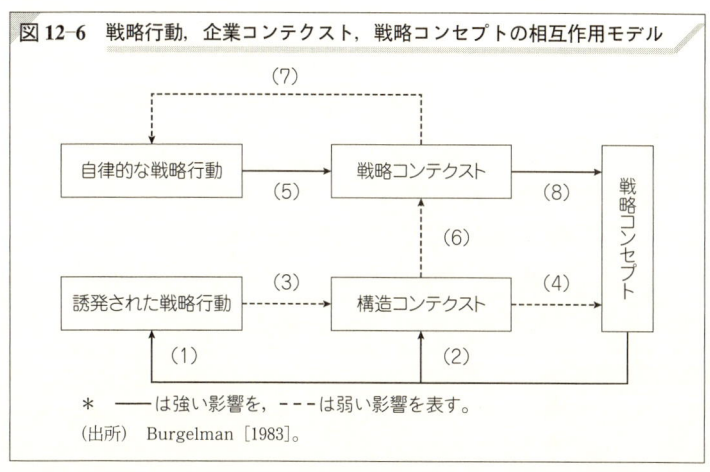

図12-6 戦略行動, 企業コンテクスト, 戦略コンセプトの相互作用モデル

```
                        (7)
         ┌ - - - - - - - - - - - - - - - ┐
         ↓                                 │
  ┌─────────────┐       ┌─────────────┐             ┌──┐
  │自律的な戦略行動│──────→│ 戦略コンテクスト │────(8)────→│戦│
  └─────────────┘  (5)  └─────────────┘             │略│
                           ↑                         │コ│
                          (6)                        │ン│
                           ┊                         │セ│
  ┌─────────────┐       ┌─────────────┐             │プ│
  │誘発された戦略行動│─(3)→│ 構造コンテクスト │──(4)- - →│ト│
  └─────────────┘       └─────────────┘             └──┘
         ↑                     ↑
        (1)                   (2)
```

* ──は強い影響を,---は弱い影響を表す。
(出所) Burgelman [1983]。

　これに対して「自律的な戦略行動」は,チャンスの定義について新しいカテゴリーを導入する。企業家的なメンバーは製品・市場レベルで新しい事業機会を考え出し,この新しい機会のために会社の資源を獲得するための活動に取り組む。そしてさらなる発展の起動力をつくり出す戦略的な努力を遂行する。ミドル・マネジャーはこのようにして生まれた,新しい事業活動領域を戦略的に定式化し,トップがそれを支持するように説得を試みる。このタイプの行動が先の社内ベンチャーに関する研究で見出された戦略行動である。そのような自律的な戦略行動はもともと既存の戦略コンセプトとは別に創発するため,ともすれば現行の構造コンテクストによる淘汰を免れやすく,したがって既存の戦略コンセプトを問題視することになる。その行動は関連する環境の再定義につながり,戦略転換の素材を提供する。したがって戦略の変化に先行する。

　社内ベンチャーの研究で明らかになったように,バーゲルマンによると,この誘発された戦略行動と自律的な戦略行動は,「構造コンテクスト」の決定と「戦略コンテクスト」の決定という2つの淘汰プロセスの淘汰を受ける。「構造コンテクスト」の決定はミド

ル・マネジャーの任命を含め，全体的な構造配置，公式化の程度，スクリーニングの基準等々，いわば一種の管理メカニズムであって，そのようなコンテクストの決定は現行の戦略コンセプトと一致した戦略提案の創出プロセスを維持しようとするトップの努力を反映している（構造コンテクストと戦略コンセプトのループ(2)）。この構造コンテクストは時間の経過と共により精緻化され，より多くのルールが誘発された戦略行動に適用されるようになる。その結果として，失敗の可能性は減少するけれども，戦略行動の視野や範囲は当然狭くなる。

さらにこうした（構造コンテクストの）淘汰圧力の増大の重要な帰結の1つは，その中で選び出されてきた数少ない戦略プロジェクトが，戦略コンセプトの転換を促すほどの力を持っていないということである。標準化された数量的なスクリーニングの手続き，画一的な戦略計画システムのカテゴリー，戦略に柔順なマネジャーの任命等，そのすべては提案の多様性を引き下げ，戦略が新たに構造を規定するのではなく，事実上，既存の構造によって戦略が規定されることになってしまうのである。このようにして，構造コンテクストは誘発された戦略行動と戦略コンセプトとの間に入り込む（ループ(3), (4)）。

このように提案を限りなく既存の戦略に合致させることになる構造コンテクストに対して，「戦略コンテクスト」は製品・市場レベルでの自律的な戦略行動を会社の新しい戦略コンセプトにまでつくり上げようとするミドル・マネジャーとトップの努力を反映している。そのために，ミドル・マネジャーは自律的な戦略行動の意味を理解し，新しい事業展開の対応分野として実行可能で，魅力的な戦略を定式化しなければならない。また，トップ・マネジメントは既存の戦略を修正することによって，こうした試みを事後的に「合理化」する必要がある。戦略コンテクストはこのようにして，自律的

な戦略行動と戦略コンセプトの間に介在することになる（ループ(5)と(8)）。

> **戦略行動と企業コンテクスト，戦略コンセプトの相互作用**

この場合，構造コンテクストの介在効果は限られている。社内ベンチャーの場合，この影響力は，行為者が社内ベンチャーの潜在的な大きさや成長率の高さを証明するという問題にのみ反映されていた。したがって**図 12–6** では，構造コンテクストから戦略コンテクストへの矢印の向きとなる。また，現場レベルの活動にとって，戦略コンテクストは一種のガイドラインとなるのであるが，これは点線のフィードフォワード・ループとして示されている。このループがフィードフォワードであるのは，会社の戦略コンセプトに統合される前に，それよりも先にある戦略行動を特定の新しい分野へと誘導するためである。

一方において，環境の変化に対応して自らを変えようとする諸力。他方において，安定的であろうとする諸力。組織にはつねにこの相反する諸力が働いている。そのいずれが支配的になっても企業組織は存続することができない。なぜなら変化を求める力は行動を不安定にし，組織状況を流動化するからであり，安定的であろうとする力は行動を制約し，組織を硬直化させるからである。組織は存続しようとする限り，この基本的に矛盾し，対立する諸力のバランスを達成するだけでなく，そのバランスを維持し続けなければならない。

バーゲルマンによれば，この問題を解く鍵は，既存の戦略コンセプトによって「誘発された戦略行動」と現場主導の「自律的な戦略行動」との相互作用の中にある。なぜなら，誘発された戦略行動は組織に安定性をもたらし，自律的な戦略行動は変化をもたらすからである。組織はこの2つの戦略行動によって硬直化に陥ることなく，環境への適応能力を獲得することができる。そのいずれのプロセスを欠いても組織を維持することはできない。バーゲルマンはそのよ

うに主張し，こうした戦略行動と企業コンテクスト，そして戦略コンセプト相互の関係について，以下の命題を提示するのである。

(1) 既存の戦略コンセプトは，規模の大きい多角化企業における戦略行動の一部を誘発する。それゆえに，そのような企業の戦略活動の全体は，いつでも誘発された戦略行動と自律的な戦略行動の組合せである。

(2) 既存の戦略コンセプトはロワー・レベルでの戦略行動を全体としての企業戦略のコンセプトと合致させることを目的とした構造コンテクストの確立につながる。

(3) 構造コンテクストは誘発された戦略行動と現行の戦略コンセプトとの関係に介入する。

(4) やがて，構造コンテクストは誘発された戦略行動の多様性を減らし，企業における戦略的学習を妨げる。これは戦略は構造に従うという命題の別の側面である。

(5) 戦略コンテクストは自律的な戦略行動と戦略コンセプトとの関係に介入する。戦略コンテクスト決定の活性化を通して，自律的な戦略行動は企業の戦略コンセプトに統合される。

(6) 自律的な戦略行動と戦略コンセプトとの関係に対する構造コンテクストの介入は，きわめて限定されている。

(7) 戦略コンテクスト決定プロセスの活性化は，企業の自律的な戦略行動の維持に弱い影響力を持つ。

(8) 時間の経過に伴った，戦略コンセプトの変化は，自律的な戦略行動の回顧的な合理化の結果である。これが今度は，次の戦略行動を誘発する基盤を変える。

参考文献

Arrow, K. J. [1964] "Review of A Strategy of Decision by Braybrooke and Lindblom," *Political Science Quarterly*, vol. 79, no. 4, pp. 584–588.

Bower, J. L. [1970] *Managing the Resource Allocation Process: A Study of Corporate Planning and Investment*, Boston: Division of Research, Graduate School of Business Administration, Harvard University.

Braybrooke, D. and C. E. Lindblom [1963] *A Strategy of Decision: Policy Evaluation as a Social Process*, New York: Free Press.

Burgelman, R. A. [1983] "A Model of the Interaction of Strategic Behavior, Corporate Context, and the Concept of Strategy," *The Academy of Management Review*, vol. 8, no. 1, pp. 61–70.

Burgelman, R. A. and L. R. Sayles [1986] *Inside Corporate Innovation: Strategy, Structure, and Managerial Skills*, New York: Free Press. (バーゲルマン, R. A. = L. R. セイルズ〔小林肇監訳〕[1987]『企業内イノベーション——社内ベンチャー成功への戦略組織化と管理技法』ソーテック社)

Dror, Y. [1964] "Muddling through–'Science' or Inertia?" *Public Administration Review*, vol. 24, no. 3, pp. 153–157.

Duncan, W. J. [1989] *Great Ideas in Management: Lessons from the Founders and Foundations of Managerial Practice*, San Francisco: Jossey-Bass Publishers. (ダンカン, W. J.〔坂井正廣・吉田優治監訳〕[1994]『マネジャーにおくるグレイト・アイディア』白桃書房)

Lindblom, C. E. [1959] "The Science of 'Muddling through'," *Public Administration Review*, vol. 19, no. 2, pp. 79–88.

Lindblom, C. E. [1977] *Politics and Markets: The World's Political Economic Systems*, New York: Basic Books.

Lindblom, C. E. [1979] "Still Muddling, Not Yet through," *Public Administration Review*, vol. 39, no. 6, pp. 517–526.

Lindblom, C. E. [1988] *Democracy and Market System*, Oslo: Norwegian University Press.

Lindblom, C. E. and D. K. Cohen [1979] *Usable Knowledge: Social Science and Social Problem Solving*, New Haven: Yale University Press.

March, J. G. and H. A. Simon (with the collaboration of H. Guetzkow) [1958] *Organizations*, New York: Wiley. (マーチ, J. G. = H. A. サイモン〔土屋守章訳〕[1977]『オーガニゼーションズ』ダイヤモンド社)

Mintzberg, H. [1987] "Crafting Strategy," *Harvard Business Review*, vol. 65, no. 4, pp. 66–75.

Mintzberg, H. [1989] *Mintzberg on Management: Inside Our Strange World of Organizations*, New York: Free Press. (ミンツバーグ, H.〔北野利信

訳〕〔1991〕『人間感覚のマネジメント——行き過ぎた合理主義への抗議』ダイヤモンド社)

Mintzberg, H. [1994] *The Rise and Fall of Strategic Planning: Reconceiving Roles for Planning, Plans, Planners*, New York: Free Press.

Mintzberg, H., B. Ahlstrand and J. Lampel [1998] *Strategy Safari: A Guided Tour through the Wilds of Strategic Management*, New York: Free Press. (ミンツバーグ, H. = B. アルストランド = J. ランペル〔齋藤嘉則監訳〕〔1999〕『戦略サファリ——戦略マネジメント・ガイドブック』東洋経済新報社)

Quinn, J. B. [1978] "Strategic Change: Logical Incrementalism," *Sloan Management Review*, vol. 20, no. 1, pp. 7-21.

Quinn, J. B. [1980a] *Strategies for Change: Logical Incrementalism*, Homewood: R. D. Irwin.

Quinn, J. B. [1980b] "Managing Strategic Change," *Sloan Management Review*, vol. 21, no. 4, pp. 3-20.

Robinson, J. A. and R. R. Majak [1967] "The Theory of Decision Making," in J. C. Charlesworth ed., *Contemporary Political Analysis*, New York: Free Press. (ロビンソン, J. A. = R. R. マジャーク [1971]「政策決定論」J. C. チャールスワース編〔田中靖政・武者小路公秀編訳〕『現代政治分析』岩波書店, 所収)

田中政光 [1981]「ルース・カップリングの理論」『組織科学』第 15 巻第 2 号, 59-75 頁。

田中政光 [1990]『イノベーションと組織選択——マネジメントからフォーラムへ』東洋経済新報社。

Weick, K. E. [1987] "Substitutes for Corporate Strategy," in D. J. Teece ed., *The Competitive Challenge: Strategies for Industrial Innovation and Renewal*, Cambridge, Mass: Ballinger. (ワイク, K. E. [1988]「戦略の代替物」D. J. ティース編著〔石井淳蔵ほか訳〕『競争への挑戦——革新と再生の戦略』白桃書房, 所収)

Column ⑥　決定の合理性から行為の合理性へ——ブランソン

1. 意思決定パースペクティブ

　研究上の相違点を調べてみてすぐ気がつくことは，述べられていることそれ自体以上に，その主張の根底にある「パースペクティブ」ないし「視点」の大きな違いである。よく知られているように，どのようなできごとや現象であれ，それをどのような視点でとらえるかについては，多様な視点，ないしパースペクティブが存在する。そして明らかにされる「事実」は，採用されたパースペクティブごとに異なり，それぞれに異なる意味を持つ。パースペクティブはこの意味において，どのようなデータが見出され，そしていかなる結果となるか，すなわち「事実」として示されるものを決定する。

　そのようなものとしてパースペクティブをとらえると，他の研究分野と同様，経営学にもまた，多数のパースペクティブがある。しかし，パースペクティブのこうした多様性は，直ちにそれぞれの間に埋め難い根本的な相違が存在することを意味する訳ではない。なぜなら，数あるパースペクティブの多くは，その中にあって「ドミナント」とでも言える，少数の主要なパースペクティブから派生しているからである。したがって多様な学説とその変遷を吟味しようとするとき，そのすべてに渡る必要性はなく，むしろドミナントな位置を占めてきたパースペクティブに的を絞ることで足り，そのほうが議論を拡散させずに済むといえよう。

　それではどのようなパースペクティブが，支配的ないしドミナントであったのか。組織研究の場合，その1つは紛れもなく，「意思決定パースペクティブ」と呼ばれるものである。意思決定とは所与の目標を達成するために2つ以上の代替的な選択肢の中から最適の選択肢を選び出すことを意味するが，意思決定パースペクティブはこの「選択という観点から」人間の行動をとらえようとする。そのため，このパースペクティブは情報や知識と切り離せない。言うまでもなく，決定がどのようなものとなり，どのようなものとして人間の行動を理解できるかは，決定過程における情報や知識のいかんによって大きく左右されることになるからである。

　したがって，たとえば好ましい結果が得られないとき，この視点に立つ研究者はその理由として，自分が把握し，処理できる以上の情報に晒された人間とそうした人間に固有の情報処理能力をあげる。あるいは情

報不足や知識を問題にする。意思決定パースペクティブの観点からすれば、これらは一種の「攪乱要因」であって、もし最適の決定に到達しようとするなら、どうしても克服しなければならないものなのである。膨大なデータを処理するための、たとえばコンピュータをベースにした、いわゆる「情報システム」は、その際の切り札の1つと考えられている訳である。

2. 行為における合理性

しかし、決定をするということが、それ自体、目的ではない。意思決定は一定の目標を達成するためになされるのであり、その達成のために必要な、そして決定に続く「実行」という、一連の1つのステップに過ぎない。しかも、多くの証拠が示しているように、決定過程や決定と実行との結びつきはそれほど強くない。そしてよくみられる決定からの「逸脱」という事態が示しているように、実行は決定と関係なく進展しさえする。要するに、意思決定と実行との結びつきはそれほどタイトではなく、決定がそのまま実行に移されたとしても、そこにはつねに「修正」が待ち受けている。そして「決定をする者と実行する者とが別人である場合」、決定が破棄されることすらある。

ニルス・ブランソン（Nils Brunsson, 1946- ）によれば、決定が実行に移され、最終的に成功を収めるためには、決定が合理的になされているだけでは足りず、決定過程や決定と実行とをつなぐ「社会的環」が必要である。この場合、その社会的環とは決定が実現されることに対する「期待」であり、また、提示された決定案への強い「モティベーション」、そしてあらゆる困難を排して他の人の評価を得ようとする「献身的態度」である。行為を始動させるには少なくともこうした要因が必要であり、それらなくして決定という行為が始動することはない。ましてや、決定の実現を期待することはできない。

したがって、これらの要因は単に「非合理的」要因として片づけられるべきものではない。決定の実現という観点からすれば、むしろ「合理的」でさえあると言えよう。しかし、意思決定パースペクティブからすれば、そうではない。なぜなら、拠って立っているのが「決定それ自体の」合理性であって、決定の過程は「決定内基準」(decision-internal criteria) をベースに、独立にデザインされているからである。そのために、決定されたことの実現という行為にとってはごく自明の、それら

の要因をうまく処理できないだけでなく、ときにそれを排除することにさえなるのである。ブランソンはそこに意思決定パースペクティブの致命的な欠陥を見出す。

実際、決定がそれ自体最終目的でなく、目標を実現するための実行という行為のためのものである限り、大事なのは「決定の合理性」それ自体ではなくて、実行という「行為の合理性」である。ブランソンはそのように主張し、決定の合理性から行為の合理性へと視点を移す必要を説くのである。そして、もし充足すべき基準があるとすれば、それは「行為という外的な基準」であって、決定内基準ではないと主張する。それでは行為という外的な基準に合わせたとき、事態はどう変わるのか。

3. 複雑性削減手段としてのイデオロギー

ブランソンによると、決定合理性の観点から非合理的とされていた手続きの多くが、行為の合理性の観点からは合理的で、追求すべきものとなる。たとえば「代替的な選択肢の探索」の場合である。一般的に人は、提案されている選択肢に自信が持てなければ、それを敢えて推し進めようとはしないだろうし、ましてや実現に向けて努力しようとはしない。そしてその可能性は、提案される選択肢の数が増えるにつれて高くなる。なぜなら、それぞれの選択肢だけでなく選択肢間で、どれが、なぜ望ましいかについて、不確実性が増大し、この不確実性が決定の実現にとって必要な期待やモティベーション、そしてコミットメントを押し下げてしまうからである。

このように、決定があくまでも行為を始動させるものであるとすれば、決定それ自体に合理性を求めてはいけない。したがって「決定内基準」に合わせてはいけない。もし確保すべき合理性があるとすれば、それは「行為における合理性」である。しかし、決定内基準という選択基準に従うべきでないとすれば、どのようにして選択をするのか。行為を妨げずに、選択という機能をどのようにして充足するのか。ブランソンはその役割を「イデオロギー」に求める。

ブランソンによれば、イデオロギーは何が事実として知覚されるかということだけでなく、その中のどの事実が現実的に重要であると考えられるか、そして何故そうなのかを、すでに規定している。したがって、行為に当たって必ずしも改まった意思決定手続きを必要としない。なぜなら、人々はイデオロギーによって、どのような目標を追求すべきで、

どのような選択肢が有望であるか，そしてどのような結果が予想されるかについて，状況を行為の実現性という観点から同じように知覚し，期待や価値を共有しているからである。言ってみれば，イデオロギーはある種の手続きを簡便にし，複雑性を減少させる。そうすることによって，行為を妨げることなく意思決定パースペクティブでいう「決定」の代わりをする。少なくともそれに近い役割を果たすのである。

したがって，イデオロギーは決定内基準にもとづく選択肢だけを認識し，識別しているのではない。そうではなくて，イデオロギーが働きかけているのは「実現という行為と結びついた選択肢」であって，その基盤はあくまでも行為である。そこでもしイデオロギーを意識的に形成することができるならば，それによって決定に必要な「思考作業」と決定されたことがらを実現するための「行為」とを調和させることができるかもしれない。ブランソンはそこに，イデオロギーにもとづいた「行為合理性」の可能性をみているのである。

参考文献

Brunsson, N. [1976] *Propensity to Change: An Empirical Study of Decisions on Reorientations*, Göteborg: B. A. S.

Brunsson, N. [1979] "The Fallacy of Accepting Everything as a Strategy for Change," *Munich Social Science Review*, vol. 2, pp. 29–39.

Brunsson, N. [1982] "The Irrationality of Action and Action Rationality: Decisions, Ideologies and Organizational Actions," *Journal of Management Studies*, vol. 19, no. 1, pp. 29–44.

Brunsson, N. [1985] *The Irrational Organization: Irrationality as a Basis for Organizational Action and Change*, Chichester; New York: Wiley.

| エピローグ | 経営学説の枠組み |

人間・組織・環境

　経営および管理とは広く問題解決活動である。すなわち，変化する環境のもとで，ヒト，モノ，カネという資源と情報を，組織体にとって意味のある順序に組み合わせて，問題を解決する活動である。この組合せが組織である。その意味で，経営および管理とは，環境に適応するために，資源と情報を使って，これを適切に組み合わせて組織を編成することによって，問題を解決することである。

　管理とは，分化されたそれぞれの専門職能別の問題解決活動 (functional management) であり，与えられた課題を，最大の効率で遂行しようとするプロセスである。これは，作業の技術的効率を最大にするための行動である。経営とは，こうした専門職能を統合・調整して，変化する環境に組織全体として適応するために，一定の方向を目指して努力を結集する活動であり，いわば全般管理 (general management) である。

　以上のように考えるなら，経営・管理という複雑で多様な現象を包括的に説明するためには，資源と情報を適切に組み合わせる組織についてのさまざまな考え方を整理することが必要になる。本書は，こうした視点に沿って，組織論の成果をもとに，経営学の歴史を体系的に整理しようという試みである。

　組織とは何かを巡って組織論が展開されるが，経営・管理という現象が複雑で多様であればあるほど，組織現象も多岐に渡る。一定の現象を包括的に説明しようとするとき，学派あるいはその学派に特有の考え方（=パラダイム）が生じる。

　最初の問題は，人間と組織の関係である。すなわち，一人一人の

人間の行動や欲求が組織という秩序を形成するのか，組織が人間の行動を規制して，全体として，一定の秩序に向かわせるのか，という問題である。前者は自然体系モデル，後者は合理的モデルと呼ばれる。

第2の問題は，こうした人間と組織の関係が，それを取り巻く環境によって，影響を受けないのか，あるいは影響を受けるのか，という問題である。前者はクローズド・システム・アプローチ，後者はオープン・システム・アプローチである。

合理的モデルと自然体系モデル

合理的モデルは，組織を一種の機械のごとくみなす。第1に，組織は与えられた目的を合理的に達成するための，操作可能な部分からなる構造である。第2に，この構造を通じて人間の行動が合理的に統制される。第3に，組織は効率を追求するための手段である。第4に，状況を合理的に検討した上で，意思決定が行われる。第5に，組織の長期的発展は，慎重な計画と目標によって導かれる。ここでは，人間の行動を合理性へと導く組織構造が強調され，組織（構造）が人間行動を規制し，組織行動や組織プロセスを生じさせる，という因果関係（組織→人間）が重視される。

自然体系モデルは，組織を一種の生物有機体になぞらえる。第1に，組織は有機的に関連する諸部分からなる全体である。第2に，組織構造は，人間の自然の欲求から生じる行動の結果として，自然発生的に生じる。第3に，組織にとって最も重要な問題は生存であり，均衡を維持する自己安定化作用である。第4に，組織の変化は均衡を維持しようとする無意識的・適応的反応の結果である。第5に，組織の長期的発展は，自然法則にしたがう進化である。ここでは，一人一人の人間の行動が強調され，結果としてそれが一定の秩序を形成すると主張されるので，人間→組織という因果関係が重視される。すなわち，人間行動が組織行動や組織プロセスを生じさせ，

その繰返しの結果として，安定的な組織構造が生まれる。

　合理的モデルと自然体系モデルは補完的である。前者では，適切な人間行動を導くための組織構造が問題とされ，後者では，組織の形成へと至る人間行動が論じられる。ここでは，人間（組織プロセス・組織行動）と組織（組織構造）の関係が焦点である。W. リチャード・スコット（W. Richard Scott, 1932- ）の言うように，合理的モデル＝organizations without people, あるいは自然体系モデル＝people without organizations ではなく，合理的モデル＝people for organization, 自然体系モデル＝organization for people が分析の前提である。

クローズド・システム・アプローチとオープン・システム・アプローチ

組織と環境の相互作用を考えない，いわば組織を自己完結した確定的なシステムと考え，組織内の分析に焦点を当てるのが，クローズド・システム・アプローチである。これに対して，組織と環境の相互作用を問題にするのがオープン・システム・アプローチである。

　オープン・システム・アプローチの特色は，次の3つである。第1は，等結果性（equifinality）である。これは，異なった初期条件から異なった経路を通じて同じ最終結果に到達する現象である。これに対してクローズド・システム・アプローチでは，固定した経路を通って結果へ至るプロセスが生じるので，初期条件が決まれば，一義的に最終状態が決定される。

　第2は，自己組織化であり，分化（差異化）と再集中によって自らを組織化し，複雑性の低い状態から高い状態，未分化の状態からより組織化された状態へと発展することである。クローズド・システムが時間の経過と共に，より均質で無秩序な状態へ，すなわちエントロピーが増大する方向へと向かうのに対し，オープン・システムはより複雑で組織的な，いわばエントロピーが減少する方向へと

向かう。ここには、前進的分化（特定の機能を持った諸要素への分割）と、前進的集中化（分化された諸要素が、一定部分の主導的役割によって、統一的な個体へと成長していくプロセス）が含まれる。言い換えれば、分化と統合が自己組織化の基本である。

第3は、能動的人格システムである。人間は、解発因となる刺激を求めて、能動的・自発的に活動するという人間観である。外界からの刺激に受動的に反応する刺激―反応機構はクローズド・システムであり、オープン・システムとしての人間にとって、自発的活動こそが第一次的であり、刺激―反応は第二次的な調節機構である。

経営学説の分類

以上のように、合理的モデルか自然体系モデルかという人間―組織の関係と、クローズド・システムかオープン・システムかという組織―環境の2つの軸に沿って、経営学説を分類すると、4つの学派が区別できる。第1はクローズド＝合理的モデル、第2はクローズド＝自然体系モデル、第3はオープン＝合理的モデル、第4はオープン＝自然体系モデルである。

(1) クローズド＝合理的モデル

組織を、環境との関連を持たない自己完結的なシステムと考え、与えられた目的を効率的に達成するための最適な組織構造が、分析の焦点となる。第Ⅰ部の静態的構造学派がこれに当たる。

科学的管理論は、現場の作業組織のレベルで、効率的な課業遂行の仕組みを検討し、テーラーにみられるようなファンクショナル組織を、唯一最善の組織と考えた。ファヨールは、全社的な視点から、秩序をもたらす安定的な組織として、ライン組織が基本であることを主張し、合理的な経営・管理を行うための管理原則を提唱した。ウェーバーは、資本主義という社会レベルでの合理化の浸透が、官僚制組織をもたらすと考えた。ここでは、秩序をもたらす階層の不可避性と、効率的な作業遂行を可能にする専門化の必要性が、共に

提示されているという意味で，ライン・アンド・スタッフ組織が含意されていると考えることができる。

(2) クローズド＝自然体系モデル

多様な目的と動機を持った成員の行動が結果として組織を形成するという側面を強調する。第Ⅱ部の均衡学派がこれに当たる。

人間関係論は，科学的管理論とは異なり，作業現場のレベルで，人間の社会的欲求が重視され，人間は非公式組織を通じて動機づけられると主張された。制度学派は，セルズニックにみられるように，組織に圧力を与える敵対的な環境との妥協が，組織の存続を左右すると主張する。バーナードは，こうした人間の欲求と環境からの要求が均衡したときに組織は存続すると考え，この両者の要求を能率（個人動機の満足）と有効性（目的の達成）というかたちで均衡させるのが経営者の役割であると論じた。

(3) オープン＝合理的モデル

環境との相互作用を考慮に入れて，そこでの合理的な組織構造のあり方（＝組織デザイン）を検討する。第Ⅲ部の適応的デザイン学派，すなわち環境と組織の適合が高業績をもたらすと主張する状況適合理論がこれに当たる。

一口に，組織に影響を与える環境といっても，いくつかのレベルがある。第1は，コンテクストと呼ばれる内部環境であり，ここには技術と規模が含まれる。ウッドワードやペローは，技術が組織デザインを決定する要因であると考えたのに対し，アストン・グループは規模が重要な状況要因であると考えた。第2のレベルは課業環境であり，ローレンス＝ローシュは，課業環境の不確実性が，組織の分化―統合という組織プロセスに影響を与えることを強調した。さらに，トンプソンとガルブレイスは，この2つの状況要因（技術と課業環境）から生じる課業の不確実性が，組織デザインを決定する要因であると論じた。

ここでは，環境はインプットであり，不確実性の除去が組織にとっての焦点である。またおしなべて，状況適合理論では，環境の不確実性から生じる相互依存性を処理する複雑な統合メカニズムが検討され，その最終段階としてマトリックス組織が提示された。こうして，組織の成長は，多元的な適合を前提とする，不連続で段階的な発展になる。

(4) オープン＝自然体系モデル

　自然体系モデルである限り，人間が分析の出発点であるが，組織と環境との関係についても，組織が環境を形成するという側面を重視する。第Ⅳ部の進化プロセス学派がこれに当たる。

　マーチは，人間の非合理性を前提として，組織それ自体がきわめて曖昧なまとまりしか持たないとするゴミ箱モデルを提唱した。ワイクは，組織ではなく，絶えざる組織化（organizing）のプロセスが組織の本質であると考え，この組織化のプロセスを進化論をベースにして，実現（イナクトメント）―淘汰―保持として概念化した。さらに，ミンツバーグの創発的戦略では，トップの戦略計画ではなく，現場における人々の行動の要約の結果として生じてくるパターンこそが戦略であると主張される。また，ここでの環境は，アウトプットであり，不確実性ではなく，曖昧性や多義性が，組織の対処すべき問題としてとらえられる。しかも，連続的で進化的な組織の変化が，分析の中心となる。

4つのモデルと因果関係

　以上のように，人間―組織，組織―環境という2つの関係を軸として，経営学説を4つの学派に分類することができる。

　第1に，この分類は，人間―組織―環境という分析レベルの関係を基礎としている。システム論で言うならば，人間，組織，環境は，それぞれ下位システム，システム，上位システムに当たる。

　クローズド＝合理的モデルにおける因果関係は，環境との直接の

関連を考慮しないという意味で，環境→組織→人間と表すことができる。下位システムのレベルでの分析が科学的管理論，システム・レベルでの分析が経営管理過程論，上位システム・レベルでの分析が官僚制理論である。

クローズド＝自然体系モデルは，人間の欲求と環境からの要求が組織において均衡されると考えており，人間→組織←環境と表現することができる。下位システム・レベルでの分析が人間関係論，システム・レベルでの分析がバーナード，上位システム・レベルでの分析がセルズニックである。

オープン＝合理的モデルは，環境からの影響を考慮した合理的モデルなので，環境→組織→人間という因果関係を想定できる。下位システム・レベル（内部環境）での分析が技術―構造論，システム・レベルでの分析が組織デザイン論，上位システム・レベル（課業環境）での分析がローレンス＝ローシュの言う状況適合理論である。

オープン＝自然体系モデルは，環境に影響を与える自然体系モデルととらえるなら，人間→組織→環境という因果関係を持つと言うことができる。下位システム・レベルでの分析がゴミ箱モデル，システム・レベルでの分析がワイクの組織化の進化モデル，上位システム・レベルでの分析が創発的戦略論である。

以上をまとめたものが，プロローグで示した**表序-1**であり，ここにも**表終-1**として再掲する。

> モデルの統合

経営学説は，クローズド・システム・アプローチからオープン・システム・アプローチへと発展してきたが，合理的モデル（組織→人間）と自然体系モデル（人間→組織）の補完的関係を考慮に入れるなら，オープン＝合理的モデルの因果関係は環境→組織→人間であり，オープン＝自然体系モデルの因果関係は人間→組織→環境であり，2つの因果関

表 終-1　経営学説のパラダイムとその変遷

	合理的モデル	自然体系モデル
クローズド・システム・アプローチ	静態的構造学派 （クローズド＝合理的モデル） 【因果関係】 環境→組織→人間 【分析レベル】 人間：科学的管理論（テーラー） 組織：管理過程論（ファヨール） 環境：官僚制理論（ウェーバー）	均衡学派 （クローズド＝自然体系モデル） 【因果関係】 環境→組織←人間 【分析レベル】 人間：人間関係論（メイヨー） 組織：組織均衡論（バーナード） 環境：制度理論（セルズニック）
オープン・システム・アプローチ	適応的デザイン学派 （オープン＝合理的モデル） 【因果関係】 環境→組織→人間 【分析レベル】 人間：技術―構造論（ウッドワード） 組織：組織デザイン論（トンプソン） 環境：課業環境―組織プロセス論 　　　（ローレンス＝ローシュ）	進化プロセス学派 （オープン＝自然体系モデル） 【因果関係】 環境←組織←人間 【分析レベル】 人間：ゴミ箱モデル（マーチ） 組織：組織化の進化モデル（ワイク） 環境：創発的戦略論（ミンツバーグ）

係は正反対である。

　オープン＝合理的モデルは，環境の不確実性に応じて適切な組織が決まると考え，環境→組織→人間の多元的適合が高業績に導くことを主張した。出発点は環境である。これに対して，オープン＝自然体系モデルは，人間行動が環境を最終的に構成すると主張したが，ワイクの実現化された環境のように，環境はアウトプットである。

　ワイクは，組織生成のプロセスを，多様な目的→手段の一致→共通目的→手段の多様化……の繰返しであると主張した。人間は，自分の目的を達成するために，自分1人ではその目的を達成できないときには，互いの欲求が充足されるなら，目的達成の手段として行動が相互に連結され，組織が形成される。

　次に，行動が繰り返し連結され，それによって相互に利益が得ら

れるなら，行動の連結自体が自己目的化する。ここに目的と手段の転倒が生じ，当初は個人目的を達成するために行動を連結していたものが，行動を連結しさえすれば，個人目的が達成されると考えられるに至る。こうして，組織の存続という共通目的が生じる。さらに，明確な共通目的が設定されると，それに伴って分業が生じる。分業にはタテの分業（階層化）とヨコの分業（専門化）の2種類がある。最後に，分業が生じて部門化されると，今度はその部門が独自の下位目標を持つようになる。

この，多様な目的→手段の一致→共通目的→手段の多様化……のサイクルが，組織の生成・発展のプロセスである。個人行動の連結によって組織が生じる。すなわち人間→組織という因果関係であり，自然体系モデルの特徴を示す。共通目的（組織目的）とは，組織と環境との境界設定であり，組織にとっての環境がここで画定されると考えるなら，手段の一致→共通目的のプロセスは，組織→環境という関係に当たる。したがって多様な目的→手段の一致→共通目的のサイクルは，人間→組織→環境という因果関係に相当する。同じように，共通目的→手段の多様化→多様な目的のサイクルは，環境→組織→人間という因果関係に相当する。

以上のように考えるなら，人間→組織→環境というオープン＝自然体系モデルの因果関係と，環境→組織→人間というオープン＝合理的モデルの因果関係は，正反対の因果関係でありながら，組織の生成・発展のプロセスにおいて，1つのサイクルを形成することになる。すなわち，正反対の因果関係は時間の経過に伴って発展する1つのサイクルとして，統合することができる（経時的統合）。これをまとめると**図 終-1**のようになる。

組織（organization）は，こうして組織化（organizing）と構造化（organized）の相反する側面を持つ。この意味で，組織は構造（諸要素の位置関係）とプロセス（諸要素間の流れの方向と頻度）からなる。

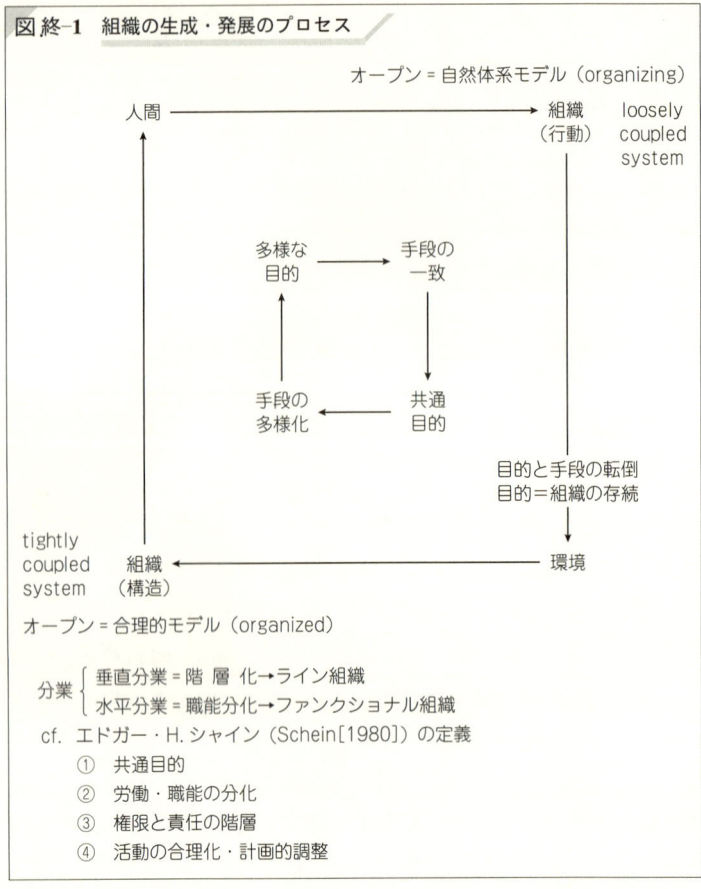

図 終-1 組織の生成・発展のプロセス

```
                                    オープン＝自然体系モデル（organizing）
   人間 ─────────────────────────→ 組織      loosely
                                      （行動）   coupled
                                               system
              多様な ────→ 手段の
              目的        一致
               ↑           ↓
              手段の ←──── 共通
              多様化        目的
                                         目的と手段の転倒
                                         目的＝組織の存続
  tightly
  coupled    組織 ←───────────────────── 環境
  system    （構造）
  オープン＝合理的モデル（organized）
```

分業 ｛ 垂直分業＝階層化→ライン組織
　　　 水平分業＝職能分化→ファンクショナル組織

cf. エドガー・H. シャイン（Schein[1980]）の定義
　① 共通目的
　② 労働・職能の分化
　③ 権限と責任の階層
　④ 活動の合理化・計画的調整

組織を構造と考えるなら，次のように定義される。組織とは，何らかの共通の明確な目的を，労働・職能の分化および権限と責任の階層を通じて達成するために，人々の活動を計画的に調整することである。これに対して，組織をプロセスと考えるなら，次のように定義される。組織とは，2人以上の人々の，意識的に調整された諸活動および諸力の体系である。ここでは，活動が提供されて連結されたときに，そのときにのみ，組織が形成される。

図 終–2　組織の共時的統合

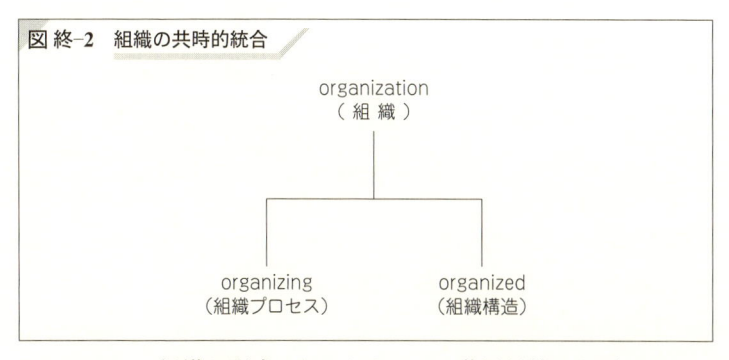

```
            organization
             （組 織）
                │
        ┌───────┴───────┐
    organizing      organized
   （組織プロセス）   （組織構造）
```

　ワイクは、組織が形成されるときには、共通目的は必要ではなく、手段の一致のみで事足りると強調する。バーナードは組織成立の3要素として、共通目的、伝達、協働意欲をあげている。しかし、組織の存続という共通目的が生じるのは、いったん組織が成立して、行動が繰り返し連結され、目的と手段が転倒し、組織がありさえすれば、行動の連結によって利益が得られると考えられるときである。

　こうして、組織はつねに構造的側面とプロセス的側面を持つ。この意味で、組織（organization）によって、構造（organized）とプロセス（organizing）は統合される（共時的統合）。これは**図 終–2**のように示される。

結　語

　どのような組織（資源と情報の組み合わせ方）を通じて、経営および管理という問題解決活動を行うかという視点から、経営学説を分類するための枠組みを提示した。人間—組織—環境という3つの次元の関係から、合理的モデルと自然体系モデル、クローズド・システム・アプローチとオープン・システム・アプローチという2つの対立する軸を基礎にして、4つの経営学説の学派を識別し、それらの関係を明らかにした。

　経営学説と経営管理のあり方には、一定の関係がある。静態的構造学派（クローズド＝合理的モデル）では、組織の構造および技術的側面が分析され、ファンクショナル組織、ライン組織、ライン・ア

ンド・スタッフ組織という基本的な組織形態が識別され，管理の原則が提示された。均衡学派（クローズド＝自然体系モデル）では，組織プロセスおよび社会的側面が分析され，人間の動機づけ，環境からの制約（制度化），組織における目的の達成と動機づけのバランスが論じられた。

適応的デザイン学派（オープン＝合理的モデル）では，環境から組織への影響が強調され，組織と環境の適合が高業績をもたらすという状況適合理論が提示され，水平的な統合メカニズム，マトリックス組織が議論された。進化プロセス学派（オープン＝自然体系モデル）では，組織が一枚岩でないルースなつながりであることが強調され，組織化のプロセスや創発的戦略が論じられた。

経営学説は，現実の経営を体系的に把握・説明する枠組みである。この枠組みを通じて，すなわち一定の視角を自覚しながら，経営・管理というきわめて現代的な問題に対峙することは，およそ組織にかかわる人々にとって，不可欠な営みである。

参考文献

岸田民樹［1994］「組織と組織論──組織論の分析枠組」『経済科学』第41巻第4号，27-42頁。

Schein, E. H. [1980] *Organizational Psychology, 3rd ed.*, Englewood Cliffs: Prentice-Hall.（シェイン，E. H.〔松井賚夫訳〕［1981］『組織心理学』岩波書店）

Scott, W. R. [1981] *Organizations: Rational, Natural, and Open Systems*, Englewood Cliffs: Prentice-Hall.

山倉健嗣・岸田民樹・田中政光［2001］『現代経営キーワード』有斐閣。

索 引

事項索引

■ アルファベット

KITA 95
organized →構造化
organizing →組織化
PERT 18
POSDCORB 40
PPM 222
SSPパラダイム 223
T型フォード 25

■ あ 行

曖昧さへの許容度 198
曖昧状況 255, 256
曖昧性 254, 301, 306, 307, 334
アウトプット 334
　——の統制 208
アストン研究 182, 183, 187, 211
アダム的本性 98
アナーキー 122, 158
アブラハム的本性 98
雨傘戦略 306
誤りの最小化 297
安定性 268, 275, 321
意思決定 67, 325, 326
　——のシステム論 128
　——の役割 244, 245
意思決定者 233
意思決定前提 125, 126
意思決定パースペクティブ 325
意思決定理論 235
　伝統的—— 256
一流労働者 13
イデオロギー 327

移動組立て法 17, 26
イナクメント 271, 274
意　味 248-250, 272
意味付与 286, 289
因果関係
　不明瞭な—— 255
因果マップ 272, 273, 275
　——の見直し 274
インクリメンタリズム 294
　分割された—— 240, 295, 296, 315
　ロジカル・—— 222, 314
インピーダンス・マッチ 299
インフォーマル組織〔インフォーマルな集団〕 →非公式組織
インプット 270, 334
　——の統制 208
運営基準 263-265, 268
　——の見直し 267
影響力 196
　——の基盤 193
エネルギー配分モデル 261
円滑化 193
エントロピー 331
オクタント 106
オハイオ研究 101-103
オーバーサイト 261
オープン=合理的モデル 6, 333, 335, 336, 340
オープン・システム 74, 75, 184, 204, 269, 285
　——・アプローチ 6, 190, 217, 218, 330, 331, 335, 339
オープン=自然体系モデル 6, 334-

336, 340
オペレーショナル〔日常的〕な決定　315
オペレーションズ・リサーチ　231

■ か　行

解　256, 260
　　――の問題への変換　235
　　問題から――への変換　235
下位システム　334
解釈主義　230
階　層　200, 205, 215, 217, 242, 249, 276, 332
　　――の原則　46
　　――への上申　208
階層化　51, 214, 337
階層組織　127
階層秩序　37
階層連鎖の原則　37
ガイドラインとしての境界　306
下位目標　208
科学環境　190
科学的管理　16, 22, 27, 39, 57, 89, 332, 335
　　――の導入　17
　　――の普及　17
価格メカニズム　139
課　業　127, 276
　　――の不確実性　208, 333
　　自立的な――の統括　209
課業環境〔→環境〕　190, 204, 206
　　――と組織プロセスの適合　212
　　――の不確実性　190, 199, 333
課業賞与　19
学　習　99, 234, 279, 283, 302, 307
　　シングル・ループ――　265, 266
　　ダブル・ループ――　267, 283, 302
攪乱排除者　245
攪乱要因　84, 120, 301, 326

家産的形態　58
課題動機型管理者　104, 107
価　値
　　――の異質性　293, 298
　　一般的な――　153
　　社会の――　149
活動と諸力の体系　118, 119
活動の構造化　65, 67, 184, 185
合　併　206
カリスマ的支配　57
環境〔→課業環境, 組織環境〕　68, 74, 201, 233, 272, 285, 286, 288, 289, 334, 336
　　――の現実性　288
　　――の多様性　195, 282
　　――の不確実性　193
　　構成された――　286, 288
　　行動のための――　287
　　組織と――の関係　299, 332
　　組織と――の相互作用　331
　　組織と――の適合　194, 199, 333, 340
　　対――戦略　205
環境決定論　201, 286
環境操作戦略　201, 217, 218
環境（への）適応　201, 301, 302, 321
　　組織の――力　279, 281, 282
環境変化　55, 263, 264, 267, 269, 276, 279, 300
関係的全体　115
関係動機型管理者　104, 107
関係の分化　152
間主観的な世界　288
感　情　27
　　――の論理　86
緩衝戦略　218
関　心　262
間接労働者　174
完全官僚制　65

監督方法　82, 83
ガント・チャート　18
管　理　14, 30, 94, 95, 150, 152, 153, 160, 262, 264, 267, 314, 320, 329
　　——のための計画　44, 45
　　——のための組織化　44, 45
　　——の統制　44, 45
　　効率的な——　156
　　目標による——　22
管理活動　30, 39
管理機構　121
管理（の）原則〔管理の一般原則、経営管理原則〕　25, 34, 46, 48, 68, 332, 340
管理サイクル　45
管理者　13, 183
　　——とメンバーとの関係　105
　　——の公式的な地位　105
　　——の行動スタイル　107
管理者行動　101
管理者（の）比率〔割合〕　174, 183
　　規模と——の関係　183
　　専門化と——の関係　183
管理上集権　51
管理上分権　51
管理組織　16
管理的意思決定　45, 52
官僚制　57-59, 63, 67, 127, 144, 152, 172
　　——の逆機能　61, 63
　　——のタイプ　65
官僚制化　160
官僚制（的）組織　151, 182, 187, 332
官僚制理論　335
機　械
　　——の問題解決能力　173, 178
　　生きた——　93
機会主義　139, 140
機械的組織　176, 181

機会の重視　23
機械論的組織化　277
企業家　139, 245
企業規模の拡大　2
企業合同　13
企業組織　139
企業の社会的責任　19
企業文化　67
技　術　172, 173, 178, 181, 182, 184, 186, 204, 333
　　——と組織構造の適合　212
　　——の発展　173, 178
　　——の複雑性　173, 178
技術活動　39
技術—経済環境　190
技術システム　70-72, 75
技術尺度〔生産の連続性〕　185
　　——の両端　175, 181
技術スタッフ　42
技術的合理性　55
技術的要素　73
技術類型　179
　　——と組織構造の関係　179
技術論　335
期　待　326, 327
機　能　63
　　——の冗長性　278, 280
機能主義　247
機能的互酬性　62
機能的自律性　62
規範的同型性　162, 164, 165
規　模　182, 184-186, 333
　　——と管理者比率の関係　183
　　——と組織構造の関係　182, 183, 186, 211
基本戦略　221
基本動作　19
逆機能〔潜在的機能〕　60, 63, 66, 68, 144, 182, 269
　　官僚制の——　61, 63

事項索引

境界機能　74
共時的統合　339
強制　193
強制的同型性　162, 165
業績　176, 187, 194, 197, 199, 223, 333, 340
　　グループ全体の――による評価　194
　　生産技術と組織構造（と――）の関係　174, 176, 186
業績評価基準　194, 197
競争戦略〔事業戦略〕　192, 205, 217, 221, 286
協調戦略　205, 217, 218
共通目的〔組織目的〕　119, 337, 339
協働（行為）　1, 86
　　――の組織化　3
　　部門間の――の質　191
協働（の）体系　118, 128, 256
共同的相互依存性　191, 204, 209
業務官僚制　65, 66
業務計画　41
業務的意思決定　45, 52, 195
極大化　124
規律の原則　34
均衡　62, 63, 86, 88, 130, 330, 333
均衡学派　7, 70, 200, 218, 219, 333, 340
偶然性　301, 306, 307
草の根運動　145
組立ての原則　26
クラフト技術　179
クラフト・モデル　180
グレシャムの法則　307
クローズド＝合理的モデル　6, 332, 334, 339
クローズド・システム・アプローチ　6, 330, 331, 335, 339
クローズド＝自然体系モデル　6, 333, 335, 340

訓練　127
　　――された無能力　61
訓練計画　99
経営　86, 329
経営学　3, 4
　　――の歴史　329
経営学説　339, 340
　　――の分類　5, 332, 334
経営管理　39, 339
経営管理過程論　30, 39, 43, 44, 335
経営管理原則　→管理原則
経営管理職能　41, 43
経営計画　41
経営者　2, 38, 310, 312–315
　　――の役割〔経営陣の役割〕　118, 318, 333
経営人　124, 125
経営理念　23
計画　30, 39–41, 43, 192, 205, 236, 240, 294, 306, 307, 309
　　――のための組織化　45
　　――の統制　45
　　管理のための――　44, 45
　　計画のための――　45
　　公式の――　309
　　組織化のための――　45
　　統制のための――　45
計画アプローチ　221, 223
計画部門　15
経済学　137, 315
経済活動　294
経済人〔合理的経済人〕　14, 27, 85, 123
経済的な適合性　161
経時的統合　337
継続事業体　25
継続性　31
形態　184, 186
契約　138, 205
激動的環境　74

ゲシュタルト〔体系的形態〕 212, 245
ゲシュタルト心理学 111, 286
結果としての利潤 24
決　定 328
　——の合理性 326
　——の先延ばし 312
　初期の—— 311
決定過程 326
決定内基準 326
権威への従属度 198
権　限 34, 57, 106, 113, 115, 121, 122, 283
　——の集中 65, 67, 184, 185
　——の受容説 121
　——の体系 127
　二重の——関係 215
　フォーマルな—— 244
権限・責任の原則 34
顕在的機能 60
現実中心的リーダーシップ 92
献身的態度 326
権　力 57
行　為 250, 302, 328
合　意 298
行為（の）合理性 327, 328
行為準拠枠 247, 250
工学的技術 179
工学的命題 149
工学的モデル 180
貢献意欲 119
交互的相互依存性 192, 204, 209, 211
公式化 67, 183, 184, 186
公式組織〔公式構造，フォーマル組織〕 86, 89, 120
　合理化された—— 151, 152
　合理化された——の諸要素 154
交渉者 245
合成最適化 73

構　造 337
構造化〔organized〕 66, 218, 337
構造コンテクスト 318, 319, 322
構造上集権 51
構造上分権 51
構造づくり 101, 102, 104
構造的状況 318
構造度 191
行　動 254, 303
　——の最適化 292
　——の前提 270
　——のための環境 287
　——の連結 337
公平の原則 37
合理化 332
　事後的な—— 320
　自動車産業の—— 17
　生産の—— 13
功利主義 84
合理主義 160
合理性 153
　——において制約された存在 124, 128
　決定の—— 326
　現実的な〔現実の〕—— 240, 294
　制約された—— 139, 140
効率〔→能率〕 215, 276
効率志向型組織 182
効率性 275
合理的経済人 →経済人
合理的行為の構造的表現 146
合理的—合法的支配 58
合理的分析 314
合理的—包括的アプローチ 293, 294
合理的モデル 6, 62, 67, 330, 335, 339
国際化 214
個人業績による評価 194
個人主義的態度 198

個人の保護　59
個体群生態学　285
古典的管理論　39
コミットメント　327
ゴミ箱モデル　256, 260, 262, 334, 335
コミュニケーション　43, 67
　　——の経路　127
　　——の方法　175
　　口頭の——　242
コングロマリット企業　195
コンティンジェンシー理論　→状況適合理論
コンテクスト　333
　　——と組織構造　184
コンテクスト変数　184, 186
コントローラー　34
コントロール　67
コントロール集団　80
コンフリクト（の）解決　67, 193, 268
　　——様式　193
コンフリクトの擬似的な解決　129, 130

■ さ　行

在　庫　209
再集中　331
在職権の安定の原則　37
材料技術　184
作業環境　81
作業条件　81
作業職能　41
作業進度表　18
作業組織　72
作業能率〔生産性，作業の技術的効率〕　80, 329
　　照明と——との関係　80
作業の統合度　185
作業標準　13

作業問題　23
サービスの精神　24
サブシステム　309
サーブリッグ　19
差別出来高賃金（制）　14, 19
参加者　256
参加的リーダーシップ　92
参加の流動性　255
産業構造　221
産業責任　19
撒布者　245
参謀制　31
残余カテゴリー　262
時間研究　13, 14, 27
時間志向　191
指　揮　40, 43
　　——の統一（の原則）　35, 37
事　業　317
　　企業の——構成　222
事業戦略　→競争戦略
事業部間の相互依存性　195
事業部制組織　46, 52, 207, 209, 212, 215-217, 221
　　世界的——　214
事業部の自律性　195
刺激—反応機構　332
資　源　223
　　——の最適利用　31
資源空間　286, 288
資源配分者　245
資源配分に関する決定　315
資源ベース・アプローチ　223
思　考　302, 328
自己回転　147
自己規制　263-265, 301
自己実現　87, 90, 93, 98
自己組織化　279, 282, 283, 331
自己統制力　92
事　実　325
市　場　138, 140

──を利用する費用　139
市場環境　190
システム　62, 334
　　──の調整能力　315
　　──のニーズ　247
　　自己完結的な──　332
　　ホログラフィックな──　278
システム的アプローチ　212
システム論的組織観　128
自然体系モデル　6, 62, 67, 330, 335, 339
自然的怠業　12
自然淘汰のプロセス　271
持続的な競争優位　223
実　行　326
執行部門　15
実行プログラム　178
実証主義　251
指　導　43
支　配　57, 111, 112
自発的活動　332
自発的調整　64
資本家企業　160
資本主義　57, 59, 160, 332
使　命　150
自問能力　264, 267, 282
社　会　247, 249, 250
　　──の価値　149
社会科学　250
社会学　250
社会関係の不安定性　64
社会─技術システム　70, 72, 73, 75
　　──としての組織　71
社会─技術システム論　75, 172
社会システム　70-72, 75
社会集団　71
社会性　148
社会的過程　293
社会的環　326
社会的現実　230

社会的事実　248, 250
社会的（な）存在　84, 86, 87, 101
社会的な適合性　161
社会的な有機体　150
社会的文脈　146
社会的要因　82, 83
社会的要素　73
社会的欲求　333
社内ベンチャー　316, 318
従業員志向　102, 104
集　権　193, 195, 198
　　──の原則　36
　　管理上──　51
　　構造上──　51
集権化　36, 53, 67, 186
集権的職能部門制組織　53, 212
集団規範　85
集団主義的態度　199
柔軟性　31, 215, 268, 275
集約的技術　204
熟練工　16
熟練労働者　175
手　段
　　──の一致　339
　　目的と──の転倒〔置換〕　61, 339
順応行動　91
上位権限　193
上位システム　334
状　況　103, 105
　　──の好意性　105-107
　　──の法則　114
　　──の論理　114, 115
状況定義　293
社会的過程　293
状況適合理論〔コンティンジェンシー理論〕　178, 187, 190, 194, 199, 200, 207, 211, 217, 286, 333-335, 340
状況要因　211, 333
　　──と組織構造の相互作用　211

——と組織の多元的適合　212
焦点化　296
情　報　325
情報関係の役割　244
情報システム　326
　　垂直的——の充実　209
情報処理能力　313, 325
　　——の増大　209
情報処理の必要性　208
情報量の削減　209
初期業務官僚制　66
職業的精神異常　61
職　長　16
職能権限　60, 62, 65, 193
職能戦略　221
職能的職長制　14, 16
職能の交叉　42
職能部門化　183
職能部門制組織　46, 51, 177, 206, 207, 212, 215, 216
　　世界的——　214
職能別管理　15
職　務
　　——の構造　105
　　——の占有者　276, 277
　　——の体系〔役割の体系〕　276
　　——の特定化　282
職務拡大　91, 100
職務充実　99, 100
職務状況　114
職務態度　94
職務不満　96, 98
職務満足　96, 98
自律的作業集団　70, 72, 75, 281
自律的戦略　218
自律的な戦略行動　319, 321, 322
　　——の合理化　322
指　令　122
　　——の統一　89
人格化　65

人格特性　→パーソナリティ
進化プロセス学派　7, 219, 334, 340
進化論的アプローチ　269
人　事　40, 43
人事官僚制　65
信頼と誠実　156, 158
心理的環境　125, 126
心理的失敗　90
神　話　154, 155
垂直統合企業　195
水平的関係
　　——の確立　209
　　公式の——　215
水平的コミュニケーション　37, 47
スタッフ〔スタッフ職能, スタッフ部門〕　22, 33, 42, 175
スタッフ原則　46
ステーツマン　150
ステーツマンシップ　150
スラックの捻出　209
正確性　31
　　製造の——　26
生活世界　289
成功体験　272, 273
政　策　294, 297
生産関数　137
生産技術　172, 173, 184
　　——と組織構造（と業績）の関係　174, 176, 186
　　——の複雑性　177
生産志向　102, 104
生産制限　12, 85
生産プロセス　173
政治活動　294
成　熟　88, 90
精神の均衡　83
製造サイクル　177
生息環境　285, 286
生態学的ニッチ　285
生態学的変化　271, 274

静態的構造学派　7, 70, 200, 215, 218, 332, 339
静態的・散在的環境　74
静態的・偏在的環境　74
成長の機会　100
制　度　1
　組織と――との関係　151, 159
正当性　117, 153, 156, 161, 162
制度化　148, 149, 155
制度学派　144, 333
制度づくり　150
制度的環境　156
制度分析　146
生物学的能力の克服　1
選好体系　123
潜在的機能　→逆機能
全社戦略〔企業戦略, 経営戦略〕　221
漸進主義者　314
前進的集中化　332
前進的分化　332
全体的利益優先の原則　35
選　択　325, 327
選択機会　256, 260
選択的アプローチ　211
全般管理　52, 329
専門化　14, 48, 51, 54, 60, 67, 68, 89, 158, 164, 166, 183, 184, 186, 214, 332, 337
　――と管理者比率の関係　183
　――の原則　46
　工場の――　26
　職能別の――　49
専門家に対する信仰　155
専用機械の使用　26
戦　略　212, 221, 223, 299, 300, 303, 315, 334
　――の形成的側面　224
　――の構想　305
　――の構造的側面　224
　――の創発　305
　――の転換　307, 313
　――の芽　305, 306
　対環境――　205
　伝統的な――　301
戦略経営　221
戦略計画　221, 307
戦略形成プロセス　308, 316
　漸進的――　222
戦略行動　322
　誘発された――　318, 321, 322
戦略コンセプト　318, 322
戦略コンテクスト　319, 320, 322
戦略的（意思）決定　45, 52, 195, 221, 315
戦略的決定状況　318
戦略的工作　206
戦略的投資のマネジメント　315
戦略転換　319
戦略プロセス・モデル　318
戦略変化のプロセス　224
戦略論　221
先　例　310
創意の原則　38
相互依存　62
相互依存性　191
相互作用　295
相互作用的アプローチ　211
相互調整〔フィードバック〕　192, 205, 211, 314
創造的な計画　41
装置生産　174
創発的アプローチ　222, 223
創発的戦略（論）　304, 334, 335, 340
組　織　1, 3, 31, 39–41, 43, 62, 63, 65, 66, 137, 139, 140, 204, 208, 236, 240, 247, 254, 256, 269, 276, 289, 329, 332, 334, 337, 339
　――と環境の関係　299, 332
　――と環境の相互作用　331

——と環境の適合　194, 199, 333, 340
　　——と状況要因の多元的適合　212
　　——と制度との関係　151, 159
　　——と人間の関係　329, 332
　　——のアイデンティティ　274
　　——の安定性　268
　　——の移行プロセス　201
　　——の維持　121
　　——の一貫性　300
　　——の環境適応力　279, 281, 282
　　——の欠如　22
　　——の原型　51
　　——の硬直化　321
　　——の合理性　126
　　——の社会的側面　340
　　——の柔軟性　268
　　——の性格　147, 150
　　——の生成のプロセス　336, 337
　　——の生存　211, 330
　　——の正当性　117
　　——の成否　137
　　——の成立　119, 339
　　——の存在意義　117
　　——の存続　137, 153, 156, 333, 337, 339
　　——の多様性　159
　　——の長期的発展　330
　　——の同質性　159, 160
　　——の独自性　147, 148
　　——の2大原則　51
　　——の発展段階モデル　212, 219
　　——の発展のプロセス　337
　　——の非人格性　276
　　——の変化　330, 334
　　——の本質　117, 118
　　——の役割　125
　　——の連続的・漸進的発展　219
　　——レベルの同型化の予測　165
　　社会―技術システムとしての——　71
　　他——への依存性　67
　　フラットな——　177
　　ホログラフィックな——　283
　　目的合理的な——　148
組織化〔organizing〕　3, 4, 67, 219, 264, 269, 271, 337
　　——の原理　3
　　——の進化モデル　335
　　——のための計画　45
　　——の統制　45
　　——のプロセス　270, 334, 340
　　管理のための——　44, 45
　　協働行為の——　3
　　組織化のための——　45
　　統制のための——　45
　　弁証法的な——　269
組織学習　129, 133, 264
組織活動　254, 256
組織環境〔→環境〕　288
組織技師　149
組織機能　→組織プロセス
組織形態　31, 67, 140
組織研究の歴史　3
組織現場　316
組織構造　31, 41, 59, 63, 65-67, 155, 172, 181, 187, 199-201, 207, 218, 223, 317, 330-332, 337
　　コンテクストと——　184
　　技術類型と——の関係　179
　　規模と——の関係　182, 183, 186, 211
　　状況要因と——の相互作用　211
　　生産技術と——（と業績）の関係　174, 176, 186
組織構造次元　184
組織行動　224, 330, 331
組織スラック　130
組織成長モデル　219

組織的怠業　12
組織的知性　262
組織デザイン（論）　211, 218, 333, 335
組織デザイン戦略　208
組織特性　197
組織内プロセス　144, 146
組織フィールド　164
　——の構造化　162, 166
　——・レベルの同型化の予測　166
組織風土　67
組織プロセス〔組織機能〕　65-67, 181, 199-201, 218, 330, 331, 333, 337, 340
　課業環境と——の適合　212
組織変数　127
組織編成の基本原理　54
組織矛盾　265
組織メンバーの潜在能力　264
組織目標　126, 127, 133, 236, 238, 317
　——の一貫性　129
組織論　329
ソフトな変化　308
　——の争点　308

■ た　行

対境単位　204, 206
体系的形態　→ゲシュタルト
対人関係　104
　——の役割　244
対人関係志向　191
代替案　296
大バッチ・大量生産　173
代表的官僚制　62
タイミング　257, 262
対　立　111
大量生産システム　23
多角化　195, 197, 199, 206

多角化戦略　221, 223
多義性　270, 273, 318, 334
　——の処理　271
妥　協　111, 112
タスク・フォース　207, 210, 215
多様性　159, 273, 274, 320, 322
単一職能組織　212
単一製品の原則　26
団結心の原則　38
単純化　124, 296
単純組織　212
単品・小バッチ生産　173
地　位　113
逐次的相互依存性　192, 204, 209
知　識　325
知識技術　184
知識在庫〔組織の記憶〕　273
秩序の原則　37
知的過程　293
チーム　210, 215
注　意　127, 262, 289
中核技術　204, 206
中核職能　177
中間的決定　309
調　整　32, 40, 41, 47, 64, 67, 113, 115, 116, 127, 152, 158, 200, 204, 215, 236, 240, 294, 315
　——の原則　46
　グループによる——　210
　個人による——　210
　特定の主体による——　313
調整コスト　205, 209
調整主体　313
　プロセス限界の——　313
調整的スタッフ　42
懲罰中心的官僚制　62
直接の接触　209, 215
直接労働者　174
使い捨ての可能な道具　147
ディアボーンの聖者　23

定常状態　74
適　応　234
適応対象　288
適応的デザイン学派　7, 70, 218, 333, 340
適　合　211
適材適所　37
テスト集団　80
徹底討議　193
鉄の檻　160
テーラー・システム　26, 31
伝　達　120
伝統的支配　58
テンパス　54
統一性　31
統一体　→統合的統一体
動機づけ　21, 36, 41, 43, 67, 83, 95, 98, 101, 197, 200, 340
動機づけ／衛生理論　96, 99
同型化の予測　164
　　組織フィールド・レベルの――　166
　　組織レベルの――　165
同型性　162
等結果性　331
統　合　67, 111, 112, 114, 115, 118, 191, 195, 215
　　――の複雑度　198
　　意識的な――　315
　　分化と――　332
統合者　210, 215
　　――の中立的志向　194
統合的統一体〔統一体〕　111, 115, 129
統合部門　193, 210, 215
統合メカニズム　193, 200, 215, 334, 340
動作研究　13, 19, 20, 27
動作づけ　95
同時的統制職能　42

統　制　32, 39–43, 121, 158, 200, 236, 240, 283, 306
　　――の過程　44
　　――の構造　43
　　――のための計画　45
　　――のための組織化　45
　　――の統制　45
　　――の目標　43
　　アウトプットの――　208
　　インプットの――　208
　　管理の――　44, 45
　　計画の――　45
　　組織化の――　45
統制範囲　47, 67, 89, 174, 175, 186
統制方法　140
淘　汰　272, 274, 319
動態的・競争的環境　74
統治システム　140
党派的相互調整　298
時の検証　234
独占企業　12
トップ・マネジメント〔トップ，トップ・マネジャー，トップ・リーダー〕　31, 150, 236, 239, 320
トップ・マネジメント・チーム　217
取込み〔取り込むという方策〕　146, 206
取引費用　138, 140
取引費用アプローチ　139, 140

■ な 行

内的多様性　282
内部環境　178, 186, 333
仲間集団　64
日常生活の自然な態度　288
二分法的思考　302
日本的経営　222
人　間　63, 66, 68, 86, 87, 123, 139, 222, 246, 250, 334

——の非合理性　334
　　——の問題解決能力〔技能〕
　　　173, 178, 182
　　考える——　277
　　集団の中の——　93
　　組織と——の関係　329, 332
人間観　332
人間関係への対処能力による評価
　　194
人間関係論　21, 72, 84, 93, 172, 215,
　　333, 335
人間行動　200, 218, 247, 325, 330
　　——の特性　182
人間性という署名　249
認知限界　293, 313
ネットワークの複雑化　152
能動的人格システム　332
能率〔→効率〕　24, 118, 333
　　——の原理　21
　　——の高僧　21
　　——の論理　86, 146, 150
能率主義　21
ノン・ルーティン技術　179
ノン・ルーティン・モデル　181

■ は 行

媒介的技術　204
配　慮　101, 102, 104
パースペクティブ　325
　　ドミナントな——　325
パーソナリティ〔人格特性〕　87,
　　89, 197
　　——の発達傾向　88
バッチ生産　17
パラダイム　329
反応的相互作用　148
比較制度分析　141
非公式組織〔インフォーマル組織，イ
　　ンフォーマルな集団，非公式集
　　団〕　47, 84, 86, 91, 101, 120, 200,
　　215, 333
非公式的官僚制　65, 66
ビッグ・ビジネス　12
必要多様性の法則　282
標準化　25, 67, 152, 184, 186, 204
標準的な運営手続き　127
平等主義　64
疲労の減少　20
ファンクショナル組織　49, 51, 54,
　　68, 214, 332, 339
フィギュアヘッド　244
フィードバック　→相互調整
フォーディズム　23, 25
フォード・システム　23, 25, 26
フォーマル組織　→公式組織
不確実性　130, 139, 163, 165, 166,
　　182, 195, 197, 217, 276, 300, 327,
　　334
　　——の回避　129, 131
　　——への対応　204
　　課業環境の——　190, 199, 333
　　課業の——　208, 333
　　環境の——　193
不可知的変化　309
複合的システム　3
複雑性の減少　328
複数集権的組織　215
負担能力　285
復活のチャンス　297, 298
物象化　247
物的秩序　37
部品の互換性　26
部分的無知　300
部門化　48, 205
　　顧客にもとづく——　48
　　場所による——　48
　　プロセス別の——　48
　　目的別の——　48
部門間パワー　67
フライト　261

プログラム 208
プログラム化 300, 307
プロセス 337
プロセス学派 315
プロセス限界 313
　──の調整主体 313
分　化 152, 191, 195, 200, 262, 331
　──と統合 332
分　業 16, 48, 126, 172, 200, 214, 215, 337
　──の原則 34
分　権 52, 193, 195, 198
　管理上── 51
　構造上── 51
分権化 36, 53, 217
分権的事業部制組織 53
分　析 294, 295, 314
　──の難易 179
分　離 156-158
ベルト・コンベア 23, 26, 27
防衛ルーティン 265
封建的形態 58
報　告 40
報　酬 36, 59, 67
　──の支払い方式 36
保　持 272, 274
ポジショニング・アプローチ 221, 223
ホーソン実験〔ホーソン研究〕 21, 81, 86, 93, 101
没論理的行動 86
ホ　ラ 54
ホログラフィの原理 277
本社スタッフ 195

■ま　行

マトリックス組織 46, 52, 215, 216, 334, 340
マドリング・スルー 314
　──的行動 240

マネジメント 22
マネジメント・スキル 246
マネジャー 240, 244
　──の時間配分 242
　──の職務 241, 243
　──の役割の分担 246
満足化 124
　──の基準 292
ミシガン研究 101-103
未成熟 88, 90
未成熟完全官僚制 65
未成熟業務官僚制 66
ミドル・マネジャー 317, 319, 320
ミニ・メス 232
無関心圏 122
命　令 15, 32, 40, 64
　──の一元化 31, 47, 49, 51, 55, 60, 68, 214, 217
　──の一元化の原則 35
　──の多元化 49, 51, 68
　──の連鎖 89
命令系統の長さ 174
メ　ス 232
面接計画 82
目　的 254
　──合理的な組織 148
　──と手段の転倒〔置換〕 61, 339
　──の曖昧性 254
　──の先与性 254, 255
　不明確な── 255
目標志向 191
目標指向的行動 304
目標水準 133
持株会社 212
　世界的── 214
最も苦手な同僚 103
モティベーション 326, 327
モデリング〔モデル化〕 163, 165, 166

モニター　245
模倣的同型性　162, 163, 165
モラール〔志気〕　38, 42, 101
問題　230, 231, 256, 260
　　——から解への変換　235
　　——の再定義　312
　　——の所与性　232, 233
　　——の潜在化　261
　　——の単純化　292
　　——の負荷　261
　　——の複雑性　293
　　解の——への変換　235
問題解決　231, 233, 235, 261, 329
問題解決志向的組織　181
問題解決能力
　機械の——　173, 178
　人間の——〔技能〕　173, 178, 182
問題解決プロセス　234
問題志向の探索　129, 131

■ や 行

誘因　119
　　——と貢献とのバランス　118, 119
有機的組織　176, 181, 186
有効性　118, 333
有能感　199
予算　40
予測　30
欲求　87
欲求追求過程　294
予備的統制職能　42

■ ら 行

ライン　22, 175
ライン・アンド・スタッフ組織　22, 31, 49, 51, 52, 60, 65, 68, 214, 333, 339
ライン活動　42
ライン権限　60, 62, 65
ライン構造　47
ライン組織　31, 49, 51, 54, 68, 214, 332, 339
ライン部門　177
リエゾン　244
理解　248
利潤の追求　2
リーダー　244
リーダーシップ　43, 67, 92, 101, 149, 150
　　——の状況　107
両面神組織　62
両立不能性　268
臨界決定　300
臨界事象法　96
ルースな集合体　254
ルーティン化　181
ルーティン技術　179
ルーティン・モデル　179
ルール　208
例外　178, 181, 208
　　——(の)原則　16, 47
連合　206
連合体　129
連続的技術　204
連絡役　209, 215
労使間の不信　116
労使の対立　14
労使の利益　16
労働　139
労務コスト　174
ロワー・レベル　322

■ わ 行

渡り板の原理　37, 42
ワン・ベスト・ウェイ　13, 103, 190, 207

人名・組織名索引

■ アルファベット

AT&T 社　117
GE 社　222
GM 社〔ゼネラル・モーターズ社〕　53, 309, 312
NASA　216
TVA〔テネシー河流域開発公社〕　145, 146, 206

■ あ 行

アーウィック, L. F.　40, 44
アシュビー, W. R.　282
アージリス, C.　87-93, 264-269, 283, 302
アストン・グループ　65, 183, 184, 186, 187, 211, 333
アメリカ国立科学アカデミー　80
アレン, S. A., Ⅲ　195, 197, 199
アロー, K. J.　296, 299
アンゾフ, H. I.　221, 223, 299, 300
イェール＆タウン社　17
ウィリアムソン, O. E.　139, 140
ウエスタン・エレクトリック社ホーソン工場　80
ウェーバー, M.　2, 57, 59, 62, 65-67, 113, 116, 152, 153, 160, 172, 182, 214, 248, 275, 332
ウォータータウン兵器廠　17
ウッドワード, J.　172, 173, 178, 181, 182, 185, 201, 211, 212, 333
エイコフ, R. L.　231-235
エクソン社　309
エマーソン, H.　21, 22
エメリー, F. E.　70, 278
オーグルビ, J.　279
オドンネル, C. J.　42-44
オハイオ州立大学　101

オルセン, J. P.　255-257, 260
オールドリッチ, H. E.　187

■ か 行

ガーリック, L. H.　40, 44, 48
ガルブレイス, J. R.　201, 208, 211, 212, 214-216, 333
ガント, H. L.　17-19
キャンベル, D. T.　271
ギルブレス夫妻　19-21
クイン, J. B.　222, 308-315
クリステンセン, C. M.　299
グルドナー, A. W.　62, 65-67
クレマンソー, G.　39
クーンツ, H.　42-44
ゲーレン, A.　1
コーエン, M. D.　255-257, 260
コース, R. H.　138-140
ゴッフマン, E.　249
コフカ, K.　287
コマントリー・フールシャンボール鉱業会社　30
コリンズ, R.　164

■ さ 行

サイアート, R. M.　128-132, 270
ザィデルフェルド, A. C.　249
サイモン, H. A.　49, 53, 54, 68, 94, 124-128, 139, 292, 300, 307
サンタ・フェ鉄道　21
シェンデル, D.　221
シュッツ, A.　288, 289
シュワルツ, P.　279
ショーン, D. A.　264-269, 283
シルヴァーマン, D.　247-250
スコット, W. R.　158, 331
スミス, A.　54, 140, 172
3 M 社　257

セルズニック, P.　144, 146-150, 206, 300, 333, 335
ゼロックス社〔ハロイド社〕　309, 312

■ **た 行**

タヴィストック人間関係研究所　70, 75
チャイルド, J.　186
チャンドラー, A. D., Jr.　3, 53, 212, 221, 299
ディマジオ, P. J.　159, 160, 162-165
デーネシュ, G.　277
デービス, R. C.　41, 44
デュポン, P. S.　53
デュポン社　53
デュルケーム, É.　248, 249
テーラー, F. W.　12-17, 19, 21-23, 27, 35, 38, 39, 48, 51, 57, 68, 70, 72, 83, 93, 172, 190, 214, 332
ドナルドソン, L.　186, 187
トリスト, E. L.　70-72, 278
トルーマン, H. S　147
トンプソン, J. D.　87, 204, 207-209, 211, 212, 215, 217, 333

■ **な 行**

ナイト, F. H.　137
ニュージャージー・ベル電話会社　117

■ **は 行**

バウアー, J. L.　315, 316, 318
パウエル, W. W.　159, 160, 162-165
バーガー, P. L.　247, 250
バーゲルマン, R. A.　316-319, 321
バース, C. G.　17
ハーズバーグ, F.　94-100
パーソンズ, T.　262
バーナード, C. I.　116-122, 128, 333, 335, 339
ハナン, M. T.　159, 285
バーニー, J. B.　223
パレート, V.　86
バレル, G.　230, 250
バンフォース, K. W.　70
ピュー, D. S.　183
ピルキントン社　309
ファヨール, H.　30, 31, 33, 34, 38-40, 42, 44, 46, 47, 51, 57, 68, 214, 236, 332
フィードラー, F. E.　103-105, 107, 108
フォード, H.　17, 23, 25-27
フォード自動車会社　23
フォレット, M. P.　111-116, 128
フォン・ベルタランフィ, L.　74
フォン・モルトケ, H. K. B.　22
フッサール, E.　289
ブラウ, P. M.　63, 64
フランクフォード兵器廠　18
フランクリン自動車会社　17
ブランソン, N.　326-328
プリグラム, K. H.　278
降旗武彦　44
フリーマン, J.　159, 285
プルバーグ, S.　250
ベツレヘム製鉄工場　12
ベル社　80
ペロー, C. B.　116, 127, 128, 178, 181, 201, 215, 333
ベンサム, J.　84
ペンローズ, E. T.　223
ボストン・コンサルティング　303
ポーター, M. E.　221, 222, 286
ホファー, C. W.　221
ホーマンズ, G. C.　117
ホーレイ, A. H.　162

人名・組織名索引　357

ホンダ　　303, 304

■ ま 行

マイヤー, J. W.　　151-156, 158, 159
マジャック, R. R.　　293
マーシャル, A.　　137
マーチ, J. G.　　124, 128-132, 255-257, 260, 270, 292, 307, 334
マートン, R. K.　　60, 144
マルクス, K. H.　　172
ミシガン大学　　101
ミッドベール製鉄所　　12
ミンツバーグ, H.　　222, 223, 240-246, 302-307, 334
ムーニー, J. D.　　46
メイヨー, G. E.　　81, 82, 84, 86, 101
モース, J. J.　　197, 199, 200
モルガン, G.　　230, 250, 264, 277-281, 283

■ ら 行

ライリー, A. C.　　46

ラッシュレイ, K. S.　　278
ラップ, H. E.　　236-240
リンドブロム, C. E.　　240, 293-295, 298, 299, 313, 315
ルーズベルト, F. D.　　145
ルックマン, T.　　247
ルメルト, P. R.　　223
レヴィン, K.　　102
レスリスバーガー, F. J.　　86
ローシュ, J. W.　　190, 194, 195, 197, 199-201, 211, 212, 215, 333, 335
ロビンソン, J. A.　　293
ローレンス, P. R.　　190, 194, 195, 197, 199-201, 211, 212, 215, 333, 335
ローワン, B.　　151-156, 158, 159

■ わ 行

ワイク, K. E.　　269-272, 274, 275, 286, 288, 334-336, 339

経営学説史
History of Management Thought

2009 年 7 月 15 日　初版第 1 刷発行
2022 年 5 月 30 日　初版第 7 刷発行

ARMA
有斐閣アルマ

著　者	岸田 民樹
	田中 政光
発行者	江草 貞治
発行所	株式会社 有斐閣

郵便番号　101-0051
東京都千代田区神田神保町 2-17
http://www.yuhikaku.co.jp/

印刷・株式会社理想社／製本・大口製本印刷株式会社
© 2009, Tamiki Kishida and Masamitsu Tanaka.
Printed in Japan
落丁・乱丁本はお取替えいたします。
★定価はカバーに表示してあります。
ISBN 978-4-641-12369-4

Ⓡ 本書の全部または一部を無断で複写複製（コピー）することは，著作権法上での例外を除き，禁じられています。本書からの複写を希望される場合は，日本複製権センター（03-3401-2382）にご連絡ください。